古典文獻研究輯刊

十 編

潘美月・杜潔祥 主編

第 20 冊

《魚山聲明集》研究
——中國佛教梵唄發展的考察（下）

賴信川 著

國家圖書館出版品預行編目資料

《魚山聲明集》研究——中國佛教梵唄發展的考察（下）／賴
信川 著 — 初版 — 台北縣永和市：花木蘭文化出版社，2010
〔民99〕
目 4+216 面；19×26 公分
（古典文獻研究輯刊 十編；第 20 冊）
ISBN：978-986-254-158-6（精裝）
1. 梵唄　2. 佛教史　3. 天臺宗　4. 日本
224.53　　　　　　　　　　　　　　　　　99001957

ISBN - 978-986-254-158-6

9 789862 541586

古典文獻研究輯刊
十 編　第二十冊　　　　　　　ISBN：978-986-254-158-6

《魚山聲明集》研究——中國佛教梵唄發展的考察（下）

作　　者　賴信川
主　　編　潘美月　杜潔祥
總 編 輯　杜潔祥
企劃出版　北京大學文化資源研究中心
出　　版　花木蘭文化出版社
發 行 所　花木蘭文化出版社
發 行 人　高小娟
聯絡地址　台北縣永和市中正路五九五號七樓之三
　　　　　電話：02-2923-1455／傳真：02-2923-1452
網　　址　http://www.huamulan.tw 信箱 sut81518@ms59.hinet.net
印　　刷　普羅文化出版廣告事業
初　　版　2010 年 3 月
定　　價　十編 20 冊（精裝）新台幣 31,000 元

《魚山聲明集》研究
——中國佛教梵唄發展的考察（下）

賴信川　著

目

次

上　冊

自　序

　　附圖一：《魚山聲明集》首頁

　　附圖二：日本佛教天臺宗課誦本

　　附圖三：魚山大原寺地圖

　　附圖四：魚山大原寺實光院

　　附圖五：魚山大原寺勝林院藏「調子竹」用作音律之律準

　　附圖六：天臺聲明練習用的「音律器」

　　附圖七：日本佛教天臺聲明傳人

第一篇　序　論 ……………………………………………… 1

第一章　《魚山聲明集》研究的主題 …………………… 3

　　第一節　研究佛教梵唄的意義 ………………………… 4

　　第二節　我國梵唄流變之溯源 ………………………… 13

　　第三節　《魚山聲明集》的學術價值 ………………… 21

　　第四節　導歸佛教梵唄史之研究基礎 ………………… 28

第二章　前人研究成果及佛教梵唄與音樂的研究

　　　　　徑向 ……………………………………………… 41

　　第一節　臺灣方面相關課題的研究 …………………… 43

　　第二節　中國大陸方面的研究成果 …………………… 58

　　第三節　日本方面的研究成果 ………………… 68
第三章　本論文的研究方法 …………………………… 81
　　第一節　佛教梵唄研究之理念 …………………… 81
　　第二節　研究方法——梵唄模型論的提出 ……… 83
　　第三節　本論文的研究計畫與章節安排 ………… 88
第二篇　聲明的意義與唄讚文化 …………………… 95
　　問題點之所在 …………………………………… 95
第四章　「聲明」與「梵唄」 …………………… 101
　　第一節　「聲明」的意義及與「梵唄」的關係 …… 103
　　第二節　釋迦牟尼佛對音樂的態度 …………… 122
第五章　梵唄的功能與角色 ………………………… 137
　　第一節　佛塔供養與唄讚文化的興起 ………… 138
　　第二節　音聲何以成為佛事——佛門的唄讚觀 … 152
　　第三節　儀式與梵唄 …………………………… 175

下　冊
第六章　印度與我國由漢魏至隋唐唄讚文化的發
　　　　展 ……………………………………………… 199
　　第一節　梵唄「結構論」與印度佛教梵唄形式的
　　　　　　推想 …………………………………… 199
　　第二節　漢魏三國時期初傳佛教的唄讚文化 …… 214
　　第三節　六朝時期的梵唄文化發展 …………… 225
　　第四節　隋唐時代會昌前後的顯教梵唄 ……… 252
　　小　結 …………………………………………… 273
第三篇　隋唐梵唄的遺風——《魚山聲明集》 … 277
　　問題點之所在 …………………………………… 277
第七章　《魚山聲明集》的編成 …………………… 287
　　第一節　關於「魚山聲明」中「魚山」得名由來 · 287
　　第二節　日本佛教天臺聲明的形成 …………… 289
　　第三節　《魚山聲明集》的編成與《魚山聲明集》
　　　　　　的版本考證 …………………………… 300
第八章　《魚山聲明集》的內容及其音律學 ……… 311
　　第一節　《魚山聲明集》內容的分類 …………… 311

　　第二節　《魚山聲明集》顯教部份梵唄內容的研
　　　　　　究 ……………………………………………314

　　第三節　《魚山聲明集》的音律學 ……………………324

第九章　《魚山聲明集》的保存與現況 ………………………341

　　第一節　《魚山聲明集》與天臺宗法會 ………………341

　　第二節　關於日本天臺宗「魚山聲明」的保存事
　　　　　　業 ……………………………………………354

　　　小　結 ………………………………………………361

第四篇　總結──研究《魚山聲明集》的啟示 ……………365

　　第一節　禮失可求諸鄰邦 ………………………………365

　　第二節　當前臺灣梵唄研究方式的省思 ………………368

　　第三節　成立「佛教梵唄史」研究的條件 ……………371

　　第四節　「魚山聲明」研究未來的展望 ………………375

引用文獻 ……………………………………………………379

附　錄
　　天臺聲明原譜及其五線譜三曲 ………………………393

附　圖
　　圖例一：梵唄模型論 ……………………………………89
　　圖例二：本文研究計畫步驟圖 …………………………90
　　圖例三：《黎俱吠陀》念誦一段 ………………………209
　　圖例四：南傳巴利文經典念誦譜 ………………………209
　　圖例五：「輸盧迦」實例 ………………………………212
　　圖例六：梵文詩偈念誦譜例 ……………………………212
　　圖例七：魚山寶前──通往大原三千除古道 …………279
　　圖例八：三千院門跡──魚山大原寺的中山寺院 ……279
　　圖例九：笛律解說圖 ……………………………………327
　　圖例十：《大原聲明博士圖》笛譜 ……………………328
　　圖例十一：《始段唄》的博士圖 ………………………329
　　圖例十二：《始段唄》博士樂譜放大圖 ………………331
　　圖例十三：三種博士圖 …………………………………331
　　圖例十四：三種五音旋法 ………………………………334
　　圖例十五：現代聲明音律表 ……………………………336
　　圖例十六：笛孔音律圖 …………………………………336

第六章　印度與我國由漢魏至隋唐唄讚文化的發展

　　本章主要說明的地方是，從印度佛教所發展的梵唄，一直流傳到中國唐代昌年間以前的梵唄流傳史。這一論述本屬於「梵唄模型論」當中「歷史觀」部份，然而想要成立梵唄的歷史觀，固然需要本研究第五章所敘述當中的二個論題：「角色論」、「功能論」佐助，但是梵唄明顯發生變化的地方，仍是在於梵唄本身的結構，故進入敘述梵唄的「歷史觀」以前，我們必須先了解梵唄的「結構」，也就是梵唄所呈現形式。是以「結構論」特別脫離第五章，而置於第六章之首，乃是藉由了解梵唄結構上的知識，為了解梵唄的歷史而作準備。

　　本章對於我國梵唄史的介紹，乃屬於簡略性質。一方面乃綜合所能找尋到的史料整理，以《高僧傳》、《續高僧傳》為主要史料作開展；另一方面則參考各家相關著述的說明整理。範圍取從印度佛教一直到我國唐朝「會昌法難」以前。取材則以佛教僧團寺廟使用法事梵唄為主，而與佛教音樂有關的佛曲、大曲乃至敦煌變文等等因學力有限，暫不列入。有待賢者開拓，或他日再行研究。

第一節　梵唄「結構論」與印度佛教梵唄形式的推想

一、關於「梵唄模型論」中「結構論」觀念

　　本研究在首章第二節當中提到，我國梵唄有所謂的「流變」現象。筆者以為，就我國梵唄所謂的「流變」，其義涵最主要在於結構本身的變化。一般

而言，梵唄流變最主要的現象固然是指音聲的改變，然而音樂上的變化主要是下面這些因素改變所造成的：

（一）語言上的變動

語言上的差異是造成梵唄曲調流變主要的因素之一。在印度時期，印度佛教梵唄的變化，最主要就是語言流變的關係所產生的流變。從佛陀說法時，及鼓勵他的弟子們所使用的各地地方語言，如摩揭陀語（Māgadhi）開始〔註1〕，到佛般涅槃以後，其間佛教傳播到南方斯理蘭卡，在西元第一世紀用巴利文（Pāli）寫下三藏。而其他地方則以一種地方語言（Prākrit）記錄經藏，和一種「混合梵文」（Hybrid Sanskrit）寫下經典。一直到北印度說一切有部正式使用梵文（Sanskrit）寫下佛經。此後佛教經論大多使用梵文寫下，稱之為「梵本」。在本研究第四章筆者提過，佛陀本來就希望用地方語言來說法，主要是因為要和婆羅門教有所區別。然自從佛教文學「梵文化」以後，梵文本身特性就與印度其他地方語言風格上不同，因此梵唄也有不同的差異。佛教東傳到中國來，梵唄再度隨著語言不同而有變化。自從曹植「魚山聞梵」，有感制定「魚山梵唄」後，漢語梵唄逐漸為大眾所接受。然而因為語言差異的因素，佛教從印度使用的梵唄，原來的梵曲或許保留，但原文歌詞就無能使用，而改成漢語通行，是以《高僧傳》稱：「金言有譯，梵響無授。」是這樣的。〔註2〕

（二）文學體裁上的變動

佛教在印度自從使用巴利文、混合梵文及梵文寫下以後，佛教才有真正的文學。這其中，佛經的文學體裁有所謂的「誦偈」與「長行」兩種，這兩種均可唸誦，其間「長行」可以轉讀；而「偈頌」可以吟詠。從現在的資料顯示，就音聲來說，梵語則有三個聲調（詳見本研究第四章第一節），散文可以此三聲朗誦，而巴利文與梵文的詩歌有各式各樣的「格律」，類似我國詩歌所謂的「平仄」，非常適合吟詠。然而，這種文學體裁傳到中國以後，文體改變，隋唐以前（以《魚山聲明集》內的梵唄為標準）中國佛教梵唄的文體，

〔註1〕 請見 Compiled by the yeshe De Research Project and Edited by Elizabeth Cook, *Light of Liberation: a history of Buddhism in India*（Crystal mirror series: V8, Berkeley, CA: Dharma Publishing, 1992）, p. 252.

〔註2〕 請見《大正新修大藏經》第五十冊（臺北市：新文豐出版有限公司出版，民國72年修訂版），頁415。

基本上是以經曲的文體爲主體，散文不論，詩歌則大多屬於齊言是的詩歌體
裁。而唐宋以後，讚唄的文體更改變成「詞曲牌」體。凡此文體上種種改變，
影響了梵唄的流變。

（三）唱唸表現的改變

　　這裡牽涉到唱唸過程中有無法器伴奏的問題。中國佛教自唐宋以後有木
魚鐘磬的運用。北宋釋道誠在《釋氏要覽》對於鐘磬木魚等法器的解釋，當
中提到：「鐘磬、石板、木板、木魚、砧搥，有聲能集眾者，皆名犍稚也。今
寺院木魚者，蓋古人不可以木朴擊之故，創魚象也。」〔註3〕這說明康宋時期
鐘磬木魚應用於集合眾人的用途，然鐘磬木魚在誦經的使用，並未見於《國
清百錄》，而《敕修百丈清規》卷八則說明：「齋時二時長擊二通，普請行者
二通。」〔註4〕這說明鐘磬木魚使用於誦經伴奏者應該是在此以後的事情。換
言之，隋唐以前亦有無法器伴奏的誦經儀式，諸多典籍亦未看到。事實上，
在今天南傳佛教的巴利文誦經與日本天臺宗等大多沒有引磬木魚伴奏的梵
唄。是以有無法器伴奏的現象，亦是影響梵唄流變的現象之一。

（四）音樂的變化

　　在此先行說明，限於筆者本身的學力，非科班出身，難以對音樂部份做
深入的說明。由於過去學者們的努力已經取得不錯的成績，是以筆者衷心希
望音樂專業人士能夠繼續參與佛教梵唄音樂表現的研究。由於南印度的古典
音樂一直是印度傳統音樂的代表，依筆者取材自法國製作的《An anthology of
South Indian Classical Music》，是由印度人 L. Subramaniam 所製作的 CD 片來
看〔註5〕，其中收錄了《吠陀》的《Rg. Veda》一段，經由華梵大學「佛教音
樂藝術欣賞」的講師范李彬先生協助記譜，發現該唸誦使用音調大部分使用
「Re-Mi-Fa」三音階的小三度變化循環。而由另一資料，由日本平岡昇修著並
監製，由印度來的 Dr. S. S. Janaki 與 Dr. Kalpakam Sankarnarayan 朗誦之「世
界聖典刊行協會」所出版《サンスクリット　トレ——ニング　IV・發音・

〔註3〕請見《大正新修大藏經》第五十四冊（臺北市：新文豐出版有限公司出版，
　　　　民國 72 年修訂版）頁 304。
〔註4〕請見《大正新修大藏經》第四十八冊（臺北市：新文豐出版有限公司出版，
　　　　民國 72 年修訂版），頁 1156。
〔註5〕By L. Subramaniam, *An Anthology of South Indian Classical Music*,（France,
　　　　Paris: Radio france, Collection dirigee par Pierre Toureille, 1990.12），C590001,
　　　　No. 4.

暗記編》當中的 CD── No. 1 的第三十六號有關於《Hitopadeśa of Nārāyana》誦偈（《サンスクリット　トレ──ニング　IV・發音・暗記編》一書中第十五頁）的記譜觀察，是屬於「Re──Mi──So」三音階的變化循環。從以上兩個資料看來，不論是傳統的《黎具吠陀》（Rg.Veda）或是詩頌《Hitopadeśa of Nārāyana》，都是使用「三音階」四度的變化循環，基於婆羅門對於古音與師承的執著態度，這可以說明第四章第一節所說明古典梵文「三個聲調」──udātta（尖音）、anudātta（低音）和 svarita（中音，實爲前兩音之結合，法國梵文專家 Louis Renou 以爲「使抑揚（modulée）」）〔註6〕與此音樂表現相符應，也符合了慧皎大師在《高僧傳》當中提到的「三位七聲」當中的「三位」〔註7〕。然而，中國佛教對於這種印度語言的「三種聲調」並沒有完全繼承，但是對中國佛教徒的誦經方式有所影響，即如慧皎大師所說的「三位」。慧皎大師提到：「或破句以和聲，或分文以足韻」〔註8〕的問題，顯見中國在佛教初傳時期受到印度誦唸經典模式的影響。陳寅恪在《四聲三問》即就此有所論述〔註9〕。但是中國佛教的曲調已經有背離印度佛教的發展方向。尤其是唐宋以後的「調曲牌化」的發展更使或中國佛教梵唄音樂獨樹一格。

　　換句話說：語言、文體、唱唸表現及音樂旋律方式等四個因素是筆者主張「梵唄模型論」之佛教梵唄的「四個基源問題」之「結構論」基本觀念。由於梵唄發生流變，最明顯的性徵就是在於梵唄的結構，也就是這四個屬於梵唄外

〔註6〕 同註29，頁90。

〔註7〕 請見《大正新修大藏經》第五十冊（臺北市：新文豐出版有限公司出版，民國72年修訂版），頁415。

〔註8〕 同註7。

〔註9〕 請見陳寅恪《四聲三問》，收錄於《清華學報》第九卷第二期，1934年4月。當中有提到：「中國文士依據及摹擬當日轉讀佛經之聲，分別定爲平、上、去之三聲，合入聲共計之，適成四聲。」筆者按：饒宗頤教授曾以《印度波你尼仙之圍陀三聲論略──四聲外來說評議》對此一說有所質疑，並引《根本說一切有部毘奈耶雜事》的「作闡陀聲誦經典者，得越法罪」認爲我國佛教徒應不可能知道此三聲誦經方法。然而筆者認爲，饒先生可能忽略了該文底下的「若方國言音須引聲者。作時無犯」（《大正藏》第二十四冊，頁232）是以此「三位」唸誦方法應該是傳到了中國，否則慧皎就不可能知道「三位七聲」的道理。當中的「三位」應指 udātta、anudātta 和 svarita 三聲，以 L. Subramaniam 所採集《黎具吠陀》唸誦段而言，似乎還是存在的。又以美國印度音樂學者 Lewis Rowell 並認爲此三聲乃爲以梵文（Sanskrit）爲主的音樂特色。見 Lewis Rowell, *Music and Musical Thought in Early India*, 1993~（Chicago and London:The University of Chicago Press, 1992), p. 70。足見陳寅恪的看法應爲可信。

貌的特徵。因此我們若要研究梵唄的歷史，得從梵唄的「結構論」來看起。

二、印度佛教梵唄形式的推想

　　本節前面說到，《高僧傳》稱：「金言有譯，梵響無授。」大陸學者林培安就以此一說法質疑，他說：

　　……是故「金言有譯，梵響無授」但不等於「梵響無授」。田青的《佛教音樂的華化》一文認爲慧皎是武斷了，我同意此說。因爲既成僧伽，必有禮佛儀軌。儀軌既就，則梵唄應舉。而一開始就用漢地民間音樂聲調來吟詠佛經，似乎也不可能。〔註10〕

林培安的意見，顯示了部份學者對於「梵響無授」的質疑，這是正確的看法。然而林培安與田青似乎以爲「梵響」就是印度佛教的梵唄旋律，筆者以爲應該不是這個意思。《高僧傳》原文是這樣的：

　　自大教東流，乃譯文者眾，而傳聲者寡，良由梵音重複，漢語單奇，若用梵音以詠漢語，則聲繁而偈迫，若用漢曲以詠梵文，則韻短而辭長，是故金言有譯，梵響無授。始有魏陳思王曹植，深愛聲律，屬意經音。〔註11〕

同文後面又說：

　　經文起盡，曾不措懷，或破句以合聲，或分文以足韻，豈唯聲之不足，亦乃文不成詮，聽者唯增悗忽，聞之但益睡眠。始夫八眞明珠，未搟而藏曜，百味淳乳，不澆而自薄。哀哉！若能精達經旨，洞曉音律，三位七聲，次而無亂，五言四句，契而莫爽（同註11）。

從上文可知，倘若「梵響無授」的意思就是梵唄的聲律沒有傳授到中國來，那麼慧皎大師何以說：「破句以合聲，或分文以足韻」與「三位七聲次而無亂，五言四句契而莫爽。」的話呢？筆者在本研究第五章第一節中曾經說過，「三位」就是指 udātta、anudātta 和 svarita 三聲，而「七聲」則是指鄭樵在《通志·七音略·七音略序》中所說的「七音」，這是印度傳來的音律觀念。特別是慧皎大師提到了「破句以合聲，或分文以足韻」的窘況，這說明了當時的梵唄應該是傳

〔註10〕 請看林培安撰寫《梵唄窺源與佛曲辨宗》，該文收錄於《音樂藝術》第三期（總第三十八期）（上海市：上海音樂學院，1989 年 9 月 8 日出版），頁 18～19。

〔註11〕 請見《大正新修大藏經》第五十冊（臺北市：新文豐出版有限公司出版，民國 72 年修訂版），頁 415。

自印度佛教梵唄的形式。關於所謂的「梵響無授」，應有更深入的意義。筆者以這是因為當時梵文原曲在中國無法廣為流通，中國人大多接受漢譯佛典的情況，所以梵文唸誦經典是國人多不願意接受的。由於西域來的僧人致力想把佛教流布中國，想以漢語說法替代原來天竺語文，故以漢語取代梵語，連儀式都想要漢化，然而在梵唄上仍有因循原有梵文音律，才會有「破句以合聲，或分文以足韻」現象。否則天竺僧人一開始來到中國，經典還沒有翻譯完成，在漢式的佛教儀式尚未成熟以前，還是得用原來的天竺禮儀才行。所以慧皎大師所說的「梵響無授」的意思不可能是「梵唄的聲律沒有傳授到中國來」的意思，更深一層來看，應該是指梵文經典不再流布中國境內，取而代之的是「金言有譯」的漢文佛典。是以這個「響」字應該是指語言，而不是指「旋律」。

筆者舉此例子，正是要說明，中國佛教梵唄的源頭是來自印度。之所以發生「破句以合聲，或分文以足韻」原因，正是因為華梵兩種文體不同緣故。然而根本上形成印度梵唄最重要的因素還是在於語言。而類似中國以法器伴奏的梵唄可能要在中國唐宋以後才出現在中國。是以筆者認為印度佛教並沒有以法器伴奏梵唄的做法。

印度佛教本來就有經典的唸誦，前面提過佛陀對此有所鼓勵。「說一切有部」有關的《十誦律》卷三十七，有這樣的記載：

> 有比丘名跋提，於唄中第一。是比丘聲好，白佛言：「世尊，願聽我作聲唄。」佛言：「聽汝作唄，唄有五利益：身體不疲，不忘所憶，心不疲勞，聲音不壞，語言易解。復有五利：身不疲極，不忘所憶，心不懈怠，聲音不壞，諸天文唄心則歡喜。」〔註12〕

然而唸經的方式，卻成了歌詠聲音的方式，本來佛陀四眾弟子當中，諸居士反應很激烈，後來佛陀對這點也允許了。法國人烈維（Sylvain Lévi）在《佛經原始誦讀法》（Sur la récitation primitive des texts bouddhiques）一文中，引巴利文的《小品》提到這件事情：

> 巴利《小品》（Cūllavagga, V, 3）允許吟詠（sarabhañña）其說如下：
> 爾時六眾比丘以歌詠長聲誦法，諸人憤恚曰：「諸沙門釋子以歌詠長聲（āyatakena gītassarena）誦法，一如吾輩歌詠！」是中有比丘少欲知足行頭陀，聞之憤恚，是事白佛。佛說法己：「諸比丘，已歌詠

〔註12〕 請見《大正新修大藏經》第二十三冊（臺北市：新文豐出版有限公司出版，民國72年修訂版），頁29。

　　長聲誦法有五過失：一自顧其聲；二令他人顧其聲；三令居士不快；

四惟嗜音聲（sarakutti）致亂觀想；五他人後亦隨學。嗣後不得以歌

詠長聲誦法，違者得越法罪！」爾時諸比丘悔以吟詠聲（sarabhañña）

誦法，是事白佛。佛言許比丘以吟詠聲誦法。〔註13〕

如上可知，在部派的律制裡，既然允許佛教以長牽音韻的吟詠聲來誦經。故
烈維推測印度佛教，如說一切有部誦經是受到《吠陀》長牽音韻的讀誦方法，
他說：

　　佛做是念：「苾芻誦經，長牽音韻，作詠歌聲。有如是過，由是苾芻

不應歌詠引聲而誦經法。若苾芻作闡陀（chandas）聲誦經典者，得

越法罪；若方國言音須引聲者，作時無犯。」義淨原註曰：「言闡陀

者，謂是婆羅門讀誦之法，長引其聲，以手指點空而爲節段，博士

先唱，諸人隨後。」《摩訶僧祇律》似無相等之記述；顧此律次序凌

亂，容或有相類之記載，而余未獲見之。姑無論此律記述若何，吾

人得確定古時諸部皆有闡陀攪入佛經之禁；第「闡陀」之字雖存，……

至「有部」與「根本有部」之解釋又別，據云爲：「吠陀聲法，長牽

音韻作詠歌聲。」則闡陀爲巴利《小品》所稱長聲歌詠（āyataka

gītassara）之別名也。……至「有部」、「根本有部」以梵語爲經語，

故對於闡陀之禁，惟限長牽音韻作詠歌聲。顧《吠陀》音聲，即爲

長高之聲，與詩頌之分長短韻者有別。俗語固無須引用此種《吠陀》

音聲也。〔註14〕

由於語言聲調對於印度口傳傳統而言，非常重要。由於佛教在印度數百年以來，
一直都使用地方方言，直到南傳佛教使用巴利文寫下成爲「巴利聖典」，而西北
印度的「說一切有部」則是使用梵文寫下了梵文佛典。巴利文與梵文就成爲佛
教文學最主要的兩種語文。其後北部印度的佛教進入「梵文化」，部份大乘佛教
的佛典也都使用梵文寫成，梵文這才取得佛典語文的主流地位。至少在後漢時
代，從西方來的佛教典籍就有這種梵文，支婁迦讖所傳譯的三部重要的大乘經
典就是屬於這種梵文，支謙所翻譯的也是屬於這種梵文經本〔註15〕。因此，我

〔註13〕該文請見馮承鈞翻譯之《佛學研究》，收錄於《尚志叢書》（上海市：商務印
　　　　書館，民國24年初版），頁67。
〔註14〕同註13，頁77～79。
〔註15〕《高僧傳》說：「漢靈帝時遊于洛陽。以光和、中平年間傳譯梵文。」請見《大
　　　　正新修大藏經》第五十冊（臺北市：新文豐出版有限公司出版，民國72年修

們了解到梵文成為印度佛教語文的主流地位，許多佛經，包含大乘經典後來都用梵文寫成。梵文便成為僧團修習科目之一，義淨、玄奘在印度都曾經學習過梵文，也都在他們的旅遊傳記當中提到這件事情。是故本研究所討論的印度佛教梵唄的推測，是以梵文系統的梵唄為主。那麼梵文寫成的文學體裁是怎麼樣的呢？姚秦三藏大師，鳩摩羅什說：

> 什每為叡論西方辭體商略同異云：「天竺國俗甚重文製，其宮商體韻，以入絃為善，凡覲國王必有讚德，見佛之儀，以歌歎為貴。經中偈頌，皆其式也。」〔註16〕

上面這段文字有兩個重點：一是印度文學甚為重視所謂的「宮商體韻」。二世印度文學如能「入絃」是為「良善」。足見印度文學是音樂性非常受到重視的。那麼具體來說是怎麼樣的文體呢？我們了解，印度梵語有三個聲調，是所謂的 udātta、anudātta 和 svarita 三聲，「入絃」的規則很簡單，答案就在於這三聲是可以配樂的。美國研究印度音樂的學者，路易斯‧羅威爾（Lowis Rowell，以下稱「羅威爾」）在《早期印度的音樂與思想》一書上講到了印度梵文上的「以聲配樂」觀念：

> 這是一件複雜的事情：適當去認明這三個聲調得要依靠這些像母音的長度（vowellength）、連音規則（sandhi）、單字分界（hiatus）、開合音節（closed or open syallables）、鼻音的運用（nasality）、送氣音（aspiration）、吟誦風格（style of recitation）、聲調順序與秩序（the nature of the preced-ing and following accents）等等。〔註17〕

由前面看來，梵文吟唱方法就是上述這些因素組成的，就筆者的理解，述之如次：

1. **母音長短要能夠掌握**

   母音長短決定辭義不同，如 bhānu 的雙數就是 bhānū，後面的 u 要拉長。

2. **連音規則要能夠運用正確**

   梵文經常被表示成一連串不可分割的音節，這一連串的音節字當中要分

訂版），頁 324。又支謙部份：「謙以大教雖行，而經多梵文未盡翻譯，以妙善方言，乃收集眾本，譯為漢語。」同書，頁 325。

〔註16〕 請見《大正新修大藏經》第五十冊（臺北市：新文豐出版有限公司出版，民國 72 年修訂版），頁 332。

〔註17〕 見 Lewis Rowell, *Music and Musical Thought in Early India*, 1933~（Chicago and London: The University of Chicago Press, 1992），p. 84.

開單字，首先要從連音規則看起。例如 tave indrah 這兩個字的結合就是 tavendrah。

3. 單字分界要能夠清晰

由於梵文是一長串音節所組成，這一串音節，有時可能是好幾個單字組成。要先能夠將這些音節分界，之後拆開來看有無連音上規則，如此才能正確判讀意義。不過在唸誦過程裡，就要把音節很清楚的唸誦出來。也就是講究文字的抑、揚、頓、挫清晰的表現。

4. 音節的開合要能夠掌握

此即強弱的表達，由於有些母音是屬於開口（a 或 o）這類母音，有些子音是無聲、閉氣的，例如 k、t、s 這類子音是閉嘴發音。此即要求將各個音節要發音清晰。

5. 鼻音的運用要能靈活

鼻音是整個吟誦過程的靈魂。如有任何語氣，如感嘆之類的情感表達，鼻音就扮演了重要角色，通常都附在母音之後。

6. 還有送氣音要發音清晰

同第四條，意思也是要將字辭發音清楚。

7. 吟誦風格與聲調順序要能夠清楚的掌握住

吟誦風格，其實就是上升、下降等之類的處理方法。還有音節長短。就這一點來看，印度詩偈是有格律的。

上面講的七件事情都不是容易的，要花很多工夫去學習。其實這就是聲明學的運用：梵語的音樂特性，是從聲調上出發，通過發音的正確要求，到風格決定的一段過程。造過對《黎俱吠陀》的觀察，羅威爾指出，印度古典作品《Nāradñyaśikṣā》歸納了下面這個聲調與樂調相結合的觀念：

1. udātta：是「上升的」音聲，在印度音階通常配「Ga」和「Ni」，也就是西方音樂音階的 3 和 7。

2. anudātta：是「混合的」聲音，在印度音階通常配「Sa」、「Ma」「Pa」，也就是西方音樂音階的 1、4 和 5。

3. svarita：「下降的」音聲，在印度音階通常配「Ri」和「Dha」，也就是西方音樂音階的 2 和 6。〔註18〕

〔註18〕同註17。

羅威爾以爲，梵文唸誦風格猶如「像魯特琴一樣的喉嚨發音」（lute-throated），按：魯特琴（lute）是一種十四世紀到十七世紀所使用類似吉他的樂器。這三個聲調之間是一種嚴密，間距小的音程。因此照著聲調的細密唸誦，就會導出類似音樂的音階聲音。因此爲了明顯表現出三個聲調，就會運用七個音階（印度傳統音樂的表現：Sa、Ri、Ga、Ma、Pa、Dha、Ni，相當西樂音階：Do、Re、Mi、Fa、Sol、La、Si）。而一般印度雅利安人的音階是用四度旋筆型（Tetrachord）來作基礎，而且在四度旋律中是擁有中間音的四度音程。國內印度音樂學家謝俊逢就以爲印度四度音階有下面幾種形式：

1. 從 Sa——Ri——Ga——Ma，相當於從 C——D——E——F。
2. 從 Sa——ra——Ga——Ma，相當於從 C——降 D——E——F。
3. 從 Sa——ra——ga——Ma，相當於從 C——降 D——降 E——F。

〔註 19〕

謝俊逢以爲這種中間四度音階的表現，通常就是以四度爲其跳躍進行的最大限度。印度民族音樂的習慣則在音階上選擇鄰近的音是可能都是屬於全音、半音，也可能是大三度或是小三度的音，然而印度音樂系統上有一個特殊的習慣：那就鄰近的音當中所選擇的可能是較半音更狹窄的音組織，使樂曲音階與音階之間形成微密的音階組織〔註 20〕。前面提到，印度音樂音階有七個，但是宗教上使用唸誦經文的卻只使用了三個或四個，這顯然是爲了扣緊語言表現的關係，特別是作爲宗教用途的印度梵文基於口傳的需要，其唸誦爲了不失去語意的表達，樂調音階必須緊密結合語文，方使語文能夠表達清晰。在此筆者採集《黎俱吠陀》唸誦一小段記譜來作例子（如圖例三）。

就唸誦的譜記來看，《黎俱吠陀》顯然集中在於 2——3——4（Re——Mi——Fa）的循環變化，就是一種小三度音程的表現。其實現在的巴利文唸誦也有這樣的現象，華梵大學東方人文思想研究曾經從美國請來一位教授巴利文的錫蘭籍希拉威法師（Bhante Silawey）曾在華梵大學東研所陳由斌碩士住處錄下了南傳巴利文經典誦讀音聲，經過華梵大學共同科「佛教音樂藝術欣賞」講師范李彬先生記譜一小段如次（如圖例四）。

〔註 19〕請見謝俊逢著，《印度傳統音樂之研究》（臺北市：全音樂譜出版社，民國 83 年 6 月 1 日初版），頁 33～34。

〔註 20〕請見謝俊逢著，《印度傳統音樂之研究》（臺北市：全音樂譜出版社，民國 83 年 6 月 1 日初版），頁 33～34。

圖例三：《黎俱吠陀》唸誦一段

取自 By L. Subramaniam, *An Anthology of South Indian Classical Music*, (France, Paris: Radio france, Collection dirigee par Pierre Toureille, 1990.12), C590001, No. 4.
華梵大學「佛教音樂藝術欣賞」課程講師范李彬先生記譜

圖例四：南傳巴利文經典《Magala Sutta》偈頌唸誦

取材《Buddha Vandana--A Book of Buddhist Devotions》
Printed by Dharma vijaya Buddhist Vihara, 1990, p. 24.
提供者：陳由斌　記譜：范李彬

從圖例四的譜記上，我們很明顯看到，巴利文唸誦是採用 2——3——5（Re——Mi——Sol）的完全四度，循環變化表現。這是一種符合聲調的唱唸方式，使得語言藉由樂調呈現出抑揚頓挫的效果。因此中國佛教稱之爲「轉讀」，謂一種使用循環變化的音樂性讀誦方法。由此我們不難理解到《高僧傳》慧皎所說的：

> 轉讀之爲懿，貴在聲文兩得，若唯聲而不文，則道心無以得生，若唯文而不聲，則俗情無以得入。故經言，以微妙音歌歎佛德，斯之謂也。〔註21〕

基於前面理論的基礎，轉讀的重點，與其說是聲音，不如強調法義。我們了解佛教僧團是有非樂的誠律，如何使用眾生喜愛的音聲來巧妙傳遞法義，確實是一個很廢工夫的技術。這種 2——3——4 或是 2——3——5 的小三度或完全四度的表現模式，其緊密排列，也不突出音高，也不凸顯感情的做法，是一種樸實音聲的表現，其要旨就是要使眾生能夠在不執著於音聲之上，能夠聽聞教法同時而能深刻思考教義。眞正是標準的佛教宗教音樂，充分展現了佛教以不染著於音樂的方法，而用樂音來傳達佛法的風格，算得上是「微妙的音聲」。

有了前面的樂音理論，緊接著筆者要介紹「節奏部份」。關於「節奏」，在印度佛經裡文學體裁，除了散文以外，就是詩偈了。詩偈在印度梵文傳統也好，甚至於巴利文都有這樣的情況——嚴格的音律。印度詩偈有什麼樣的音律呢？梵文詩歌（Metre），根據 A. A. Macdonell 指出古典的梵文詩歌，與《吠陀》的梵文詩歌有部份的差異，是一種更人工化（artificial），強調規律與展現多樣化韻律的做法〔註22〕。這種講的古典梵文詩律，是有別於《吠陀》詩律，包含了佛教梵文在內的詩律。它的韻律可分爲兩種：

1. 以音詳（syllable）數量來計算。

2. 以所包含的「音量」（Morae）數目來計算。

幾乎所有的古典梵文詩歌都包含四行（或稱之爲韻腳（Foot）），又稱爲「四句偈」，也就是佛教經典中常說的「頌」。這些頌偈一般可以分成「前半偈」

〔註21〕請見《大正新修大藏經》第五十冊（臺北市：新文豐出版有限公司出版，民國 72 年修訂版），頁 415。

〔註22〕Macdonell, Arthur Anthony, 1854~1930, *A Sanskrit Grammar for Students*, (reprinted in 1997. Published by D.K. Printworld (P) Ltd., New Delhi, India),pp. 232~235.

與「後半偈」。所以我們就可以明白，《毘尼母經》當中佛陀禁止弟子諷誦只誦「半唄」，否則「得突吉羅罪！」〔註23〕就是只有誦出四句的一部份之意。古典梵文詩歌講究音詳的長短，關於音詳表現方法，茲先以下列符號說明之：

1. ──：這個符號將表示長音節。

2. ∪：這個符號將表示短音節。

3. ⊔：這個符號將表示長短音節皆可。

4. 、表示停頓。

當中長音節有兩種情況，第一種是長母音，如 senā（表現成──）；第二種長音節可分成兩類：第一類是短母音後面緊接兩個子音，如 Gatvā（表現成──，第一個音節以二個子音結束）；第二類是短母音後面緊接著「隨韻」或「止聲」，如 aṃśa（─∪）、duḥkha（─∪）。這裡短母音算一個音量（Morae），長母音算兩個音量。

由於本研究重點是介紹失傳的印度佛教梵唄誦念形式的推想，重點不在於梵文詩歌的內容，由於古典梵文形態很多種，詳細請見 Macdonell, Arthur Anthony（1854～1930）所寫的《A Sanskrit Grammar for Students》，頁 232～235（關於這個部份中文材料可以參考釋惠敏、釋齋因編譯之《梵語初階》，收入《中華佛學研究所論叢》第十一號，法鼓文化事業股份有限公司，1996 年 9 月初版）。這裡筆者只介紹「輸盧迦」（śloka）格律。關於「輸盧迦」的意思就是「歌曲」的意思，它的字根是來自「śru」，有「聽聞」的意思。是從吠陀詩歌韻律「Anustubh」發展出來的。是屬於史詩偈誦的體裁，也是印度偈頌的上乘，有些佛教的詩偈是用這種韻律寫出來的。一如前面所說，可分成前、後兩個半偈，每個半偈有兩個韻腳（Pāda），也就是兩音節的組群。每一個韻腳，也就是每一個音節的群組，有八個音節，一偈共有三十二個音節。一偈有八個音節群組，半偈就有分成四個音節群組，也就是音步（foot），每一個音步有四個音節。大約在第二或第四音步才有韻律限定。第四音步必須是抑揚格（Iambic，∪─∪∪），第二個音步有四種不同形式，第一或第三音步形式不拘，然不可以是（∪∪∪∪）的形式。第二音步則最常出現∪──∪，典型的「輸盧迦」形式（半偈）是下面這樣的：

∪∪∪∪｜∪──∪‖∪∪∪∪｜∪─∪∪‖

〔註23〕請見《大正新修大藏經》第五十三冊（臺北市：新文豐出版有限公司出版，民國 72 年修訂版），頁 575。

　　上邊是「輸盧迦」一個半頌形式（十六個音節），若是完整的「輸盧迦」形式，也就是三十二個音節，茲以《梵語初階》第 242 頁上的例子說明，其韻律是像圖例五這樣的。從圖例五「輸盧迦」實例，我們了解到，梵文詩歌有所謂「抑揚格」情況（「第四音步必須是抑揚格」的說明當中），這可以印證前面美國學者羅威爾對於梵文經典唸誦方法的詮解。關於梵文詩歌的實際唸誦方式，筆者舉日本平岡昇修著並監製，由印度來的 Dr. S. S. Janaki 與 Dr. Kalpakam Sankarnarayan 朗誦之「世界聖典刊行協會」所出版《サンスクリット　トレ――ニング　IV・發音・暗記編》當中的 CD――No. 1 的第三六號有關於《Hitopadeśa of Nārāyana》誦偈（《サンスクリット　トレ――ニング IV・發音・暗記編》一書中第 15 頁）的記譜為例，如圖例六。

圖例五：「輸盧迦」實例

duḥkhāntam kartukāmena ｜ sukhāntam gantum icchatā ‖

欲令苦滅盡，欲得極樂者（欲令諸苦滅盡，欲得極樂的人）

śraddhāmulam dṛdhīkṛtya ｜ bodhau kāryā matir dṛdhā ‖

信根堅固已，安心於菩提（令信根堅固後，應將心堅固地安置於菩提中）

取材自釋惠敏、釋齎因編譯之《梵語初階》收入《中華佛學研究所論叢》第十一號，法鼓文化事業股份有限公司，1996 年 9 月初版，頁 242。

圖例六：梵文詩偈 "Hitopadeśa of Nārāyana" 唸誦譜例

取材自日本平岡昇修著並監製，由印度來的 Dr. S. S. Janaki 與 Dr. Kalpakam Sankarnarayan 朗誦之「世界聖典刊行協會」所出版《サンスクリット　トレ――ニング　IV・發音・暗記編》當中的 CD――No. 1 的第三十六號

　　利用母音短長變化，及聲調升高下降特性去做抑揚唸誦方法，使得詩歌朗誦更加動人，事實上不僅僅是古典梵文才如此，連南傳佛教的巴利文唸誦也是這樣的。加拿大多倫多大學（Toronto）巴利文教授，華德教授（Prof. A. K. Warder）在他的著作《巴利文導論》（Introduction to Pali）當中說明巴利文詩歌是一種「音樂風格」（musical style）的文學體裁，這種具有音樂風格的文體大約在西元第四世紀到第五世紀形成風尚，在當時還算是新的詩歌體裁（New metres）其要領就是所謂的「長短母音」所形成的。這種巴利文詩歌（也是 metre）使用這種固定而精確的韻律去架構整個詩歌體制。華德教授強調：事實上這個詩歌的韻律觀念就是取自音樂的關係（The new metres had in fact taken their rhythms from music.）。〔註24〕由於華德教授所介紹的巴利文詩歌風格，大部分都是四句一頌，類似前面所介紹的「輸盧迦」等古典梵文詩歌體裁。因此我們有理由相信，以上介紹的這種梵文詩偈就是屬於印度佛教文學體裁的一種，而其這種唸誦方法應該與曾經存在過的印度佛教梵唄有關。而此我們就不難了解為什麼鳩摩羅什會說：「其宮商體韻，以入絃為善」的原因。由於聲調經朗誦的操作，產生了奇妙的音樂性變化。從以上的研究，我們可以了解印度佛教的唱誦其要旨就是達到慧皎大師所說的：「故聽聲可以娛耳，聆語可以開襟」的境界〔註25〕，不僅能夠以優良的樂風吸引眾生的心，更可進一步開啟眾生悟入佛教的知見。這是非常奧妙的音樂風格，可以說主要是聲曲和語大並重，雙方取得協調的音樂傑作。

　　令人感嘆的是，今天佛教在它的發源地──印度已經消失了！但是它的子子孫孫，卻在亞洲，乃至世界其他各地繁衍，成為世界三大宗教之一。古代印度的佛教梵唄今天是不可能聽到，而我們在此推擬印度佛教梵唄的原因，正是為了整個佛教梵唄文化源流的追尋。筆者以為，印度佛教梵唄雖然不復得聞，但是可以藉由其他相關或當期的歷史文物去重構，諸如：各種考古工作、印度文學體裁、印度音樂風格及現存的南傳上座部的梵唄風格等等，相信一定可以獲得不錯的成績。關於本文這一部份的研究，筆者發現值得深入探討的地方還有很多，諸如印度語文歷史、佛典語文上的歷史與印度音樂

〔註24〕 A. K. Warder, Professor in the Department of East Asian Studies, University of Toronto, *Introduction to Pali*, (Published by The Pali Text Society in Oxford, UK, in 1991), p. 358.

〔註25〕 請見《大正新修大藏經》第五十冊（臺北市：新文豐出版有限公司出版，民國 72 年修訂版），頁 415。

史等等，然皆限於學力不足，故在此做拋磚引玉的呼籲，希望教界能夠重視這一方面的研究。如能暢演如法的音聲，又能回應時代的需要，必能利益更多眾生，則佛教興盛當能歷久不衰。

第二節　漢魏三國時期初傳佛教的唄讚文化

一、論梵唄「歷史觀」與這一部份的研究方法

在前一節，筆者所介紹的是對於印度佛教梵唄形式的推想。這是因爲傳統的印度佛教已經在印度滅亡。所幸後來印度佛教傳到中國，隨後又流傳到韓國、日本，近代以來更傳到歐美，形成了世界第三大宗教。印度的佛教今天雖然已經滅亡，然而我們還可以藉由漢譯佛典的蛛絲馬跡，去追想佛教在印度的概況。本論文對印度佛教梵唄的推測主要就是依照中國佛教相關史料推想而來。

事實上關於中國佛教梵唄相關史料的記載也十分有限。特別是關於本節要研究的漢魏三國時期，也就是中國初傳佛教時期的唄讚文化，更是少見。這樣一來，想要研究我國梵唄史，更是困難重重。目前相關史料，僅有南朝梁代，慧皎大師《高僧傳》僅有部份記錄。目前只要是想要研究我國梵唄源流的，沒有不參考他的著述。

在第二章我們看到，目前中外學者們對於梵唄的觀念，大多視爲「佛教音樂」的觀念進行研究。筆者以爲梵唄並不是單純的佛教音樂，而是一種修行法門。是以本研究主要的對梵唄歷史所作的考察，是建立在這個觀點考察。而在第五章已經就梵唄修行的思想與淵源做了說明，又在前面一節介紹了印度佛教的文學體裁與梵唄形式做了介紹。從本節開始，正式進入中國佛教梵唄源流歷史的介紹。這些都是在了解《魚山聲明集》以前所必須要有的相關基本知識。

由於本研究對於佛教梵唄史的考察，乃是建立在修行法門之上。因此筆者研究梵唄歷史，乃是以當時的「學佛風氣」做主要的切入點。所謂的「學佛風氣」，意思是指當時的學習佛法的情況的「特徵」，即爲：

1. 當時佛教在流行什麼修行法門？
2. 什麼是當時佛教的主流文化？

3. 而在這種情況之下教界因為這種風氣的關係，對於梵唄會有什麼樣看法？

4. 這樣佛教的時空背景之下，梵唄會發生什麼樣的變化？

　　這些是我們研究梵唄史想要觀察的焦點。關於這方面最主要的史料，乃是來自慧皎及道宣兩位大師所作《高僧傳》及《續高僧傳》，還有佛典目錄如僧祐大師撰寫《出三藏記集》等相關史料做考察及綜合整理的工作。事實上，《高僧傳》並非僅僅只是記錄了慧皎以前的名僧故事，更重要的是，它顯示了當時佛教界對於僧人認同的「事業觀點」，也就是說，《高僧傳》同時記錄了中國佛教漸次傳入中國以後，僧人所從事的各種活動與事業。因此筆者以為，這些記錄正可作為研究當時「學佛風氣」，也就是當時佛教界所流行的時尚的重要參考資料。關於歷朝各代的學佛風氣情形，我們可以從《高僧傳》卷十四記載來觀察。慧皎大師對於各篇記錄最早年代是這樣的：

1. 譯經部份：從後漢攝摩騰開始，一直記錄到南朝齊代的求那毗地。
2. 義解部份：從晉代的朱士行到，一直記錄到南朝梁代的釋曇斐。
3. 神異部份：從晉代的竺佛圖澄，一直記錄到南朝梁代的釋保誌。
4. 習禪部份：從晉代的竺僧顯，一直記錄到南朝齊代的釋慧明。
5. 明律部份：從南朝宋代的釋慧猷，一直記錄到南朝梁代的釋僧祐。
6. 亡身部份：從晉代的釋僧群，一直記錄到南朝齊代的釋法光。
7. 誦經部份：從晉代的釋曇邃，一直記錄到南朝梁代的釋道琳。
8. 興福部份：從晉代的竺慧達，一直記錄到南朝梁代的釋法悅。
9. 經師部份：從晉代的帛法橋，一直記錄到南朝齊代的釋慧忍。
10. 唱導部份：從南朝宋代的釋曇穎，一直記錄到南朝齊代的釋法鏡。

　　《高僧傳》這方面的記錄，標示了在那個時代開始有某方面著名的僧人在從事那方面的事業（通常是修行的記錄）。例如譯經是從後漢開始，但其他各科卻是從晉代開始記錄，這並不是說晉代以前就絕對沒有「義解」、「習禪」、「明律」等這些方面的僧人。慧皎大師的記錄告訴了我們，這些記錄可以當作一個重要的指標：即在某一個時代以前，與某一個期當中，佛教界都在流行什麼。凡是慧皎所舉出，例如「習禪」方面，從晉代開始記錄起，必然有某種因由使慧皎做出這樣的記錄。這就是《高僧傳》所透露出來有待探討的中國佛教史「秘辛」。本論文是在這樣的研究基礎上，去搜尋從漢魏以來到隋唐的佛教梵唄歷史。

　　而從東漢佛教傳入中國算起，到魏晉時代已經有了二百多年歲月，這兩百多年來，是中國佛教的萌芽時期。在此一時期佛教漸次傳來中國，傳播佛教的主角則是這些來自西域與印度的法師們，他們一面翻譯佛經，一面向中國人介紹佛教的修行法門。而他們所介紹的修行法門必然與其翻譯經典有關。是故我們可以從他們所翻譯的經典就可以知道這些大師的學歷與他們所介紹的法門。因此想要了解中國初傳佛教的學佛風氣，除了僧人傳記以外，佛典目錄學是另一項不可缺少的，與最能提供有效證據的研究方法。是以本節以《高僧傳》為主，參照《出三藏記集》所作成的研究。

二、經典翻譯與梵唄的開始流行

　　從上一小節我們看到，《高僧傳》一開始就揭示了，從漢魏以來即以「譯經」為主，而其他的記錄要到晉代才開始有，這說明了中國初傳佛教的學佛風氣在「翻譯經典」。這個時期裡，來華最初傳播佛教這些法師們幾乎以翻譯經典為事業。中國初傳佛教時期就以他們的傳譯工作與佛法的介紹為主而開始流行開來。因此要研究當時的學佛風氣，可以從他們來華所從事的事業上去了解。這些大師們活動的記錄主要是記錄在慧皎的《高僧傳》卷一（《大正藏》第五十冊，頁 323）裡，後世對於他們的追述無不參考並引用當中的記錄。茲將《高僧傳》為主，會合《出三藏記集》，將本一時期相關記錄作一整理：

1. 攝摩騰，中天竺人，大小乘兼通，後漢時期明帝，由朗中蔡愔，博士弟子秦景等迎來到中國。翻譯《四十二章經》，屬於聲聞乘經典。

2. 竺法蘭，中天竺人，與攝摩騰同行來到中國。翻譯《十地斷結經》、《本生經》、《法海藏經》、《佛本行經》、《四十二章經》等五部。除《四十二章經》外，其餘不傳。

3. 安世高，安息國人，精通「阿毘曇學」（聲聞乘論學），諷持禪經。漢桓帝初來到中國。翻譯的經典主要以禪坐有關經典，除已經失傳的《十四意經》屬於大乘經典外〔註26〕，其餘皆是如《安般守意經》、《陰持入經》等聲聞乘相關的禪經系列。

〔註26〕僧祐記錄安世高翻譯《十四意經》底下小字：「《舊錄》云：《菩薩十四意經》，今闕此經。」故知，該經是屬於大乘經典。見南朝梁・僧祐撰，蘇晉仁、蕭鍊子點校《出三藏記集》（北京市：中華書局出版，1995 年 11 月北京一刷），頁 25。

4. 支婁迦讖，月支人，漢靈帝來到中國傳譯梵文。出《般若道行經》、《首楞嚴經》、《般舟三昧經》三部為首等十三部（《出三藏記集》記錄共十四部。還有一部《阿闍世王經》是出自《長阿含經》）中國最早的大乘經典。對後世中國的大乘佛教有很大的影響。在他同時還有一些沙門，如天竺人竺佛朔，協助支婁迦懺翻譯《般舟三昧經》。又有安息國在家信眾，安玄漢靈帝末年來到洛陽，他與沙門嚴佛調共同翻譯《法鏡經》，這本經典是由安玄「口譯梵文」，由嚴佛調筆受。慧皎大師稱讚他們：「理得音正，盡經微旨，郢匠之美，見述後代。」（《大正藏》第五十冊，頁 324）

5. 曇柯迦羅，中天竺人，善學四圍陀論（即四種《吠陀》）。兼通大小乘，魏嘉平年中來華，以弘揚大乘律學為主。譯出《僧祇戒心》，對中國僧制創立有很大貢獻，中國佛教有律制始自於此。

6. 康僧會，康居人，世居天竺。大乘學人，漢獻帝末避難來到東吳。因為見到支謙譯出《維摩詰經》、《大般泥洹經》、《法句經》、《瑞應本起經》等四十九部經典，並依無量壽中本起，創製《菩提連句梵唄》三契。欲使佛法振興江南，於吳赤烏十年來到吳國，他翻譯了《六度集經》等經典。並傳授了支謙所翻譯的《大般泥洹經》相關的「泥洹梵唄」。因為感悟君王，成為江南第一所寺院，建初寺的創辦人。

7. 維祇難，天竺人，吳黃武三年來到中國，攜帶《曇缽經》，即《法句經》梵本來到中國，後翻譯成中文。

右邊所列來華高僧，都是當時著名的譯經大師。從對這些大師傳記研究，我們可以了解到在中國初傳佛教時期，在當時中國已經流行的學佛風氣與梵唄的關係，可做下列幾點說明：

1. 在此一時期間來華的中國僧人，除了維祇難以外，幾乎都是大小乘兼通的僧人。這些譯經的大師大多受過諷誦經典的教育，如竺法蘭就能夠「誦經論數萬章」，而安世高「尤精阿毘曇學，諷持禪經」，支婁迦讖「諷誦群經，志存宣法」，曇柯迦羅則「誦大小乘經及諸部毘尼」。在在顯示這些僧人自來就是嫻熟誦經與梵唄的專家（《大正藏》第五十冊，頁 323）。在前面我們已經了解，印度佛教已經有誦經的風氣。因此可以這樣說：當一個行腳僧遠從印度來到中國時，梵唄就跟著他一起來到中國，這樣說一點也不過分。是以梵唄應該是和翻譯經典一起

來到中國的。這些誦經方法，雖然沒有明顯記錄，但是可以看得到梵唄傳來中國的痕跡。

2. 從前面記錄我們可以看出後漢時代，大小乘經典就已經來到中國。這說明大小乘教理開始流行在中國。但是這些經典要以安世高所介紹的修行法門——一系列的禪經，特別是《安般守意經》的介紹，是屬於初入門的止觀法門介紹（安般法，即數息法）對當時及後代的中國佛教行門有很大的影響。同一時期的譯經師支婁迦讖則介紹了《般若道行經》、《般舟三昧經》與《首楞嚴三昧經》這三部重要的大乘經典，這些都與禪觀法門有關。然而《般舟三昧經》即主張「念佛三昧」，也就是宣念佛號，坐禪以進入三昧的行法。自從《般舟三昧》被引入到中國以後，造成晉朝與南北朝「念佛法門」的流行。這對於中國佛教淨土宗的興起有很大鼓勵作用。而康僧會則注《安般守意經》，是以禪坐法門應為當時佛門流行風尚，是以後漢時代，梵唄並沒有取得修行法門的主流地位。

3. 在此一時期當中，已經有西域僧人在中國誦經而感應的記錄。安世高在廣州曾經遇到「蟒蛇求法」，遂「向之梵語數番唄數契，蟒悲淚如雨」的記錄。並於豫章受到安世高的「咒願」。中國人已經見到這樣的誦經神奇感應，對於佛教的信心與唸經法門的流傳相信有一定的影響。

4. 在此一時期當中，也有西域僧人在中國舉行儀式的記錄。曇柯迦羅初到中國時，當時中國：

   雖有佛法而道風訛替，亦有眾僧未秉歸戒，正以剪落殊俗耳。設復齋懺事法祠祀，迦羅既至，大行佛法。……乃譯《僧祇戒心》，止備朝夕，更請梵僧立羯磨法受戒，中夏戒律始自于此（《大正藏》第五十冊，頁 324～325）。

   曇柯迦羅來到中國重整洛陽佛法，不僅復興了「齋懺事法」及「祭祀」，還設立了僧人羯磨法，凡此種種都有梵唄的儀式，曇柯迦羅本身能誦大小經典，是故筆者推測有當時應有梵唄的流行。

5. 此一時期亦有梵唄的教學與創作。首先是就支謙在吳國黃武元年到建興中年一面翻出經典《維摩經》、《瑞應本起經》、《大般泥洹經》、《法句經》等經，一面則依「無量壽中本起，製《菩提連句梵唄》三契」（《大正藏》第五十冊，頁 325，《菩提連句梵唄》有「三契」，疑為「三

啓經」格式）。而康僧會在東吳感悟了君王，建立了建初寺，成爲江南有寺廟的開始。建寺之後，康僧會一面翻譯經典，另一方面則傳授了「泥洹梵唄聲，清靡哀亮一代模式。」這「泥洹梵唄」應該是與前面提到的支謙所翻譯出《大般泥洹經》有關，內容是「《敬偈》一契，文出雙卷《泥洹》。故曰《泥洹唄》」（《大正藏》第五十冊，頁 415）。據說到慧皎時代還沒有失傳。這大概是江南第一個僧團的成立，因此爲了寺院的規制則必須有的建設。然而就此一時期的諸僧記錄來看，支謙與康僧會似乎是中國第一批創作與傳授梵唄的西域僧人。

從以上五點的分析，我們了解，中國初期佛教流行的情形，事實上是摸索情況多於教學情況。諸位譯經大師僅就他們對佛教的看法做翻譯經典的參考（如安世高所傳的系列禪經），或是看見中國佛教當時缺少的教法所作的補充（如曇柯迦羅所翻譯的《僧祇戒心》）佛法是這樣漸次的被帶來中國。由於這一時期是以翻譯經典爲主，所以中國所接受的佛法，大概是印度與西域當時流行的各種經教。

然而由於印度佛教僧人諷誦經典的習慣，初期中國佛教的梵唄應該是以梵文唸誦爲主的。僧人們或以梵文經本爲主（康僧會方式），或誦經口譯（像安玄譯經方式），不論是以梵文經本也好，或是口出誦譯的也好，這種唸誦梵文的音聲，已經影響到中國文人的心。慧皎在《譯經》之後的「論曰」地方提到：像支謙等人這樣的西域譯經法師，他們在翻譯的過程裡都以非常謹慎的態度：「一言三復，詞旨分明，然後更用此土宮商，飾以成製。」（《大正藏》第五十冊，頁 345）這說明了早期梵僧翻譯經典的思考：不僅是想要暢通義理，更想要保存梵文特有音韻。他們不僅精密地體察華梵文義，更體察了華梵文體的差異，故能翻譯出較好的佛經。故而能夠有安玄那樣的翻譯：「理得音正，盡經微旨，郢匠之美，見述後代。」從上述記載，我們可以看出，其實在初期中國佛教翻譯經典之時，將梵唄放置其中的思考是曾經存在的。故西來僧人的譯經過程，梵音的優美受到中國文人的欣賞，遂影響了後代的中國文學發展。

但是基於梵唄的儀式用途，西來高僧大德並沒有忘記。支謙、康僧會仍因爲漢地佛教初傳，尚未有適用的梵唄，故特別爲此地創制了新的梵唄《菩提連句梵唄》三契與「泥洹梵唄」。另外，曇柯迦羅在北方因見到佛教教制不全，不僅將正統的「齋懺事法」復興了起來，還特別設立了「僧人羯磨法」，從此以後

北方漢人不僅有了比較完整的僧團制度，更有法事規則，凡此法事皆需要梵唄。雖說《高僧傳》並沒有明白說明曇柯迦羅是否創制梵唄，但從他的學歷背景，「善學四《圍陀》」，必然精通梵文音律唱誦，同時又精研律學，對於僧制相當嫻熟，是故對於中國初傳佛教時期的梵唄應有其貢獻。

三、漢語梵唄的開端──魚山聞梵

「魚山聞梵」是中國初傳佛教時期最值得大書特書的一件事情，從此以後中國佛教僧人可以用漢語誦念佛典經咒而毫無窒礙了。

關於中國初傳佛教的梵唄，隨著譯經法師的來華，不僅傳譯了佛教經論，還收了一批信眾，最有名的要算是後漢的楚王英。楚王英年經的時候喜歡郊遊賓客，晚年喜歡「黃老」之術。《後漢書》說他曾經「學爲浮屠齋戒祭祀」，恐怕是中國最早有佛教思想的貴族，《後漢書》說：

> 建武八年，詔令天下死罪皆入縑贖。英遣郎中令奉黃縑白紈三十匹詣相國曰：「託在蕃輔，過惡累積，歡喜大恩，奉送縑帛，以贖愆罪」國相以聞，詔報曰：「楚王誦黃老之微言，尚浮屠之仁祠，絜齋三月，與神爲誓，何嫌何疑？當有悔吝？其還贖，以助伊蒲塞、桑門之盛饌。」〔註27〕

這應該是中國最早一段關於佛教齋戒祭祀的記錄。楚王英當時不僅已經知道了「浮屠」（就是佛陀），當時的相國更知道楚王英所崇拜的內容是什麼，在頒發的詔書上提到了「伊蒲塞」（也就是「優婆塞」）與「桑門」（就是「沙門」）。足見楚王英時代，中國已經知道佛教有沙門，也知道佛教有在家居士的觀念。這可以說明在楚王英的時代已經有「皈依三寶」的觀念。而從前面記錄來看，楚王英應該是一位皈依三寶的弟子，舉行過「齋戒祭祀」之儀。到底楚王英當時，也就是漢光武帝時代有無梵唄呢？我想應該是有的，楚王英時代，已經有了「桑門」，說明了當時已經有「胡僧」或是「梵僧」來到中國，這些僧人多少都會唱誦經文。從「齋戒祭祀」之儀的記錄來看，至少佛教儀式已傳來中國，在東漢王公貴族當中流行。到了東漢桓帝，「設華蓋以祀浮屠、老子」，《續漢志》則說他是用「郊天樂」來作祭祀佛陀與老子〔註28〕。

〔註27〕請見《後漢書》，收錄於《二十四史》精裝合訂第三冊（北京市：中華書局所編，1998 年出版），頁 1428。

〔註28〕請見《後漢書》，收錄於《二十四史》精裝合訂第三冊（北京市：中華書局所

這說明了，漢朝不僅有供養佛陀的觀念，還有儀式存在，並且已經知道使用音樂來供養佛陀的記錄。雖然這樣的記錄並不多見，但至少說明了一個事實：佛教早在東、西漢相交的時代就已經來到中國，而且有王公貴族信仰，已經存在了佛教儀式，而且知道要用音樂來祭祀佛陀的觀念已經存在。因此梵唄存在於中國應該有一段不短的時日。但這段時間裡，中國人僅認為佛教是外來的宗教，特別是「胡人的宗教」。

　　在上者喜好，在下者自然會有所耳聞。這種風行草偃的趨勢，自然也影響到民間。東漢晚期，不僅有部份官員成為佛教徒，還有舉辦大型的供養法會的記錄。《三國志·劉瑤傳》上記載了一個中國早期大眾共修的法會：

> 笮融者，丹揚人，……乃大起浮屠祠，以銅為人，黃金塗身，衣以
> 錦采，垂銅槃九重，下為重樓閣道，可容三千餘人，悉課讀佛經，
> 令界內及旁郡人有好佛者聽受道，復其他役以招致之，由此遠近前
> 後至者五千餘人戶。每浴佛，多設酒飯，布席於路，經數十里，民
> 人來觀及就食且萬人，費以巨億記。〔註29〕

自漢明帝佛教傳入中國以來，到東漢末年以前，並沒有漢人出家為僧。笮融自己蓋廟，自塑佛像，還不惜成本舉辦法會，雖然場面壯觀，但是「多設酒飯」情況，顯見笮融接受的佛法並不完整，若以今天眼光來看，也不算是「正信」佛教徒（沒有素食）。然而無論如何，這個故事告訴我們，在漢朝末年時代，已經有自建佛塔與大型法會的出現。既然笮融有這種讓大眾悉課讀佛經的主意，則必定有某種形式的誦經儀式存在。這種儀式與來華的胡僧不無關係。

　　然而迄今並沒有明確的記錄告訴我們，東漢時代這些王公貴族及地方官員究竟從胡僧那裡獲得什麼樣的教義。漢朝的王公貴族祭祀浮屠，地方官員辦法會，這種情形告訴我們：梵唄多少已經流行在漢朝上下階層之中。然而前面我們看到中國初傳佛教時期，佛教的傳播工作絕大部分是由這些來華的外國法師們擔任，他們不但翻譯經典，而且建立了僧伽制度。雖然也介紹了儀式，使用的梵唄大部分還是屬於梵文唸誦的方法。然而這種梵文經典的唸誦，卻獲得了我國文人的喜愛。三國時代的曹植就是其中一位愛好梵唄的文人，他登上魚山（今山東省東阿縣境）這個地方，偶然的機緣之下，在感嘆

編，1998 年出版），頁 320。

〔註29〕請見《三國志》，收錄於《二十四史》精裝合訂第三冊（北京市：中華書局所
　　　　編，1998 年出版），頁 1185。

吟詠之際，忽然聽到「天音」，有所感悟而摹寫當時所聽到的一切，偶然成爲創制中國梵唄的「元祖」，這就是著名的「魚山梵唄」。《高僧傳》說：

> 始有陳思王曹植深愛聲律，屬愛經音，既通般遮瑞響，又感魚山之神製，於是刪治《瑞應本起》，以爲學者之宗。傳聲則三千有餘，在契則四十有二。……原夫梵唄之起，亦兆自陳思，始著《太子頌》及《睒頌》，因爲之製聲，吐納抑揚，並法神授。今之皇皇顧惟，蓋其風烈也。〔註30〕

而《諸經集要》卷四說到：

> 魏時，陳思王曹植字子建，魏武帝第四子也。幼含珪璋，七歲屬文，下筆便成，初不改定。世間藝術無不畢善，邯鄲淳見而駭服，稱爲天人。植每讀佛經，輒流連嗟翫，以爲至道之宗極也，遂製轉讀七聲升降曲折之響，世之諷誦咸憲章焉。嘗遊魚山，忽聞空中梵天之響，清雅哀婉，其聲動心，獨聽良久而侍御皆聞。植深感神理，彌悟法應，乃摹其聲節，寫爲梵唄，撰文製音，傳爲後式。梵聲顯世，始於此焉。其所傳唄，凡有六契。〔註31〕

由於該段史事其實並不見於《三國志》，而且僧祐《出三藏記集》卷二載有支謙所譯「《瑞應本起經》二卷」條下並沒有記載我們前面看到《高僧傳》說的「曹植刪治」的記錄（見北京中華書局 1995 年 11 月出版《出三藏記集》，頁 28），故有學者如陳吟恪在《四聲三問》文中表示，懷疑這個傳說是「依託之作」（請見《清華學報》第九卷第二期，1934 年 4 月刊出）。但是中國佛教對於這個「魚山製梵」這個故事是全盤接受的，不僅在佛教界中廣爲流傳，甚且遠播重洋，到達國外，顯見曹植成功的創作，對於中國梵唄所出的貢獻深入人心的一面。韓國佛教禮儀學者洪潤植，引《梵音集刪補序》之說，就以爲韓國梵唄之源來自「陳思王遊魚山」並還提到「唐三藏公（筆者按：大概是指玄奘三藏）求法西大聞彼梵聲，與此大同。」〔註32〕日本佛教也受到影響，將其梵唄亦命名爲「魚山聲明」，並尊曹植爲梵唄的聖祖，惟認爲「魚山

〔註30〕請見《大正新修大藏經》第五十冊（臺北市：新文豐出版有限公司，民國 72 年修訂版），頁 415。

〔註31〕請見《大正新修大藏經》第五十四冊（臺北市：新文豐出版有限公司，民國 72 年修訂版），頁 33。

〔註32〕請見洪潤植著，《韓國佛教禮儀の研究》（日本：隆文館出版，昭和 51 年 6 月 24 日第一刷發行），頁 180。

聲明」的聲曲內容與曹植創制的「魚山梵唄」並無直接的關係〔註33〕。事實上也是如此，蓋曹植所創作的「魚山梵唄」，主要內容是在於《太子瑞應本起經》及《睒頌》，這與以天臺宗法會使用梵唄為中心──《魚山聲明集》內所收的五十五曲來說，確實是毫無關係的。

　　曹植所創作「魚山梵唄」是以漢語佛典為主要的讚辭。這一點很重要，他摹擬當時的「空中梵天之響」，將《太子瑞應本起經》與《睒頌》兩部佛典故事置入唄聲，成為中國人創制漢語梵唄的第一人。《太子瑞應本起經》內容，主要是講述佛陀從在家到出家，後來成道的一生故事（《大正藏》第三冊，頁472）。《睒頌》則主要是講述佛陀前世曾經是一個佛教的修行人，睒子因為父母年老雙目失明，侍奉雙親至孝，對三寶信仰殷切。一日找水喝，沒想到遭到國王毒箭射中而死。父母因睒子篤信三寶，不幸遭此橫禍，呼天搶地，哀痛呼號，帝釋天聽說睒子這個故事，甚為感動，在聽到這個孝子竟遭到橫禍，就下來救他使其復活的故事。關於睒子的故事，請見《方廣大莊嚴經·卷五·音樂發悟品》（《大正藏》第三冊，頁539）。以上資料告訴我們，「魚山梵唄」的讚辭是來自佛教經典。這一點影響很大，至少在唐宋以前，梵唄的讚辭大多以經典中詩偈為主。只是這些唄讚應該與法會或儀式有關，但不知為什麼，相關法會或儀式的記載尚於闕乏。所以筆者推測，曹植所選擇的材料，一方面有宗教上的義涵，另一方面也有穿插儒家的觀點──弘揚孝道的思想。「魚山梵唄」則很可能只是用來作為「唱導」，以宣揚教義為用途，表演性質的藝術，而非法會用的儀式或修行用的音樂（《高僧傳》說在曇柯迦羅嘉平中來魏以前，未有正式的齋懺法事。請見《大正藏》第五十冊，頁325）。

　　以佛教文化，特別是就大乘佛教來講，一個法門能不能「有效」的重點就在於這個法門可不可以與佛菩薩「相應」，這是佛教徒最關心的事情了。就以誦經而言，從西域來的僧人所提供的「梵文」唸誦應該是最能夠感應（以前在印度就已經感應過了），最應該能夠解決這個疑問，所以中國佛教徒只要接受西方來的法師們口傳梵文經典就可以了，這種情形就像今天在臺灣熱衷西藏佛教的情形一樣，在「重聲主義」思想指導之下，西藏語言蘊含著大量的「梵音」，被視為最能與佛菩薩溝通的語言而在臺灣佛教徒之間流行。但是有趣的是，中國初傳佛教情形並非按照這個路線進行，來華胡僧們並沒有選

〔註33〕請見中國大陸劉玉新、張方文著，日本山口康子譯，《魚山曹植墓》中小堀光詮的《序》（日本：魚山大原寺實光院，1997 年 6 月 18 日發行）。

擇「感應」而是選擇了「義理」的介紹，這使中國漢魏時期佛教形成一個別於後代的風格：「重視與強調義理」。即使佛教發展到了慧皎的時代，我們從前面一節可以看到慧皎也是強調音聲與經義不可偏頗，這種思潮帶給了漢語梵唄一個發展的契機。「魚山梵唄」帶給中國佛教的意義是：既然這是從天上傳來的梵音，這也就等於告訴了中國佛教徒們，佛菩薩並非只有保佑那些會講胡語與梵語的人士；「天音」既然出現在中國的魚山，那麼只要能夠唱誦記錄下來的聲調，則或許可以獲得感應與保佑。

然而令人疑惑的是，迄今還沒有發現唱唸「魚山梵唄」感應的記錄。所以筆者以為，「魚山梵唄」的重要性，或許是在於音樂上的創作，而非修行上的價值。這或許就是「魚山梵唄」受到後代尊崇與讚歎的原因：一方面是因為大詩人曹植的名氣有關，然而最主要就是以「天上」傳下來的「清淨梵音」稱著。慧皎大師以為：「吐納抑揚，並法神授」，這說明了「魚山梵唄」發自天上的神祕傳說。然而筆者以道世法師的說法最為中肯，道世法師說：「空中梵天之響，清雅哀婉，其聲動心。」，顯見曹植「魚山梵唄」風格上，不僅唱法講究，更重要的就是在於「哀婉」，這不僅是梵唄最能感動人心的地方，而且是真正承繼了印度佛教傳統唄讚的風格（如馬鳴菩薩所作的《賴吒和羅》曲子宣說苦空無我，曲風就是者種哀婉的風格）。這才是「魚山梵唄」流傳廣遠的主要因素。事實上，這種「哀婉」的風格也成為後來中國佛教梵唄最主要的風格。而從「轉讀七聲升降曲折之響」可知，蓋因中國傳統音律乃以五音為主，七音則主要從印度傳來，由此可知曹植學習過音樂，並了解印度音律。

「魚山梵唄」帶給後世的影響非常可觀。雖然聲曲已經失傳，但是後世推崇並沒有因此減少。據《法苑珠林》卷三十六記載，道宣法師的說唐初還有六契（《大正藏》第五十三冊，頁 576）。而到了慧琳的時代，《一切經音義》卷二十七則說：「至今傳之」（《大正藏》第五十四冊，頁 485）。這與其他同時期，如支謙、康僧會等人製作的梵唄來說，「魚山梵唄」經過了將近六百年的歲月，傳承不斷，歷久不衰現象，是中國佛教眾多梵唄的評論當中，最受到讚賞的梵唄。是以後世審定梵唄流變，將「魚山梵唄」當作標準風格，《續高僧傳·雜科聲德》說：

> 唄匿之作，沿世相驅，轉革舊章，多弘新勢，討覈原始，共委魚
> 山。〔註34〕

─────────────────

〔註34〕請見《大正新修大藏經》第五十冊（臺北市：新文豐出版有限公司，民國 72

可見「魚山梵唄」的風格，是被當時佛教界公認最標準的梵唄，因此一旦當時梵唄有變化，只要討論梵唄，「魚山梵唄」就是衡量的標準。筆者認爲這大概就是「魚山梵唄」傳承久遠的重要原因。所以不論是中國，甚且是韓國與日本等國，莫不尊曹植爲祖，以「魚山」之後裔而自居。然而唐宋代以後，以「詞曲牌」風格爲主新的梵唄興起，法會上一些重要梵唄的曲文改由祖師創作爲主（像《爐香讚》這樣的梵唄），不再取材於經中的詩文。於是這種曾經用來評論梵唄流變的「魚山梵唄」，地位就不如從前。我們也可以從上面資料看出，至少在唐代以前還是存在的。至於唐末以後似乎就失傳了，想必是這個原因吧！

第三節　六朝時期的梵唄文化發展

　　六朝時代（兩晉與南朝宋、齊、梁、陳，北方則五胡十六國、前秦、東西魏及北齊、北周）是中國歷史上最紛擾、大分裂的時代，同時也是中國佛教起飛的時代，中國佛教在此一時期形成了不可動搖的基礎，爲後來的隋唐大成的時代做好了一切必要的準備。而今天我們可以看到的中國佛教梵唄，如懺儀、水陸法會、念佛觀念、持咒等等的觀念，在大多在這個時期奠下了基礎，而此一時期中國文學，由於傳來的梵唄，引發了「聲韻學」的發展，造成了後來重視聲律的發展趨勢。是以就研究中國佛教梵唄而言，六朝是一個非常重要的關鍵時期。

一、影響誦經風氣的經典傳來

　　前面一節，筆者大致介紹了中國初傳佛教時期，從西域與印度傳來的經典，大致是以大乘經典與聲聞乘的禪經爲主。此外，此一時期翻譯經典特色之一，就是關於《阿含經》也漸次傳來，六朝時代，根本佛教的「四阿含」在此一時期大備。而與「毘曇學」有關的論典也有介紹進來，如晉代僧迦提婆與慧遠共同翻出《阿毘曇心論》北涼・浮陀跋摩共道泰翻譯的《阿毘曇毘婆沙論》、符秦・僧伽跋澄翻譯的《鞞婆沙論》，符秦・僧伽提婆與竺佛念翻出《阿毘曇八犍度論》，姚秦・曇摩耶舍與曇摩崛多翻譯的《舍利弗阿毘曇論》等等，「毘曇學」亦於此一期間大備，然而這些都與禪修有關係，但與誦經風氣的發展沒有太大的關連，

年修訂版），頁 706。

這是因為聲聞乘佛法是以禪坐法門為主，禪坐法門以外法門，諸如音聲法門方面，則是屬大乘佛教的法門。故在此略而不談。而另外本期之內的戒律，合稱為中國佛教的「四大廣律」之東晉・佛陀跋陀羅與法顯合翻的《摩訶僧祇律》，姚秦・弗若多羅與鳩摩羅什翻譯的《十誦律》，姚秦・佛陀耶舍與竺佛念合翻的《四分律》，劉宋時佛陀什、竺道生合翻的《五分律》，律制趨向完整，六朝對於僧制的建設對中國佛教的後代奠下不可搖動的基礎。這些戒本的傳來，基本上與僧制的完善有關，但是直接與六朝時期，乃至與後代唸誦經典有關的經典則是屬於大乘經典的教義。基本上，六朝時期的佛教是朝著大乘經典的補充為主的方向前進，當中影響中國佛教修行觀念（關於菩薩道）最深的，或修行法門的經典，差不多都在此一時期內引進中國來。其中影響六朝誦經風氣的最主要經典要數是下面這些經典：

（一）般若系列經典

般若系列經典，乃是闡說「般若波羅蜜多」深理的經典之總稱。般若系列經典傳譯於漢地，是以東漢靈帝時代，支婁迦讖譯出《般若道行經》為起源。其後朱士行於于闐求得《放光般若經》（此經後來六朝頗為流行）。到了姚秦時代，三藏法師鳩摩羅什來到長安，正當《放光》、《道行般若》盛行之時，鳩摩羅什繼續翻譯出《大品般若波羅蜜多經》、《小品般若波羅蜜多經》、《般若波羅蜜多心經》與《金剛般若波羅蜜多經》及《仁王護國般若波羅蜜多經》各種般若經典以外，又翻譯出龍樹、提婆之各種關於般若的論典，如《大智度論》、《中觀論》等論。盛唱空門般若，遂令般若光芒愈盛。般若系列經典不僅在於解析「空」理，其實最重要的，要算是菩薩道的闡發。其中般若經典倡議的唸誦「摩訶般若波羅蜜多」，及勸人讀誦經典，對於後代唸誦經典的風氣影響甚大。在六朝時代有以本系列經典形成的「懺悔文」，如梁武帝所寫的《摩訶波若懺文》、《金剛波若懺文》、《勝天王般若懺》便是分別以《摩訶般若波羅蜜多經》、《金剛般若波羅蜜多經》及《勝天王般若波羅蜜多經》等經文為中心形成的懺法（見《大正藏》第五十二冊，頁 332）。甚至於在後來出現了有關於般若經典，如《大般若經》的讀誦法會的出現。〔註35〕

〔註35〕關於「大般若波羅蜜多經」的轉讀法會，日本史料《古事類苑》引《日本書紀》卷二十八云：「神護景雲元年十月十月庚子，御大極殿，屈僧六百，轉讀《大般若經》，奏唐、高麗樂及內教坊踏歌。」由於日本佛教本大多傳自中國，故推測中國應有「《大般若經》轉讀」之類似法會。請見《古事類苑》之《宗

（二）華嚴經系列

關於《華嚴經》的譯本有三譯，也就是《六十華嚴》、《八十華嚴》與《四十華嚴》三種。後面兩種爲唐朝所翻譯，故此略不提。《六十華嚴》則翻譯於東晉，故在此介紹。《六十華嚴》凡六十卷。東晉・佛馱跋陀羅譯。又稱《舊華嚴》、《晉經》。收於大正藏第九冊。總成「七處」，「八會」，「三十四品」。關於本經之翻譯，據《出三藏記集》卷九提到：《華嚴經》之梵本原有十萬偈，由東晉・支法領從于闐國攜入三萬六千偈，自安帝義熙十四年（418）三月，由佛馱跋陀羅譯成六十卷，稱爲《六十華嚴》，此即第一譯〔註36〕。本經自翻譯以來，南北方皆頗流行講解注釋，但讀誦方面則以北方流行，而成爲一個流行的修持法門。華嚴宗的成立與此有關。唐朝法藏大師在《華嚴經傳記》卷四記錄了「諷誦」與「轉讀」方面的傑出高僧（見《大正藏》第五十一冊，頁 165～170）。

（三）涅槃經系列

雖然大乘經典與小乘經典各有《涅槃經》，然而六朝流行的《涅槃經》是屬於《大般涅槃經》。本經乃爲北涼・曇無讖所翻譯。又作《大涅槃經》、《涅槃經》、《大經》。係宣說「如來常住」、「眾生悉有佛性」、「闡提成佛」等之教義。本經係於北涼玄始十年（421），依河西王沮渠蒙遜之請，於姑臧譯出。在曇無讖譯出後，傳於南方宋地，經慧嚴、慧觀、謝靈運等人，對照法顯所譯之六卷《泥洹經》，增加品數，重修而成二十五品三十六卷（收於大正藏第十二冊），古來稱之爲《南本涅槃經》；對此，曇無讖譯本則稱爲《北本涅槃經》。本經亦是六朝誦經高僧最常持誦的經典，在《高僧傳・誦經篇》當中常見相關記載。

（四）無量壽經系列

《無量壽經》此一系列最重要的有三部：《無量壽經》、《阿彌陀佛》、《觀無量壽經》三部。其中，《無量壽經》乃曹魏・唐僧鎧譯。又稱《雙卷經》、《兩卷無量壽經》、《大無量壽經》、《大經》。本經敘說於「世自在干佛」時，有國工出家爲僧，號法藏，誓願度化一切眾生至極世界，如四十八願中之第

教部四・佛教四・經》神宮司聽藏版（日本：吉川弘文館出版），頁 327。
〔註36〕請見蘇晉仁、蕭鍊子點校《出三藏記集》（北京市：中華書局出版，1995 年11 月一版），頁 326。

十八願所云：「十方眾生至心信樂，欲生我國，乃至十念；若不生者，不取正覺。」（《大正藏》第十二冊，頁 368）後成佛，號「無量壽」，國土在西方，名爲「安樂」，或稱「極樂」；經中並敘及淨土之莊嚴，又勸發諸天眾生精進修行，以求往生彼佛國土。古來有關之注疏贊述自然不勝枚舉，六朝時代即有北魏・曇鸞之《往生論註》二卷。《阿彌陀佛》爲姚秦・鳩摩羅什翻譯。譯文簡潔流麗，故誦讀者最多。內容敘述阿彌陀佛西方淨土之清淨莊嚴，諸佛眞誠讚歎眾生之往生淨土、六方諸佛之印證，及持名念佛等，使淨土信仰明確而平易。本經之注疏甚多，六朝時代，較重要者有智顗之《阿彌陀經義記》一卷。至於《觀無量壽經》部份，全一卷。劉宋・畺良耶舍譯。又稱《無量壽佛觀經》、《無量壽觀經》、《十六觀經》。略稱《觀經》。內容敘述佛陀應韋提希夫人所請，示現西方極樂淨土，並說修三福、十六觀爲往生法。自來注釋本經之著作頗多，六朝之際，重要者有《觀無量壽經義疏》二卷（慧遠）、《觀無量壽佛經疏》一卷（智顗）。

此一系列經典，來華者可追溯至東漢支婁迦讖翻譯的《般舟三昧經》，曹魏・康僧鎧緊接著翻譯《無量壽經》，後續則緊接著翻出《阿彌陀佛》與《觀無量壽經》可以說都是做《般舟三昧經》關於持念阿彌陀佛佛號的教義補充。因此淨土法門念佛儀軌與淨土宗因此而成立。特別是《阿彌陀佛》，因爲經中提到「善男子善女人，聞是經受持者，及聞諸佛名者，是諸善男子善女人皆爲一切諸佛之所護念，皆得不退轉於阿耨多羅三藐三菩提。」（大乘精舍印經會民國 80 年 4 月出版《佛門必備課誦本》，頁 51）不僅六朝時代廣受僧俗持誦，後代更列爲日課必誦讀者。

（五）法華經系列

「妙法」，意爲所說教法微妙無上；「蓮華」則比喻經典之潔白完美。該經主旨認爲小乘佛教各派過分重視形式，而遠離教義眞意，故爲把握佛陀之眞精神，乃採用詩、譬喻、象徵等文學手法，以讚歎永恆之佛陀（久遠實成之佛），並稱釋迦成佛以來，壽命無限，現各種化身，以種種方便說微妙法，重點在弘揚「三乘歸一」，即聲聞、緣覺、菩薩三乘歸於一佛乘，調和大小乘之各種說法，以爲一切眾生皆能成佛。其表現雖然頗具文學性，主旨則契入佛陀教說之眞思想。各品成立之年代雖互異，然自整體觀之，仍不失渾然統一，在佛教思想史、佛教文學史上具有不朽之價值。

漢譯《妙法蓮華經》曾經有六種，現存者有如下三種：晉・竺法護譯《正

法華經》十卷，二十七品（286）、姚秦・鳩摩羅什譯《妙法蓮華經》八卷，二十八品（406），而闍那崛多與達磨笈多譯《添品妙法蓮華經》七卷，二十七品（601）。其中以《正法華》最詳密；《妙法蓮華經》最簡約，然流傳亦最廣，一般所誦者即為此本。我國自鳩摩羅什後，注釋者亦屢有所出，初有南朝宋代竺道生之《法華經疏》二卷，繼之有光宅寺法雲之《義記》八卷；智顗有《法華玄義》、《法華文句》等著作。其中，最重要的，智顗且基於此經而創立天臺宗，而以該經第二十八品《普賢菩薩勸發品》結合《觀普賢菩薩行法經》創制為《法華三昧懺儀》，該儀軌影響後代甚者。而最澄於比叡山開創日本天臺宗後，該經更成為佛教教學之中心。該經是六朝時代最流行的「唸誦經典」，慧皎《高僧傳》中「誦經」部份所錄高僧大部分都有唸誦本經。

　　上述諸部經典，並非六朝時代大乘經教的全部。基本上勸人讀誦、受持的教義可說大部分大乘經典都有。然而，導引多數佛教徒以誦經典為修行法門，以致形成風氣，甚至影響後代誦經風氣的是這些方面的經典。是以研究我國梵唄發展的歷史不能不了解這個過程。

二、六朝時期「北禪南講」的風氣

　　由於翻譯經典不斷的進行，東來的高層大德往來不絕來到中國，受到了當時政府的支持。六朝時期，大小乘佛教不斷的傳入，使得中國佛教漸次擁有了印度佛教各種流派的學說。然而複雜的經教，使得中國的佛教徒們開始對佛教的系統發生了不同的興趣，形成了南北兩個不同學風：「北禪南講」的風氣（北方重視禪修，南方重視經教）。這種「北禪南講」風氣雖然形成了南北雙方面不同的佛教面貌，但為後來形成整合性的「解行並重」思想奠下基礎。中國佛教對於佛教的認識日益系統化，終於產生了「南三北七」〔註37〕這樣的宗派成立，

〔註37〕南北朝時，佛教所盛行的教相判釋之分類與體系。係天臺宗之開創者智顗所整理的南地三師與北地七師之十種教判。《法華玄義》卷十上載，江南以佛陀說法形式有頓、漸、不定三教，其中對漸教有不同說法：（一）虎丘山岌師之有相、無相、常住等三時教。（二）宗愛、僧旻於上述常住教之前加同歸教，稱為四時教。（三）定林寺之僧柔、慧次，及道場寺之慧觀等，於無相教之後，同歸教之前，如褒貶抑揚教，稱為五時教。北地則有：（一）武都山劉扎立人天、有相、無相、同歸、常住等五時教。（二）菩提流支立半字、滿字等二教。（三）光統（慧光）立因緣、假名、誑相、常等四宗。（四）護身寺自軌加上法界宗，稱為五宗教。（五）耆闍寺安廩立因緣、假名、誑相、常、真、圓等

而統攝於天臺宗教學體系之下，及形成其他宗派的成立基礎。六朝的佛教發展方向，就是朝向佛教教學系統的整合方向而前進。中國佛教的思想體系大致奠基於此一時期，而修行的儀軌、模式也奠基在此一時期。

（一）法講風氣的形成

　　佛教在漢魏之際雖有齋事祭祀，但都多僅止於信仰層面，與現在的「學佛」，也就是奉行佛教義理來修行還是有一段距離。這是因為當時佛教在義理上還未普遍為中國人所了解，而知識分子與王公貴族也尚未大幅度深入的接受緣故。故我們可以了解，即如曹植創制「魚山梵唄」，其文辭便有選擇「孝道」為內容者，仍不免脫於儒家思想色彩。因此對於佛教僧人而言，如何讓中國文人，特別是這些王公貴族了解佛教義理，信仰佛法，是他們的重要任務。恰好漢魏兩晉之際盛行玄談，僧人便在此時刻將佛法比附老莊，藉由文人名士的清談，藉以宣揚佛教的義理。般若思想便是當時清談最好的材料。

　　我國大乘佛教最早輸入的經典，要以「般若系列經典」的引進影響最大。般若系列經典在漢魏之際傳來，支婁迦讖與竺朔佛共同翻譯出《般若道行經》；據說東吳支謙則重譯《摩訶般若波羅蜜經多經》，稱之為《大明度無極》，風格近似《老》、《莊》〔註38〕。朱士行得到了梵本，翻譯出《放光般若經》，西晉竺法護又翻譯出《小品般若經》。足見般若經典受到佛教人士的重視。《高僧傳》提到孫權使支謙與韋昭共輔東宮，然「吳志不載」，則未知真否〔註39〕。但由此看出，僧人與名士的結合，對於後代起了一定的影響。其後般若系列經典接連不斷引進，由於般若經典理論頗與老莊思想契合，名僧

六宗。（六）某禪師立有相、無相兩種大乘教。（七）菩提流支（或謂鳩摩羅什）立一音教，謂佛以一音說法，眾生隨機緣不同而理解有異。上述之外，另有數種說法。例如天臺宗批判上述教判而立五時八教判，光宅寺法雲亦依天臺教判而採用南地之五時教與頓、漸、不定等分類。請參考《大正新修大藏經》第三十三冊（臺北市：新文豐出版有限公司，民國72年修訂版），頁801。

〔註38〕湯用彤稱東吳支謙則「重譯《摩訶般若波羅蜜經多經》，稱之為《大明度無極》」（見《漢魏兩晉南北朝佛教史》上冊，臺北縣：駱駝出版社，民國85年元月一版二刷，頁153）。筆者按：《出三藏記集》錄有《明度經》一條，下小字云又名《大明度無極經》，觀其用字，確實全無印度佛教意味，反似老莊思想。然而該經確係是否為《摩訶般若波羅蜜多經》，查《出三藏記集》與《高僧傳》皆無此說。不知出之何據？請見蘇晉仁、蕭鍊子點校《出三藏記集》（北京市：中華書局出版，1995年11月一版），頁30。

〔註39〕請見《大正新修大藏經》第五十冊（臺北市：新文豐出版有限公司，民國72年修訂版），頁325。

風格，又十分類似清流，適合宣流佛教之「玄風」。因之般若思想頗爲盛行於清談名士之間。西晉譯經高僧竺法護曾經翻譯過般若經典《光讚般若經》，乃爲當時中土佛學之要籍。竺法護學習中華語文，支愍度稱其「研幾極玄」〔註40〕。他的助手聶承遠、道眞父子，竺法首等等都被後人所稱讚。僧祐在《出三藏記集》裡記錄了一個竺法護與他的弟子竺法乘在長安的故事：

> 關中有甲族欲奉大法，試護道德，僞往告急，求錢二十萬。護未有答，乘年十三，侍在師側，即語客曰：「和上意已相許矣。」客退，乘曰：「觀此人神色，非實求錢，將以觀和上道德何如耳。」護曰：「吾亦已爲然。」明日，此客率其一宗百餘口，詣護請受五戒，具謝求錢意。於是四方士庶，聞風嚮集，宣隆佛化。〔註41〕

這樣的道德清譽，讓世人仰慕。所以孫綽《道賢論》便以佛道七人比竹林七賢。以竺法護比之於山巨源〔註42〕。像這樣的名僧清譽，在六朝文人眼中視爲一代清流，佛法也就昌盛起來。不僅僅是竺法護，還有帛法祖、竺淑蘭、支孝龍等人，後世名士都很欣賞他們的玄理風格〔註43〕。來華譯經高僧帛尸梨蜜多羅，被當時的人稱呼爲「高座」，晉朝永嘉年間來到中國，遇亂住在南方建初寺。丞相王導一見到他就以爲奇人，當時許多名士也都十分器重這位遠從西方來的僧人。後來周伯仁遇害，蜜前往探省，在他們面前唱誦梵唄三契，繼而通咒數千言，聲音高暢顏色不變。繼而揮涕收淚，其哀樂廢興，神氣自若〔註44〕。帛尸梨蜜多羅本人並不學漢語，但是他的行誼紳紳感動了當時名士。是以當時名士多與僧人往來。

　　僧人們不僅在名士間遊走，同時在義理探討上也不遺餘力。事實上，法講與清談是相互增上的。《高僧傳》記載了六朝時代對於新翻譯的經典，特別是大乘方面的經論舉行多次的開講經座的記錄幾則：

〔註40〕見湯用彤著，《漢魏兩晉南北朝佛教史》上冊（臺北縣：駱駝出版社，民國85年元月一版二刷），頁162。

〔註41〕請見南朝梁·僧祐撰寫，蘇晉仁、蕭鍊子點校《出三藏記集》（北京市：中華書局出版，1995年11月一版），頁518～519。

〔註42〕請見《大正新修大藏經》第五十冊（臺北市：新文豐出版有限公司，民國72年修訂版），頁326。

〔註43〕見湯用彤著《漢魏兩晉南北朝佛教史》上冊（臺北縣：駱駝出版社，民國85年元月一版二刷），頁169。

〔註44〕請見《大正新修大藏經》第五十冊（臺北市：新文豐出版有限公司，民國72年修訂版），頁328。

- 晉洛陽‧朱士行，在洛陽講《道行經》，後求梵本重譯。
- 淮陽‧支孝龍，時竺淑蘭初譯《放光經》，便就開講。
- 晉豫章山‧康僧淵，敘持《心梵經》，偏加講說。
- 晉中山‧康法朗，門徒數百，講法相係。
- 晉剡東仰山‧竺法潛，講《法華》、《大品》。
- 晉始寧山‧竺法義，善《法華》，晉寧康三年孝武帝遣使，徵請
  都講說。〔註45〕

以上僅列幾條，實際上有晉一代，開講經座的僧人是更多的。這種法講的風氣，一直延伸到現在始終不墜。因此在僧人們的努力之下，西晉時代或許有研究佛學的名士，但不多見史料，「五胡亂華」以後，晉室南遷，這種法講風氣也隨之南移。東晉已經有王公貴族們研究佛教。《世說新語‧文學篇》提到下面幾則這樣的故事：

> 支道林、許掾諸人共在會稽王齋頭，支為法師，許為都講。支通一義，四座莫不厭心，許送一難，眾人莫不抃舞。〔註46〕
> 殷中軍讀小品，下二百籤，皆是精微，世之幽滯，嘗欲與支道林辯之，竟不得。〔註47〕
> 僧意在瓦官寺中，王苟子來與共語，便使其唱理，意謂王曰：「聖人有情否？」王曰：「無。」重問曰：「聖人如柱耶？」王曰：「如籌算。雖無情，運之者有情。」僧意云：「誰運聖人耶？」苟子不得答而去。
> 〔註48〕

如上這樣的對答，顯然六朝時代對佛學義理已經十分紳入。名士之間不僅參與講經說法的場合，更有類似公案對答的討論。這說明佛學已經是當時的時尚。這對後代信佛乃至奉佛的影響極其紳刻。其影響最大的，就是六朝的政府當局對佛教的支持與鼓勵的政策，使得中國佛教在南方南正奠下了穩固的基礎。這其中最有名的，當然要屬南朝梁的「菩薩皇帝」，梁武帝，和陳代皇

〔註45〕請見《大正新修大藏經》第五十冊（臺北市：新文豐出版有限公司，民國72年修訂版），頁346。
〔註46〕請見楊勇教授校訂《世說新語》（臺北市：祥生出版社，民國62年10月出版），頁68。
〔註47〕請見楊勇教授校訂《世說新語》（臺北市：祥生出版社，民國62年10月出版），頁69。
〔註48〕請見楊勇教授校訂《世說新語》（臺北市：祥生出版社，民國62年10月出版），頁72。

室對於智顗的支持，使天臺宗成為我國史上第一個獲得國家支持的佛教宗派。這種重視講經義解的風氣遂成為六朝時代南方佛教的特色。

二、禪修風氣的形成

一切佛教經論教義事實上是來自於禪定的證量而定，因此自古以來佛教即以禪修當作是傳統法門。六朝時代，就在南方大開講席的時候，北方則延續前代翻譯的風氣，進一步引進更多的經論。尤其是符秦與姚秦兩代對於翻譯經典的貢獻最著。幾乎南方所盛行的經典大多是在北方翻譯出來的。由於北方連年戰亂，諸胡交攻。胡人性本野蠻，又十分剽悍。因此北方僧人如果沒有兩下子，像浮屠澄那種顯現神通或是鳩摩羅什有特殊技能（做呂光、姚興的軍師），不僅未能受到當時人們重視，更不要說是去馴服胡族王公們。因此不同於南方的風氣，重視儒雅，北方的學佛則重視實際，以修行為務。這其中要屬禪修風氣最著。

六朝的禪修風氣，要屬道安法師的提倡為發端。原先中國佛教所用的禪定修行方法大多以安世高的系列禪經為主要修行方法。其後胡僧與梵僧東來，對中國禪修風氣有顯著的影響。在這一時期當中以罽賓、月氏僧人為主，罽賓位在北印度，自來盛行說一切有部，及瑜伽大乘的學說。因此盛行禪修。罽賓的佛學風氣主要是以聲聞乘，及後來的瑜伽大乘佛教經論為主，然八朝時期北方大部分來華法師所帶來的經教大多以說一切有部相關教義為主，茲以次列記錄來看：

- ◆ 晉長安·僧伽跋澄，罽賓人，口誦《阿毘曇毘婆沙》，佛圖羅剎、釋道安等人共同翻譯。又齎《婆須蜜》梵本，與曇摩難提與僧伽提婆翻譯出。
- ◆ 晉長安·僧伽提婆，罽賓人，出兩部阿毘曇論。盧山慧遠大師並請出《阿毘曇心論》及《三法度》。並參與重譯《中阿含經》。
- ◆ 晉長安·曇摩耶舍，罽賓人，譯出《舍利弗阿毘曇》。後到江陵辛寺大弘禪法。
- ◆ 晉長安·弗若多羅，罽賓人，譯《十誦律》可惜未能完成。
- ◆ 晉長安·曇摩流支，罽賓人，完成《十誦律》的翻譯。
- ◆ 晉壽春·卑摩羅叉，罽賓人，弘揚律藏。增補《十誦律》。
- ◆ 晉長安·佛陀耶舍，罽賓人，出《四分律》並《長阿含經》。

◆ 晉京師道場寺・佛馱跋陀羅，迦維羅衛人，祖父商旅于北天竺，故居於罽賓，通禪律，慧遠大師請出禪經數部。又出《摩訶僧祇律》與《觀佛三昧慧海經》及《泥洹經》、《修行方便論》。

◆ 宋建康龍光寺・佛陀什，罽賓人，譯《五分律》。〔註49〕

以上部份足以觀出罽賓法師來華所帶來的經教就是：一、禪；二、律；三、毘曇。這三樣東西不外就是說一切有部的經教。因此不僅中國佛教的中聲聞乘佛法大部分都是這些罽賓法師帶來，同時他們也把完整的律藏帶來中國。可以說中國有完整的僧制，是這些法師的功勞。然而最重要的就是由於聲聞乘特重禪法，即使到後來流行的瑜珈大乘，也不離於禪法。因此禪修的經教可以說最主要就是這些罽賓法師的貢獻所在。這些罽賓法師與其他西域來北方的法師們，為中國北方的佛教開創了禪修的風氣。由於禪修可以獲得大神通，有特殊的能力。《高僧傳》裡《神異篇》、《習禪篇》在在都提到此事〔註50〕。因此北方禪風很快就流行起來。其後中國佛教禪宗初祖，菩提達磨來華，雖然是從南方登陸，最後也是到達北方落腳。正是因為六朝當時的北方佛教重視禪坐的緣故。

然而，北方所盛行的禪坐風氣，南方也漸次興盛。永嘉之亂以後北方僧人多渡江南。例如竺僧顯、竺曇獻、支曇蘭俱是北人禪匠而南來〔註51〕。東晉道安法師提倡禪法，其弟子慧遠大師亦因江東缺乏禪法，派弟子西行求法，獲得禪法以歸。所學禪法亦是屬於罽賓國的佛大先禪法。〔註52〕

聲聞乘這種重視禪修的風氣，大乘佛教也不落人後。前面提過，佛教基本教義及教理則是最主要來自禪修的境界展現。因此成為佛教各種層次的境界，如阿羅漢、菩薩及佛主要是由禪修的方法所完成。罽賓法師們對於中國佛教的貢獻，固然是帶來了聲聞乘的禪法，但是真正奠下中國佛教禪法基礎

〔註49〕請見《大正新修大藏經》第五十冊（臺北市：新文豐出版有限公司，民國72年修訂版），頁328～340。

〔註50〕《高僧傳・神異上》提到單道開的故事，編菅為禪室，長坐其中。另於《習禪篇》則有竺僧顯的故事，因習禪定，見到無量壽佛以真容光照其身的故事。請見《大正新修大藏經》第五十冊（臺北市：新文豐出版有限公司，民國72年修訂版），頁387、395。

〔註51〕見湯用彤著《漢魏兩晉南北朝佛教史》上冊）（臺北縣：駱駝出版社，民國85年元月一版二刷），頁357。

〔註52〕見湯用彤著《漢魏兩晉南北朝佛教史》上冊（臺北縣：駱駝出版社，民國85年元月一版二刷），頁358。

者，還是屬於大乘佛教的禪法。聲聞乘與大乘禪法最大的差異，就是在於三昧的部份差異，聲聞乘謹守固定的次第，以傳統坐禪方式完成禪修的境界。還有一點最重要的，就是大乘佛法的禪定比聲聞乘的禪定更深、更廣。這些禪定的記錄，可以在般若系列經典，及其他大乘佛教經典都可以看得到。由於大乘佛教的禪定境界高於聲聞乘禪定境界的關係，是故佛教來到中國以後，中國人便取大乘的教義，而不取重聲聞乘教義方向，是以大乘佛教在中國大爲流行。然而筆者以爲，中國人眞正喜歡大乘佛教禪法，不僅僅是因爲大乘境界不僅更深，而且更高於聲聞乘的原因，而特別的地方在於「方便法」，大乘揚棄傳統的禪定形式，也就是不僅有傳統坐禪方式，還有多種多樣方式的方法引發禪定模式，形成了所謂的「禪定藝術」──不管用哪一種方法，只要在符應於「戒定慧」基礎上的「合法路線」就是大乘佛教的禪定法門。其中最有名的主張，就有以「念佛三昧」修行爲主的淨土教理，及「方便教理」爲基礎的《法華經》思想，後來形成了天臺宗教理的核心。

　　大乘佛教對於禪定主張，起初是以東漢時代支婁迦讖翻譯的《般舟三昧經》爲流行的禪修法門。《般舟三昧經》所揭示的「般舟三昧」，是一種運用般若思想的「空觀」做思想基礎，藉由念佛而觀想十方諸佛現前的禪修法門。它與般若思想相結合，是以這在早期中國大乘佛教而言，是非常重要的修行法門。後來一系列的提及「觀佛菩薩」的大乘經典，這其中包含了：東晉、佛陀跋陀羅譯的《觀佛三昧海經》，與劉宋時代大量的相關經典：曇無蜜多譯的《觀普賢菩薩行法經》、畺良耶舍譯的《觀無量壽佛經》、曇摩蜜多譯的《觀虛空藏菩薩經》、沮渠京聲譯的《觀彌勒菩薩上生兜率天經》等等，還有一些關於三昧的經典，如智嚴譯的《法華三昧經》等經典，都與以看見十方諸佛菩薩爲重要修行目標爲訴求，對中國大乘佛教的禪觀法門起了很大的影響。其中天臺宗以《觀普賢菩薩行法經》、《觀佛三昧海經》等爲主要的禪觀依據經典，並因此創制了修行儀軌。後漢以來的「般舟三昧」，因爲般若思想在魏晉之際的流行，可以說較早獲得佛徒青睞的修行法門，只要能夠持念佛名，觀想阿彌陀佛形象及他的極樂世界樣子，就可以入甚深的禪定，前面我們介紹過，至少是不退轉的第七、第八地菩薩果位，與佛陀果位相差不遠，因此頗受佛教界重視。慧遠大師的成就「般舟三昧」的修持。因而成爲中國第一代淨土宗的祖師，屬於淨土宗的念佛法門因此更加流行。

　　還有一種禪修方法，那就是在前面我們提到過的《觀普賢菩薩行法經》

特別的主張：「不必入定就可以面見十方佛」的修行方法，也就是設置道場，以唸誦《法華經》三七日，加上行懺悔法門等等，便可以看見普賢菩薩的法門。這種「不必入定」卻可以獲得比罽賓國法師們所主張的傳統禪法所獲得的禪定的境界還要深、還要高的修行法門，立刻受到中國佛教界的歡迎。這使得讀誦《法華經》成為當時佛教界非常流行的時尚。

　　由於南方盛行這種法講關係，大乘經教不僅因此流行，而北方重視修行的實際觀念之下，南北雙方觀念的合流，使得中國佛教徒不僅在於「解行並進」，並形了相互增上的觀念，更進一步要形成佛學教育體系的探討。各家對於佛教修行次第有不同的理解，遂成為佛教界中百家爭鳴情況，也就成了「宗派」的形成。天臺宗的教學便是六朝時期的佛學教育系統的集其大成。

三、誦經法門的盛行

　　在六朝的「南講北禪」的流行風氣，南方重視慧解，因而法講盛行。常常成為法講的經典，大部分都是大乘佛教的經典。在前面小節我們提到，誦經風氣的盛行原因，固然是與禪定有關。禪定可以發慧，可以引發神通，既然誦經可以引發禪定，那麼藉由誦經也可以引發像禪定那樣的效果，就是所謂的「發慧」、「神通」的作用。六朝時期，經常作為法講主題的，例如像《大品般若波羅蜜經》、《法華經》、《涅槃經》、《維摩詰所說經》等等，這些大乘經典，特別是《大品般若波羅蜜經》、《法華經》兩經特別教人要能夠受持、讀誦與解說。《妙法蓮華經・分別功德品》提到這個道理：

> 如來滅後，若有受持、讀誦、爲他人説、若自書、若教人書，供養經卷，不須復起塔寺……若有人能持是經，……智慧其德最勝，無量無邊。〔註53〕

因此誦持經典，「智慧其德最勝，無量無邊」，像誦持經典，不像坐禪那樣會引發腿部的酸、麻、脹、痛的身體副作用，還有入定也不是那麼容易就能夠獲得的，時常會有妄念紛飛的情況。因此對於不喜歡坐禪的人來說，誦經與念佛就是他們最好的修行方法，對佛教而言，是更能夠推廣與普及的修行方法。因此誦經風氣大為盛行。

　　在《高僧傳》裡，特別說到了唸誦經典方面成就人士，《誦經篇》，茲選

〔註53〕請見《妙法蓮華經》（臺北市：大乘精舍印經會，民國 87 年 11 月出版），頁338～339。

幾則六朝誦經人士成就情形茲錄於次：

- ◆ 晉‧釋曇邃，誦《正法華經》，也常爲人解說，曾經在中夜其人在睡夢中，但身已被一弟子請到白馬塢神祠中講經，後來有人從祠前經過，看見他們在講經情況。又聞到奇異香味，於是大家傳爲神異。到了夏天結束，祠中的神明就送曇邃白馬一匹，白羊五頭，絹九十匹作爲回饋。

- ◆ 晉‧釋法相，誦經十萬餘言，鳥獸常集於左右，皆馴若家禽。

- ◆ 晉‧竺法純，善誦《古維摩經》，一日在湖中小島的小屋，遇到大風，法純僅有小船，情況非常危險，然他一心稱念觀世音佛號，俄而看到一條大船前來，船上無人，船上無人，帶著法純離開危險地方，當法純上岸，船就消失不見，道俗都感到神異。

- ◆ 晉‧釋僧生，誦《法華經》，常在山中誦經，有老虎前來蹲聽，每次諷詠完畢，常看到有四人左右護衛。

- ◆ 宋‧釋法宗，誦《法華經》、《維摩經》，歸戒弟子三千多人。

- ◆ 宋‧釋道同，誦《法華經》，有瑞應。

- ◆ 宋‧釋慧慶，誦《法華經》、《十地經》、《思益經》及《維摩經》，誦經之時，常聽見空中彈指讚嘆之聲。

- ◆ 宋‧釋普明，誦《法華經》、《維摩經》二經，每次唸誦到《勸發品》常常看見普賢菩薩在旁邊。

- ◆ 宋‧釋法莊，誦《大涅槃》、《法華》、《淨名》，每夜諷誦常感天神來聽。

- ◆ 宋‧釋慧果，誦《法華經》、《十地經》，因曾誦經救度一鬼獲得超度。〔註54〕

事實上，《高僧傳‧誦經篇》列有二十一人，誦持《法華經》者就有十六人，可見諷誦《法華經》風氣非常盛行。另外還有《維摩經》者有五人，諷誦《大品》，還有其他《十地經》、《大涅槃》者，可見這些經典都非常流行。慧皎在「論曰」的地方提出了他的評論：

> 諷誦之利大矣！而成其功者希焉。良由總持難得，悟忘易生，如經所說，止復一句一偈，亦是聖所稱美，是以曇邃通神於石塢，僧生

〔註54〕請見《大正新修大藏經》第五十冊（臺北市：新文豐出版有限公司，民國72年修訂版），頁406～407。

感衛於空中，道同臨危而獲濟，慧慶將沒而蒙全。斯皆實德內充，

故使徵應外啓。經曰：六牙降室，四王衛座，豈粵虛哉！〔註55〕

由此可知，在當時的誦經觀念當中，慧皎認為誦經本來就是為了所謂的「總持」，這也就是「陀羅尼」的觀念，關於「陀羅尼」乃屬於般若經當中的思想一部份，筆者在第五章第二節介紹過。這也就是說，慧皎以為唸誦經典如唸誦陀羅尼，這樣的看法。由於唸誦陀羅尼將可獲得文字般若的智慧，誦經也是如此，因此如傳中提到的曇邃、僧生、道冏與慧慶等人能夠獲得這樣的成就，完全就是因為自己修持出來的德行，才能召感唸誦經典的功德力量。這可以看得出，唸誦經典的哲學思想淵源主要是來自般若思想體系。

另外，慧皎大師特別提到了「六牙降室，四王衛座」，這是《法華經》第二十八品《普賢菩薩勸發品》的內容。蓋因普賢菩薩因為發願保護唸誦《法華經》的修行者，故若有唸誦《法華經》的修行人，在唸誦時，他即現身於前，保護他並且教導他唸誦與修持這部《法華經》。這使得六朝時代，乃至後代，掀起了《法華經》的風潮。在第五章第三節，筆者介紹《法華三昧懺儀》的制作，與六朝時代風行唸誦《法華經》的時尚有關。蓋諷誦《法華經》的風潮與《觀普賢菩薩行法經》特別的主張：「不必入定就可以看見十方佛」的修行方法實有不可分別的關係。

因此誦經在這樣的機緣之下，不僅成為時尚，還因此成為一種藝術。六朝時代就有一群人是以誦經音聲美聽而著名的，那就是所謂的「經師」。《高僧傳‧經師篇》提到一群以此被大家推崇的高僧：

- ◆ 晉‧帛法橋，中山人，樂轉讀但乏聲（聲音不暢快），於是「絕粒懺悔」，七日七夕，稽首觀音，以祈現報，同學苦諫，誓而不改，至第七日覺喉內豁然，即索水洗漱云：吾有應矣。於是做三契經，聲徹里許。遠近驚嗟，悉來觀聽。

- ◆ 晉‧支曇籥，特稟妙聲，善於轉讀。嘗夢天神授其聲法，覺因裁製新聲。

- ◆ 宋‧釋法平，與弟法等俱出家，止白馬寺，為曇籥弟子，共傳師業。響韻清雅，韻轉無方。弟貌小醜，而聲踰於兄。宋大將軍於東府設齋，一往以貌輕之。及聞披卷三契，便扼腕神服。後東安

〔註55〕請見《大正新修大藏經》第五十冊（臺北市：新文豐出版有限公司，民國72年修訂版），頁409。

嚴公發講等作三契經竟，嚴徐動塵尾曰：如此讀經亦不減發講，
遂散席。

- ◆ 宋・釋僧饒，偏以音聲著稱。綜善三本起及大挐，每清梵一舉，
輒道俗傾心。寺有般若臺，饒常遠臺梵轉以擬供養，行路聞者，
莫不息駕踟蹰，彈指稱佛。

- ◆ 宋・釋道慧，偏好轉讀，發響含奇，製無定准，條章折句，綺麗
分明。

- ◆ 齊・釋曇遷，巧於轉讀，有無窮聲韻，梵製新奇特拔終古。

- ◆ 齊・釋曇憑，少遊京師學轉讀，止白馬寺音調甚工而過旦自任。
時人未之推也，於是專精規矩，更加研習，晚遂出群，翕然改觀，
誦三本起經，尤善其聲。〔註56〕

而慧皎大師也在設立了《唱導篇》，提到了一些聲音優美的唱導高僧：

- ◆ 宋・釋道照，以宣唱爲業，音吐寥亮，洗悟塵心。

- ◆ 宋・釋曇穎，誦經十萬餘言，屬意宣唱，天然獨絕。

- ◆ 宋・釋慧璩，尤善唱導，出語成章，動辭製作，臨時採博，罄無
不妙。

- ◆ 齊・釋慧重，新安寺出家，於是專當唱說，秉性清敏，識悟深沈。
言不經營，應時若瀉，凡預聞者皆流連信宿，增其懇詣。

- ◆ 齊・釋法願，善唱導，及依經說法率自心抱，無事宮商言語訛雜，
唯以適機爲要。〔註57〕

慧皎解釋「唱導」是一種以宣唱法理來開導眾心的說法。唱導運用之處通常
就在齋會之上。並特別提到「唱導四事」即所謂的「聲、辯、才、博」四件
事情，而將「聲音」列爲首要〔註58〕。因此，我們就能夠了解，在六朝誦經
風氣影響之下，誦經不僅是一種修行方法，更重要的是，誦經也成爲一種藝
術。《經師篇》說明這些誦經的高僧們，因爲誦經、唱導而獲得什麼樣的奇特
功德的並不多，反而都在強調他們因爲誦經的關係，獲得了音聲美好，文辭

〔註56〕請見《大正新修大藏經》第五十冊（臺北市：新文豐出版有限公司，民國72
年修訂版），頁413～414。

〔註57〕請見《大正新修大藏經》第五十冊（臺北市：新文豐出版有限公司，民國72
年修訂版），頁415～417。

〔註58〕請見《大正新修大藏經》第五十冊（臺北市：新文豐出版有限公司，民國72
年修訂版），頁417。

巧妙，特別能夠感動眾人，而備受眾人歡迎。由於六朝時代社會風氣崇尚美感，誦經風氣能夠披靡原因，除了誦經可以修行以外，最重要的就是當時人們也非常重視，當作佛教音樂的藝術來欣賞，對於佛教教義傳播而言達到了很好的效果。所以《高僧傳》特別提出關於誦經的《經師篇》與《唱導篇》，作為「高僧」的標準之一，主要就是因為這些誦經僧人對當時佛教傳播有很大的貢獻緣故。這說明了早期中國佛教的梵唄作為宣傳佛教教義有力的工具的實際情況，非常值得今天臺灣佛教界人士參考的。

四、以誦經為思想中心發展成六朝佛教儀式

筆者以為，研究誦經的意義主要就是在於，因為唸誦經典的修行觀念與形式，成為中國佛教儀式上的主體關係，因此誦經背後的思想值得我們進一步研究與探討。即如前面小節所說，六朝時代盛行的誦經風氣，固然我們可以追溯至印度佛教已經存在的誦經風氣。然而筆者以為，中國佛教誦經風氣之所以盛行因素，主要是經曲所主張的教理，也就是說，唸誦經典可以引發與坐禪類似的功能，甚且可以引發禪定，可以幫助修行人達到想要進入的三昧境界，特別是可以進入屬於菩薩果位的三昧境界，比起傳統坐禪來說是方便太多了！。《高僧傳・誦經篇》當中記錄了幾位誦經的高僧大德，在誦經同時也兼習禪業〔註59〕。由於禪坐是佛教傳統的修行法門，足見他們的觀念就是將誦經當作禪坐的「助行」，也就是輔助修行的法門。

在前面，筆者介紹過慧皎在《高僧傳・誦經篇・論曰》之處所說的：「良由總持難得」，這裡我們注意到「總持」，也就是「陀羅尼」。這說明了六朝時代佛教界將經典當成一種「陀羅尼」。在第五章第二節，筆者曾經介紹過「陀羅尼」的觀念，是一種類似現代科技，「濃縮」的技術，這種「濃縮」技術不僅可以將教法以高級的智慧收攝一切教法，更重要的是，它還可以還原這些教法。這種陀羅尼是可以引發三昧的，進入三昧看見佛菩薩的法身，關於這一點，南方的廬山慧遠大師，與北方的鳩摩羅什大師在往來書信上曾經討論過，鳩摩羅什大師回信說：

大乘部著，謂一切法無生無滅，語言道斷，心行滅處，無漏無為，

〔註59〕例如《誦經篇》當中所載：釋弘明「誦《法華》，習禪定」，釋慧豫「誦《大涅槃》、《法華》、《大地》，又習禪業」。請見《大正新修大藏經》第五十冊（臺北市：新文豐出版有限公司，民國72年修訂版），頁409。

> 無量無邊，如涅槃相，是名法身。及諸無漏功能，並諸經法，亦名
> 法身。所以者何？以此因緣，得實相故。〔註60〕

是以，持誦經咒亦可視爲「法身」，因爲誦持經咒可以見到「諸法實相」，可以進入甚深三摩地，引發高深的智慧。是以《高僧傳》所記錄的誦經才會因此發生一些不可思議的事蹟。《翻譯名集》卷五對於誦經音聲之所以會有功德，就有這樣的說法：

> 《俱舍》云：牟尼說法，蘊數有八十千，彼體語或名，是色行蘊攝，
> 體即教體，語即語業，名謂名句，言是色行蘊者。由聲不可見，有
> 對色，在色蘊收。名句屬不相應行，在行蘊攝，體既通於行色，則
> 顯能詮之教。聲、名、句、文四法和合，方能詮理。又復須知佛世
> 滅後，二體不同。若約佛世八音、四辯、梵音聲相，此是一實，名
> 句文身，乃是聲上屈曲建立。……西域貝葉，東夏竹帛書寫聖教，
> 其中所載，名句文身咸觸色法，此則從正別分，若乃就旁通說，佛
> 世雖正屬聲，旁亦通色。如迦旃延撰集眾經要義，呈佛印可。斯乃
> 通色，滅後正雖用色，旁亦通聲。〔註61〕

《翻譯名集》引《俱舍論》說明佛教的教理，在佛陀時代是佛的金口宣說，是以音聲即實相。但佛陀滅度以後，這些金口宣說的教集結，後經人以梵文寫下，仍可以「通色」，也就是指出「言語道斷，心行滅處」的「諸法實相」的般若智慧，而「若約佛世八音、四辯、梵音聲相，此是一實，名句文身，乃是聲上屈曲建立。」這樣一來，聲上屈曲，以佛的微妙音聲來歌詠法言就可以見到「一實相」，也就可以「顯能詮之教」，也就能夠見到「諸法實相」。那就是說，運用「梵音」唱誦經文是可以顯出「能詮之教」，可以進入三昧，那種「梵音」也就是我們所說的「梵唄」。《翻譯名集》卷四就對「梵唄」一詞做出解釋：

> 唄匿，或梵唄，此云止。若準律文唄匿如法，《出要律儀》云：……
> 翻爲止斷也，又云止息，由是外緣已止已斷，爾時寂靜，任爲法事
> 也。〔註62〕

〔註60〕請見《大正新修大藏經》第四十五冊（臺北市：新文豐出版有限公司，民國
　　　　72年修訂版），頁123。

〔註61〕請見《大正新修大藏經》第五十四冊（臺北市：新文豐出版有限公司，民國
　　　　72年修訂版），頁1136。

〔註62〕請見《大正新修大藏經》第五十四冊（臺北市：新文豐出版有限公司，民國

換句話說，在印度佛教的看法，梵唄本身能夠「外緣已止已斷」，此時正是「寂靜」，而可以「任為法事也」。這可以用來說明與形容六朝佛教對於誦經的思想，就是「外緣已止已斷」而能夠「任為法事也」，是以在這樣的定境當中，可以作什麼樣的法事呢？

1. 向十方諸佛菩薩面前懺悔，則可以獲得不退轉的成就。所以在唸誦懺悔文，為的就是引發三昧，《法華三昧懺儀》是在這樣的思想上創制出來的。

2. 唸誦經典或懺儀當中進入三昧演說如來教法與開示，或是迎請佛菩薩的威神力來領導亡魂超度離開三惡道。「梁皇寶懺」、「水陸大法會」是在這樣的思想基礎制定出來。

3. 唸誦經典或儀式當中，迎請佛菩薩降臨，承事供餐，或以超薦父母祖先，以盡孝道；或以種下福德因緣，為未來的成佛之路鋪下平坦的道路。「盂蘭盆法會」、「齋會」、「供養法會」等都是在這樣思想下建立的。

4. 可以在諸佛菩薩面前稱念佛號，發願往生淨土，是以念佛的儀式之前，往往要唸誦淨土相關經論，稱讚如來，然後讀誦大乘經典，乘著唸誦經典的「寂靜」，進入佛教唸誦，為入念佛三昧而努力。現行「佛七儀軌」是在這樣的思想之下成立的。

5. 可以在迎請諸佛菩薩後，在佛菩薩面前唸誦咒語，並發願迴向，來達到自己的唸誦咒語的願望。譬如天臺宗的「大悲咒水行法」是建立在這種思想之上。在迎請觀世音菩薩降臨之後，在菩薩面前唸誦《大悲咒》，祈請菩薩的法力加持於水上成為「咒水」，用來治病及其他用途。

因此，誦經有這種能夠入定，見諸法實相的功德，不少法會儀式都以誦經為核心，而建立了起來。如前面所說的三種類型「佛事」僅是部份，並非全部。但是這種唸誦經典為核心的法會儀式，卻是中國佛教得以自創儀式的最主要依據所在。是以，中國佛教最主要的佛教儀式幾乎都形成於六朝時期。

舉例來說，在前面我們看到，《高僧傳·經師篇》描述當時法師誦的是「三契經」（帛法橋）與「三本起經」（釋曇憑），這告訴我們六朝起初（宋、齊以

72 年修訂版），頁 1123。

前）流行的就是印度佛教傳來的「三啓經」。在第五章第三節筆者曾經介紹
過，也就是「讚歎三尊」、「正經」與「迴向發願」三段式結構而成的簡單的
佛教誦經儀式。然而，隨著時代推移，儀式逐漸複雜化，但是佛教儀式仍然
基本上是以維持這樣基本的「三契」形態，而增加了其他儀節。舉例來說，
俗稱的《梁皇寶懺》的南朝梁代的《慈悲道場懺法》（《大正藏》第四十五
冊，頁 922～967）是一部非常複雜的儀軌，其主要儀節如次：

1. 卷一到卷二
   皈依三寶第一
   斷疑第二
   懺悔第三
   發菩提心第四
   發願第五
   發迴向心第六
2. 卷三到卷六
   顯果報第一
   出地獄第二
   解怨釋結第三
   發願第四
3. 卷七到卷十
   自慶第一
   爲六道禮佛第二
   迴向第三
   發願第四
   囑累第五

這部懺儀的制作思想可以分成三個部份：

1. 首先是令參加法會大眾自己的業障先行清淨，並發出菩提心、發願與
   迴向，但此處之迴向並非法會之總迴向。
2. 緊接著進入主題：開示地獄果報可怕，主要就是要令大眾發起慈悲之
   心，並發大乘心。這部份是解析因果業報的可怕，令大眾了解人身難
   得，佛法難聞的道理。
3. 最後進入「自我慶幸」部份，使參加法會的人們，大家都能體會到佛法

雖然難聞，然今已得聞。既已在第二部份發出大乘之心，故於迴向部份要為「六道」來禮佛，也就是說不僅要懺悔自己的業障，還要發大乘心去懺除六道眾生的業障，來迴向一切六道苦難眾生離苦得樂的懺儀。

基本上，這個懺本的格式仍然是屬於「三契經」的儀式。但是明顯可以看出，這個三契經已經複雜化了。六朝這種以三契經格式而複雜化的儀式，成為後代佛教儀式的範本。《梁皇寶懺》的成就，成為大型法會儀式的範本。後來天臺宗的《法華三昧懺儀》雖然也是以這種「三契經」為基礎去發展，然而已經脫離了「三契經」的風貌，而發展出新的儀節，主要就是以普賢菩薩的修行方法為核心思想。這一方面在第五章第三節已經介紹過了，故在此不再贅敘。

五、六朝的梵唄的聲律論發端

基本上中國初傳佛教時代的梵唄的唱腔，是參照印度佛教唸誦方式來製作。在前一節我們已經提過曹植的「魚山梵唄」，及支謙「菩提連句梵唄」與康僧會創制的「泥洹梵唄」。在六朝時期，還有西晉末年西域來僧人帛尸梨蜜，在建康傳授西域的梵唄，他的「高聲梵唄」可能只傳給弟子覓歷，覓歷後來就成為江南梵唄的高僧〔註 63〕。而東晉時代，支曇籥創制出「六言梵唄」〔註 64〕。這些都是當時西來的高僧創制，流行過的梵唄名稱，大多是以經典內詩偈為主，絕少自己創作歌辭。

另一方面，根據慧皎的記錄，自從漢語梵唄，「魚山梵唄」問世以後，晉代的佛教界基本上是延續它的風格傳承。帛橋與支曇籥都宣稱他們是「祖述陳思」，但卻「愛好通靈，別感神製」〔註 65〕。這說明了晉代初期的梵唄創制者，受到了曹植的「魚山天音」影響，宣稱他們創制的梵唄是得自天神的啟示，這才流行起來。這種情形一直到「石勒建平中，有天神降于安邑廳事，諷詠經音，七日乃絕。」（同註 65）這件事情發生以後，當時在流傳的那些「愛好通靈，別感神製」的作品就全部都絕跡了。到底石勒建平中的那件事情，是什麼樣的事情，筆者無能考證，但從這段記錄來看，六朝初期的漢語梵唄

〔註 63〕請見《大正新修大藏經》第五十冊（臺北市：新文豐出版有限公司，民國 72 年修訂版），頁 328。

〔註 64〕請見《大正新修大藏經》第五十冊（臺北市：新文豐出版有限公司，民國 72 年修訂版），頁 413。

〔註 65〕請見《大正新修大藏經》第五十冊（臺北市：新文豐出版有限公司，民國 72 年修訂版），頁 415。

似乎是帶著迷信色彩的背景發展起來的。

宋齊年間，佛教界流行的梵唄變成重視音律的風氣。南朝齊代永明七年二月十九日，司徒竟陵文宣王蕭子良夢到自己在佛前歌詠《維摩經》梵唄一契，聲音一出就夢醒，立刻到佛堂前記憶夢中所唸誦曲調，歌詠《古維摩經》一契，感覺聲韻流好，次日就召集京師擅長梵唄沙門，如龍光普智、新安道興、多寶慧忍、天保超勝及僧辯等人，到家中來研議梵唄，辯《古維摩經》一契與《瑞應本起經》四十二契並七言偈一契。這是中國佛教有史以來第一次的「梵唄學術研討大會」〔註66〕。陳寅恪先生以為，這是一次「審音的大會」〔註67〕。慧皎稱他們「殷勤嗟詠曲意音律，撰集異同，斟酌科例，存倣舊法，正可三百餘聲。」（同註65）保存了古代聲曲多契。陳寅恪先生《四聲三問》內容對這次大會論述較為深入，他以為：

> 經聲之盛，始自宋之中世，極於齊之初年。竟陵王子良必於永明七年二月十九日以前即已嫻熟轉讀，故始能於夢中詠誦。然則竟陵王當日之環境可以推知也。雞籠西邸為審音文士抄選之學府，亦為善聲沙門結集之道場。永明新體之詞人既在「八友」之列，則其與經唄新聲之制定以前之背景不能不相關涉（同註67）。

要言之，這之史上第一次中國佛教的梵唄學術研討會，原來目的是在於「制唄新聲」。由於建康這個地方本來就是六朝歷來的政治中心，故為善聲沙門及審音文學之士的共同居仕之地。《高僧傳》所列著名經師，其中不少都居住在京師一帶。其轉讀聞名乃享譽於當時，不僅於佛門之內，更在平民百姓之間。文士亦對此十分有興趣。竟陵王有心從事梵唄的創制，他在招攬京師善聲沙門之際，同時也開西邸來招文學之士，和梁武帝、沈約、王融、謝朓、蕭琛、范雲、任昉、陸倕等八人往來，號稱「八友」（《梁書》卷十三及《南史》卷五十七《沈約傳》有載）。陳寅恪考證，認為這批文學之士提倡「四聲之說」與竟陵王經唄新聲創制的時間相近，即使是時代也十分相近。事實上沈約和周顒都是佛教徒，周顒曾經「投身接足」於釋僧遠法師（《大正藏》第五十冊，頁378），又常與佛教法師們親近，《高僧傳》頗多記錄。沈約則自撰《懺悔文》

〔註66〕請見《大正新修大藏經》第五十冊（臺北市：新文豐出版有限公司，民國72年修訂版），頁414。

〔註67〕請見《四聲三問》，收錄在1934年四月北平市清華大學出版之《清華學報》第九卷第二期。

（《大正藏》第五十一冊，頁 331），與僧祐等僧人經常往來。或許是這樣的因素，在永明時代裡，沈約與周顒兩人成爲了聲律學主張的重要人物。沈約撰寫《四聲譜》，寫文章都用「宮、商」，以「平、上、去、入」四聲來制韻。此四聲的聲律概念，是「四聲可以配五音」的觀念。如日僧空海在《文鏡密府論》當中說得比較清楚：

> 元氏（按：唐代元稹）曰：「聲有五聲：角、徵、宮、商、羽也，分於文字，四聲：平、上、去、入也，宮商爲平聲，徵爲上聲，羽爲去聲，角爲入聲。故沈隱侯（沈約）論云：欲使宮徵相變，低昂殊節，若前有浮聲，則後須切響。一簡之內，音韻盡殊，兩句之中，輕重悉異，妙達此旨，始可言詩。」〔註68〕

這種「以詩求聲」的觀念，我們可以比對本研究在第六章第一節提過的梵文三聲配上音階，兩者的觀念十分相似。沈約以這樣的文學主張來撰寫文章，號稱「永明體」（《齊書》卷五十二《陸厥傳》）。周顒則「太學諸生慕顒之風，爭事華辯」其所謂的「辯」，就是《齊書‧周顒傳》卷四十一的「音辭辯麗，出言不窮，宮商朱紫，發口成句。」他們都是以可說受到了佛教梵唄音聲的影響。

　　而這種使用「平、上、去、入」來做爲音韻記號的作爲文學聲律主張，後來的中國佛教也有採用。傳到日本佛教的天臺宗的「魚山聲明」就是主張「平、上、去、入」四聲概念。《大正藏》第八十四冊收錄的《大原聲明博士圖》就收錄了這種以四聲來繪製聲律圖的記錄〔註69〕。顯然竟陵王不論在佛教，或是在文學上，聲律的發現與運用是這次新聲經唄的創制會議上的成就。就初傳佛教重視「音聲神授」的觀念相比，竟陵王重視聲律的觀念顯然是進步的。

　　然而這次有史以來第一次的梵唄大會，所獲得的成果卻是「自茲厥後，聲多散落」，結果「人人致意補綴不同，所以師師異法，家家各製」這樣的遺憾後果（同註65）。對於這個情況，慧皎批評他們：

> 但轉讀之爲懿，貴在聲文兩得。若唯聲而不文，則道心無以得生，

〔註68〕請見日僧空海大師所著，《文鏡秘府論》（臺北縣：蘭臺書局出版），頁 14～15。

〔註69〕請見《大正新修大藏經》第八十四冊（臺北市：新文豐出版有限公司，民國72 年修訂版），頁 849。

　　　　若唯文而不聲，則俗情無以得入。……而頃世學者裁得首尾餘聲，
　　　　便言擅言當世。經文起盡曾不措懷。或破句以合聲，或分文以足韻，
　　　　豈唯聲之不足？亦乃文不成詮。聽者唯增忨忽，聞之但益睡眠（同
　　　　註65）。

這一番透徹見解，告訴我們，梵唄眞正的重要，並不是在於音聲，而是在於
義理的彰顯。如果強調音聲，而忽略了經義，豈不如同世俗歌詠？這種強調
音聲，忽略經義的現象，或許就是造成後代「聲多散落」的原因。似乎中國
佛教有梵唄以來，感應一直是一件非常重要的事情。「魚山梵唄」音聲，在中
國如此流行，顯然「天音神授」的觀念曾經是主要的原因，影響了中國佛教
選擇韻調的觀念。導致像帛法橋、支曇籥這樣僧人祖述了「魚山梵唄」的「愛
好通靈」而做的「別感神製」，這種只重感應的唄經觀念，不能不說是中國佛
教梵唄發展史上的一個遺憾。但是竟陵王的努力卻促成聲律的發現，不僅對
於我國的文學有所成長，同時後來的梵唄的記譜也有所助益（特別是漢語梵
唄），算是意外的收穫。

　　在六朝時期，不僅有上述梵唄發展，亦有以地方歌曲作讚唄，例如浙
左、江西、荊、陝、庸、蜀等地也有轉讀，然而只是當時詠歌（也就是流行
歌曲），並無出色所在，故慧皎大師闕而不記。

　　在此一時期，「魚山梵唄」仍在流行。慧皎大師指出，「魚山梵唄」之所
以成功，並流傳久遠的原因，就是因爲「魚山梵唄」的聲法「吐、納、抑、
揚」，符合了語言發聲方法的關係吧！竟陵王等人的努力，在佛教界可能是沒
有成功，然而重視聲律的梵唄思想卻在無意間引發了中國文學史上的聲韻學
發展，這究竟是竟陵王等人所沒有想到的事情。

六、《國清百錄》與六朝梵唄的總結

　　本研究在第三章當中提出過，梵唄並不是單獨而存在的個體，而是爲法
會而設置的。法會，通常是由僧人所舉行的。古代並不如現在這樣，僧人大
多群居，僅有少數僧人離群獨自修行。大部份僧人以僧團爲主，此固然是律
制所致。因此大部分情況是，法會的舉行都是少則二人，多則數十乃至上百
人的大法會。是以，想要了解梵唄的種類，就要向法會之處探求。但要向法
會之處探求，則必須向寺廟所制定的「清規」來求，才能發現該寺廟舉行什
麼樣的法會，使用什麼樣的儀節，也就會了解他們通常使用什麼樣的梵唄。

因此想要研究一個道場，或一個寺廟有什麼樣梵唄，通常研究他們的課誦本是一個方法，但是更直接的方法，則是從道場清規入手，畢竟課誦本的編成也是從道場清規來的。

我國最早有寺廟清規的，就是東晉時代的釋道安所創制的「僧尼軌範佛法憲章」，它的內容有三條：

一曰行香定座上講經上講之法。

二曰常日六時行道飲食唱時法。

三曰布薩差使悔過等法。〔註70〕

這三條告訴我們，在道安時代已經有了講經儀式，其次也有類似今天的用齋時的「二時臨齋儀」的儀式。再者有「布薩」、「差役」及「懺悔」三種儀式。不過，道安大師的時代究竟使用了什麼樣的儀式，唱唸什麼樣的梵唄，迄今不得而知。唯一可以知道的是，在東晉時代，僧制已經非常進步了。幾乎該有的儀式及規制，道安大師的僧團大概都有了。

隨著佛教傳入，經典越來越多，儀式也開始變得複雜化。中國佛教徒們遂想要整理經教，經他們努力整理結果，終於形成了自己一套的佛學見解，但也因此形成了「宗派」。筆者以為，「宗派」的形成，不僅僅是思想的主張不同，更是修行上的主張不同。這些主張往往都蘊藏在寺廟的清規裡面。我國最早形成內容完整的清規，則要屬陳隋之際的天臺宗之《國清百錄》。因此我們可以從《國清百錄》內，看到至少在南朝陳代以前的一些梵唄及儀式概況。

《國清百錄》內收錄了一○四件文件。這其中天臺宗修行的觀念與儀式，都記錄在第一卷中從 1. 到 6. 條，以下就是這六條的內容：

1. 立制法。

2. 敬禮法。

3. 普禮法。

4. 請觀世音懺法。

5. 金光明懺法。

6. 方等懺法。

這六條資料就是天臺宗常用的儀式，也是天臺宗使用的各種梵唄記錄所在。雖然成書於隋代，但卻是總結六朝以來梵唄大成。《國清百錄》所撰錄之

〔註70〕請見《大正新修大藏經》第五十冊（臺北市：新文豐出版有限公司，民國 72 年修訂版），頁 353。

當時天臺山國清講寺的僧團基本制度，受錄在「1.立制法」當中共有十條，與儀式相關者有四條如次：

第一條：根性不同，「若依眾者，當修三行：依堂坐禪、別場懺悔、知僧事」，這三件事情是在僧團當中團體生活必須做的事情。

第二條：「依堂之僧，四時坐禪、六時禮佛，此爲恆務。」即每天必須做的主要功課。

第三條：「六時禮佛，大眾應被入眾衣，衣無鱗朧，若縵衣悉不得。三鐘下早集敷坐執香爐互跪，未唱誦不得誦，未隨意不散語話。」道場秩序，在「六時」，即清晨、午時、黃昏（此稱晝三時）與初夜、中夜與後夜（又稱「夜三時」）此六時禮佛一次，這是延續道安大師的規制。敲三次鐘聲，大家就必須迅速就位，各自拿著香爐跪下，還沒有唱誦時不能唱誦，不能隨便自己講話。

第四條：「別行之意，以在眾爲緩故，精進勤修四種三昧。」在大眾修行之後，自己應該精進勤修四種三昧，即《摩訶止觀》上面講的那四種三昧：

◆ 常行三昧，即「般舟三昧」，依《般週三昧經》所立禪法。

◆ 常坐三昧，即「一行三昧」，依《文殊問般若經》以九十日爲期限，專意坐禪，口念一佛號。

◆ 非行非坐三昧，是不分身儀如何，更不必限制期間長短，也不論行住坐臥規定，以平常的生活，便是三昧。在《大品般若經》稱之爲「覺意三昧」。

◆ 半行半坐三昧，有兩種一爲「法華三昧」，依《法華三昧懺儀》而立。另一種爲「方等三昧」，依《大方等陀羅尼經》而立禪法。
〔註71〕

從前面的《國清百錄》所說明的天臺宗日課修行的說明來看，其清規的基本精神是延續道安大師所制的「僧尼軌範佛法憲章」的規制。然而《國清百錄》雖有法講的舉辦，但並未列入，反而在修行上強調並規定了人眾的共修

〔註71〕請見《大正新修大藏經》第四十六冊（臺北市：新文豐出版有限公司，民國72年修訂版），頁 793～794。關於「四種三昧」的解說，請見釋慧岳著《天臺教學史》（臺北市：中華佛教文獻編撰社，1995 年 11 月 24 日增訂六版），頁 131～136。

法制：「坐禪、禮佛」還多出了大眾可以在共修之外，自己獨修的規定。這是道安大師所制的「僧尼軌範佛法憲章」所沒有的。

其大眾所用修行儀軌很清楚記錄在「2.敬禮法」到「6.方等懺法」裡面說明，其使用梵唄的種類，在此筆者僅介紹「敬禮法」即，《禮佛儀式》與《請觀世音懺法》，這兩個是天臺宗修行法門當中最典型的。筆者將此兩個儀軌的內容整理列示入次，首先是《禮佛儀式》的部份：

- ◆ 「歸敬三寶部份」：願此香花雲，遍滿十方界，一一諸佛土，無量香莊嚴，具足菩薩道，成就如來香。唱誦後接著「咒願」（也就是讚佛、歎佛）「色如閻浮金，面逾淨滿月，身光智慧明，所照無邊際，催破魔怨眾，善化諸人天，乘彼八正船，能度難度者，聞名得不退，是故稽首禮。」
- ◆ 拜佛：敬禮常寂光土毘盧遮那法界諸佛（按：有很多這樣的佛號，以此為代表）。
- ◆ 迴向：我所有福德，一切皆合和，為諸眾生故，正迴向佛道，罪應如是懺，勸請隨喜福，迴向於菩提。
- ◆ 發願：願諸眾生等，悉發菩提心，繫心常思念，十方一切佛，復願諸眾生，永破諸煩惱，了了見佛性，猶如妙德等。
- ◆ 三歸依：自歸依佛，當願眾生，體解大道，發無上心；自歸依法，當願眾生，深入經藏，智慧如海；自歸依僧，當願眾生，統理大眾，一切無礙。〔註72〕

上述是《禮佛儀式》內的儀節次第，及唱誦大略內容。從前面的儀節來看，與現在的禮佛儀式並沒有太大的出入。而《國清百錄》內規定的各種儀軌，如《普禮法》內儀節與《禮佛儀式》儀節一樣，僅止於拜佛部份不同，採用以「普禮」開頭的「普禮十方三世諸佛寂滅道場上盧舍那佛」。

至於六齋日時使用的《請觀世音懺法》，經宋代四明遵式大師所集成《請觀世音菩薩消伏毒害陀羅尼三昧懺儀》即從《國清百錄》集來。其儀節不同於《禮佛儀式》，但有與《禮佛儀式》相同梵唄內容。筆者以為這個儀式應該是天臺宗道場較典型的儀式，相同形式者有《金光明最勝懺儀》。《請觀世音懺法》的儀節之結構依《國清百錄》規制有十個儀節：一、嚴淨道場；二、

〔註72〕請見《大正新修大藏經》第四十六冊（臺北市：新文豐出版有限公司，民國72年修訂版），頁794～795。

作禮；三、燒香、散華；四、繫念數息；五、具楊枝淨水；六、請三寶；七、誦咒；八、披陳；九、禮拜；十、誦經。然而儀文並未詳載，故儀文部份參考四明遵式大師所集成《請觀世音菩薩消伏毒害陀羅尼三昧懺儀》（請見《大正藏》第四十六冊，頁 968～972）

- ◆ 嚴淨道場：行前工作，安置佛像。
- ◆ 作禮：一心頂禮本師釋迦牟尼佛。
- ◆ 燒香、散華：唱唸：願此香華雲，遍滿十方界，供養一切佛，尊法諸菩薩，無量聲聞眾，以起光明臺，過於無邊界，無邊佛土中，受用做佛事，普薰諸眾生，皆發菩提心。
- ◆ 繫念數息：沒有梵唄，結跏趺坐，繫念數息坐禪。
- ◆ 具楊枝淨水：我今已具，楊枝淨水，唯願大悲，哀憐攝受。
- ◆ 請三寶：南無佛，南無法，南無僧，南無觀世音菩薩摩訶薩，大慈大名稱救護苦厄者。
- ◆ 誦咒：從「願救我苦厄……及與大涅槃」一篇章句。再念咒語章句：「白佛言世尊，如是神咒必定吉祥……我今當說十方諸佛救護眾生神咒」，續接咒語。如此諷誦諸等咒語（見《請觀觀世音菩薩消伏毒害陀羅尼三昧懺儀》，《大正藏》四十六冊，頁 970～971）這些部份均可使用轉讀之法。
- ◆ 披陳：發願懺悔，「普為法界眾生，悉願斷除三障，歸命懺悔。」唱矣禮拜。以口宣說：「至心懺悔比丘（某甲）稽首歸命十方三世三寶……」進行懺悔。
- ◆ 禮拜：「南無佛，南無法，南無僧，南無本師釋迦牟尼佛，南無無量壽佛，南無過去七佛，南無十方諸佛，南無觀世音菩薩，南無大勢至菩薩，南無十方依切菩薩摩訶薩。」再唸誦《三皈依偈》，內容與前面《禮佛儀式》相同。
- ◆ 誦經，令一人登高座，唱誦《請觀音經》。

天臺宗的修行法門，要以懺儀最為特色。其懺儀者，已經融合六朝以來的「誦經」觀念，運用《法華經》及《觀普賢菩薩行法經》觀念，不必入定，但要一心讀誦經文，在普賢菩薩面前至心懺悔，以求淨除罪障，進入甚深三昧，始能面見十方三世一切諸佛。這種懺儀的修行方法，事實上熔鑄了誦經、念咒、拜佛、禪坐、禮佛、歎佛、供養等種種六朝以來各種大乘佛教修行法

門，巧妙運用結合。真正是千古絕作。筆者在第五章第三節已經說明，後世淨土宗、禪宗、華嚴宗等大部分中國佛教各宗各派莫不以天臺宗儀式為範本，建立自己的道場修行方法。但是像天臺宗這樣，不僅的能夠有組織有系統整理經論，形成「五時八教」，筆者以為，智者大師更偉大的一點，就是留下了《國清百錄》這樣有組織有系統的修行方法，不僅規定了種種修行內容，更重要的是訂下了僧團的作息時間，及修行的功課表，這樣以其對經教的理解形成的教學理念，熔鑄修行成為教育的內容，真正發揮了「解行並重」，成就了天臺宗「教觀雙美」的大乘菩薩的教法，是天臺宗對中國佛教貢獻所在。後來的禪宗清規《百丈清規》大部分都參考《國清百錄》。我們可以就時代來說：陳隋之際的天臺宗《國清百錄》的規制，可說是六朝以來誦經風氣、修行觀念、及各種梵唄的總結。

很可惜今天《國清百錄》制定的梵唄，今多不用，但是這些儀式的規制及修行觀念影響直到今天。觀臺灣《佛門必備課誦本》內所記載的諸般梵唄，內容雖有不同，但儀節的安排多所採用，例如前面我們提到的在懺儀中的「燒香、散華」所唱唸的：「願此香華雲，遍滿十方界」一偈，現在則是被《爐香讚》取代了，而天臺宗使用的《三歸依偈》現在還在使用。「迴向」與「發願」的儀節現今皆存，然因宗派修行宗旨不同，而有所更動。這說明了《國清百錄》對後代儀軌的影響是非常大的。

第四節　隋唐時代會昌前後的顯教梵唄

隋唐佛教特別之處，除了中國大乘佛教重要的宗派都在此一期間成立以外，論及梵唄，最大的特色就是真言佛教。但是本研究一開始就說明，基於因於對真言宗哲學經教的學力，故將範圍限定在「顯教」之上。因此筆者今此研究範疇乃定於真言宗以外的中國佛教梵唄流傳歷史之上。還有唐代佛教的僧人除了誦經以外，另外也從事民間講唱，宣揚佛教的事業。然本研究因學力關係，僅致力於僧團修行活動為中心的相關梵唄，因此講唱、變文並非研究範圍。上述研究上的缺憾，深入之時，則有待來日，或另祈高賢指點與賜教。

一、專宗梵唄與《百丈清規》興起

隋唐兩朝是中國佛教及其文化發展的新時期，主要的標誌是在於：

1. 以中國佛較爲特點的宗派產生和成立。自陳隋兩代的天臺大師智者創立「天臺宗」，吉藏創立「三論宗」，杜順與唐代法藏創立「華嚴宗」，唐代道宣創立「律宗」，善導則開創「淨土宗」新局面，玄奘、窺基則創立「法相宗」等等，這些都是中國僧人創立的宗派。開元年間，天竺僧人善無偎、金剛智與不空創立「眞言宗」，而禪宗，雖然由菩提達摩創立，實際大成於唐代慧能之手，因此可以說，中國佛教的基盤是在隋唐時期完成的。在開元以前，我國梵唄文化大部分都是以顯教爲主，開元以後，則增加了眞言宗部份。可說佛教儀式、儀軌到此齊備。

2. 隋唐以前至東晉二百多年的歷史，我國始終是南北分裂局面，到隋代才得以統一。因此不論是道安的「僧尼軌範佛法憲章」，還是梁武帝時南方的著名佛教儀式未能眞正普及於全中國。雖未見具體記載，但可以了解的是到了隨唐以後，全國才開始普遍流傳這些儀軌與寺廟清規。基本上，隋唐佛教的儀軌是延續著六朝方向繼續發展的。繼承《國清百錄》之後的中國佛教僧團的清規，則是百丈懷海禪師創制的《百丈清規》。後世的寺廟清規，包括日韓等國禪宗也受到它的影響。

本來佛教是「一昧和合，萬流歸宗」的宗教，但是眾生根器不同，對佛教法門有不同的偏愛。中國佛教自六朝以來，對於從印度傳來教理、教義上的接受已經到了一定的程度，從西域天竺傳來大量的經典，西來的高僧爲頗爲眾多，形成百家爭鳴的情況，因此六朝中後期（大約在梁以後），中國佛教就朝著宗派發展，初期大抵是在義理的主張上，後來則有教理、教義的整理。天臺宗是這方面的佼佼者。智者大師對於當時的教理、教義可以說全盤掌握，形成自己一套完整的佛學教育及修行體系。因此天臺宗教學可以說是總結了六朝以來的中國佛教的發展，爲佛教中國化提供了堅實而有力的基礎。其後的形成「解行並重」的華嚴宗、淨土宗，甚至於連專行禪法的禪宗也都受到了影響。

天臺宗的哲學特點並非僅止在於對佛陀一代教法的理解與整理，特別是在於因循著教義教理所發展出來修行方法上，《法華三昧懺儀》融合了誦經、坐禪、禮佛等等行法，這類懺儀成爲天臺宗風的特色。這對後來的華嚴宗、淨土宗、禪宗產生了一定的影響，這三宗的儀軌也自成一家，梵唄的使用因有不同。至於法相宗，並沒有太多關於儀軌的記錄，故此略而不論，研究之時，則有待來日。

（一）華嚴宗行門的儀軌

　　華嚴宗最主要的弘揚經典，就是《華嚴經》，因此華嚴宗的修持儀軌便以《華嚴經》爲主。相對於天臺宗流行於南方，隋唐初期，華嚴宗流行在北方然而到了「會昌法難」，北方佛教幾乎全遭災難，華嚴宗受創甚深，而一蹶不振。因此後來關於華嚴宗修持儀軌大部分散失不全。而《大正新修大藏經》絕少收錄，《卍字續藏經》第一二八冊收錄有兩部：一爲不知名氏撰寫的《華嚴經海印道場九會請佛儀》一卷，另一部則爲唐代一行慧覺法師製作《華嚴經海印道場懺儀》，有四十二卷。

　　從唐代法藏法師編纂的《華嚴經傳記》的《讀誦》與《轉讀》兩篇當中看到當時修行華嚴行門者是以誦持《華嚴經》爲主。今天，我們還可以看到的華嚴宗修持儀軌主要是來自《華嚴經傳記‧雜述》當中來看當時有關華嚴宗修持法門情況（以下全見《大正藏》第五十一冊，頁 172）

1. 禮　佛

　　有《華嚴經中佛名》二卷、《菩薩名》一卷，不知名人士撰寫。賢首大師校訂。另有天臺智者大師撰寫的《普禮法一十五拜》，法藏云：「江表盛行」。還有《華嚴三寶禮》十首、《華嚴讚禮》十卷十首，前者禮《華嚴經》中三寶，並說經中佛法及普賢等。後者則以「華嚴三會」爲主要內容。

2. 齋　法

　　有《華嚴齋記》一卷，是齊代竟陵王撰寫的，只要到了「方廣齋集，皆依此修行」，是六朝以來盛行的華嚴齋法。

3. 供　養

　　《供養十門儀式》，沙門智儼撰寫。

4. 禪　觀

　　《華嚴三昧觀》一卷，法藏所撰寫。主要就是要完成「普賢菩薩願行」，當來得以參加華嚴海會，用於天臺法華三昧觀模式來修行的。

　　這些儀式今天《大正新修大藏經》皆未收錄，想必是散失了。因此僅列存目。然觀唐法藏《華嚴經傳記‧雜述》後面記錄了卷後日人記述，推想日本或許現在還存有這些關於華嚴宗誦持的法門。現在從《卍字續藏經》當中收錄的兩部華嚴懺儀來看，照時間先後來看，可知華嚴宗行門觀念，應爲立足於天臺宗行門的觀念上發展的。在《卍字續藏經》中的《華嚴海印道場懺儀題辭》上說：

伏聞道原不藉夫言，而非言無以暢其道者，契經也。理雖不舍夫事，
而即事可以攝其理者，三昧也。蓋由契經而出三昧，是從顯以入微，
由三昧而成懺法，是兼本以及末，此豈非因果不昧之宗修行漸次之
路乎？（《卍續藏》，第一二八冊，頁266）

是以，從契經爲中心，而形成懺儀，即是以誦經爲中心而形成懺儀的思想。
這點我們在前面曾經提過了。這告訴我們，華嚴宗的懺儀思想多少是受到天
臺懺儀的思想影響。因此在《華嚴海印道場九會請佛儀》當中以「香花迎」
與「香花請」，而且禮請之處又以「一心奉請」做開頭，並且貫穿全文，使人
立刻聯想到天臺懺儀。

《華嚴經海印道場懺儀》則以「晌」爲單位（全本有四十二晌），每一晌
則以普賢菩薩「十大願王」做核心，從「一者禮敬諸佛」到「十者普皆迴向」
作爲儀節，並以《華嚴經·普賢菩薩行願品》貫穿整個儀軌。值得注意的
是，這個儀軌有很濃厚的《法華三昧懺儀》的氣息，這是因爲：

1. 該懺儀的供養部份使用天臺宗常用的「是諸眾人等，各胡跪嚴持香
   花，如法供養：願此供海雲，遍滿十方界，阿僧祇寶、阿僧祇華、阿
   僧祇鬘、……受此香華雲，以成光明臺，廣於無邊界，無量無邊願做
   佛事」（《卍續藏》，第一二八冊，頁276）這首讚偈可以說是天臺宗懺
   儀中首先採用，故可以看作是天臺懺儀標誌，而華嚴懺儀也採用，但
   在當中插入很多「阿僧祇」之類的形容詞，或許有所區別。

2. 該懺儀在「第二稱讚如來」部份（《卍續藏》，第一二八冊，頁 278）
   有採用和天臺宗類似的讚佛偈，內容有所更動：「如來妙色身，色相不
   思議，漸者生歡喜，恭敬信樂法，十方國土海，無量無邊佛，咸於念
   念中，個個現神通，大智諸菩薩，深入於法海，佛力所加持，能知此
   方便」（《卍續藏》，第一二八冊，頁 279），這首讚偈固然是天臺宗懺
   儀當中常見的，同時也顯示這是一首大家都熟悉的讚偈，爲了有所區
   別，華嚴宗祖師將其改動的現象。

3. 這個懺儀也有拜佛儀式，也有旋繞唸誦，最後在「三皈依」之後則「正
   坐思惟」（《卍續藏》，第一二八冊，頁 290），這和天臺宗《法華三昧
   懺儀》等懺儀觀念相同。

這部懺儀結構上酷似《法華三昧懺儀》，但以「四二晌」作爲結構，其實
內容上要比《法華三昧懺儀》大得多！不過，我們從這裡發現一點：天臺宗

與華嚴宗雙方祖師在唐代曾經或有交流與辯論（荊溪湛然大師與華嚴宗祖師的辯論，請參照《金剛錍論》，《大正藏》第四十六冊，頁 781，與《止觀義例》，前揭書，頁 152）。在教理如此，而在修行法門上是否也如此？這一點值得深究。但是從前面所述看來，華嚴宗的懺儀，確實也是有以天臺宗懺儀爲範本的現象。這大概是因爲兩宗的修持法門，主要還是維繫在「觀普賢菩薩行法」爲主的法門緣故。

（二）善導大師的淨土宗儀軌

淨土宗自初祖廬山慧遠大師結社念佛以來，在中國開始流行。但是淨土宗眞正奠定大盛的基礎，要屬唐代善導大師了。慧遠大師、曇鸞大師的念佛儀式迄今尚未見到，善導大師所作的念佛儀軌可算是最早的念佛儀軌了。

善導大師，山東臨淄（一說安徽盱眙）人，俗姓朱。號終南大師。爲淨土宗第三祖。亦即淨土宗曇鸞、道綽派之集大成者。幼年投密州明勝法師出家，曾經誦經《法華》、《維摩》等經。後得《觀無量壽經》，乃修習十六觀。唐太宗貞觀十五年，赴西河玄中寺，謁見道綽，修學《方等懺法》，又聽講《觀無量壽經》。此後專事念佛，遂得念佛三昧，於定中親見淨土之莊嚴。其後入長安傳淨土法門。師行持精嚴，日常合掌胡坐，一心念佛，被稱爲「彌陀化身」。從善導大師的傳記當中，我們不難發現，善導大師也曾接受過天臺宗相關教理的教育，是以善導大師所製作的修行儀軌也頗有天臺宗的色彩。

善導大師著有《觀無量壽佛經疏》四卷、《淨土法事讚》二卷，及《觀念法門》、《往生禮讚偈》、《般舟讚》、《五種增上緣義》等各一卷，甚受淨土宗重視，故經其闡揚而確立之淨土宗，特稱善導流，爲唐代佛教特色之一，對淨土宗影響至鉅。其中與梵唄相關的則有《淨土法事讚》二卷、《往生禮讚偈》、《般舟讚》各一卷等當中。

1. 《淨土法事讚》二卷

該書收於《大正藏》第四十七冊。記述阿彌陀經讀誦之法式、係經文參雜讚文之懺悔供養形式。多爲淨土宗法事時所用。上卷揭舉《奉請偈》、《啓白》、《召請》、《三禮》、《表白》、《讚文》等，其次明示《行道讚梵偈》、《讚文》、《七周行道》、《披心懺悔》，乃至《發願》等行事之次第；下卷分《阿彌陀經》全文爲十七段，各段均有《讚文》，並記述《十惡懺悔》、《後讚》、《七周行道》、《歎佛咒願》、《七敬禮》及《隨意》等軌式。本書係依準於「般舟

三昧」之法而明示轉經行道之儀則，書中援引《賢愚經》、《舊華嚴經》、《觀佛三昧經》、《地獄經》等所敘述之「地獄相」，以激發行者厭穢之情；又以對《阿彌陀經》之轉讀讚揚，來發啓行者欣慕淨土之心。

2.《般舟三昧往生讚》一卷

全稱《依觀經等明般舟三昧行道往生讚》。又稱《般舟三昧往生讚》。收於大正藏第四十七冊。本書係依《觀無量壽經》、《彌陀經》、《無量壽經》、《般舟三昧經》等而作之淨土讚文，明宗「般舟三昧」行道往生之法。分《序文》、《正讚》、《結勸》三科。《序文》以自勸勸他為往生淨土之正因，並廣讚淨土之種種莊嚴。《正讚》有七言偈讚三十七篇二百八十一行半，各上句附「願往生」，下句附「無量樂」等相唱和，乃廣讚歡極樂淨土之「依正二報莊嚴」及「三輩九品往生」等相。結勸之終偈（《大正藏》第四十七冊，頁456）「行者等努力努力，勤而行之，常懷慚愧，仰謝佛恩，應知。」於偈中，屢屢揭示報釋迦、彌陀之慈恩，此即本書述作之意。

3.《往生禮讚偈》一卷

全稱：《勸一切眾生願生西方極樂世界阿彌陀佛國六時禮讚偈》。又作《六時禮讚偈》、《往生禮讚》、《禮讚》。收於大正藏第四十七冊。以龍樹、世親之禮讚偈為基礎而訂「六時禮讚法」，印於日沒、初夜、中夜、後夜、晨朝、日中等六時，行不同之禮讚。如於中夜，誦龍樹之十二禮偈，行十六拜；於後夜，誦世親之《往生論》偈，行二十一拜。此為念佛行人之修法。

從以上資料可知，善導大師所製作的各種儀軌，雖然觀念上仍然承襲天臺宗流傳下來的修行觀念的傳統，有所區別的卻是明顯的民間化風格。例如《散華樂文》是註明了出自《大般若經散華品》，但是曲辭是左面的樣子：

散花樂散花樂　奉請釋迦如來入道場　散花樂

散花樂散花樂　奉請十方如來入道場　散花樂

散花樂散花樂　奉請彌陀如來入道場　散花樂

散花樂散花樂　奉請觀音勢至諸大菩薩入道場　散花樂

道場莊嚴清淨　散花樂　天上人間無比量　散花樂〔註73〕

從本文可以看出，原來是用來禮佛的儀文，可是加上了「散花樂散花樂」的和聲及「來入道場　散花樂」之後，整曲變得十分清新活潑，且有歡樂的氣

〔註73〕請見《大正新修大藏經》第四十七冊（臺北市：新文豐出版有限公司，民國72年修訂版），頁476。

氛。眞正能夠深入民情風俗。這種曲風在善導大師的讚曲裡似乎是一大宗的風格。還有在《淨土樂讚》部份也有這樣的類似「散花樂」的做法，原文太長，僅爲略取，餘者大致相同：

> 淨土樂　淨土樂　淨土不思議　淨土樂
>
> 彌陀住在寶城樓　淨土樂　傾心念念向西求　淨土樂
>
> 到彼三明八解脫　淨土樂　長辭五濁更何憂　淨土樂
>
> 淨土樂　淨土樂　淨土不思議　淨土樂
>
> 寶樓寶閣寶金擎　淨土樂　池水金沙映底清　淨土樂
>
> 法曲時時常供餐　淨土樂　蓮華會裡說無生　淨土樂
>
> ……

這種活潑風格，散見於其他二部儀軌之中。善導大師所呈現的一種親切的形象，要向民眾宣示：佛教並不是那樣深，那樣遠的宗教，也不是傳統梵唄那樣「哀婉」風格，透露出陣陣哀傷的氣息的宗教，而是快樂的，高興的信仰。善導大師的這種親民，大膽而活潑的作風，使得淨土宗在唐朝能夠佔有一席之地。筆者以爲，從梵唄風格當中可以體會到，善導大師過人的智慧，將來應該是繼續研究的好課題。

（三）影響後代深遠的《百丈清規》

前一節提到，總結六朝以來梵唄的發展，可以說是在於《國清百錄》。《國清百錄》的基本精神則是得自晉代釋道安大師所設立的「僧尼軌範佛法憲章」，繼承《國清百錄》的，則是公元八世紀到九世紀的《百丈清規》，這是唐朝洪州（今江西南昌）百丈山的懷海和尚所集編的。本來禪宗爲「不立文字，直指人心，見性成佛」之教。應該是不執著於文字規制，重視實修的務實風範，但是隨著日漸的發展與成熟，禪宗在中國佛教形成壯大的潮流，禪寺日漸廣增，人數增多，懷海和尚有感於當時雖宗派林立，但是基於禪宗教理的特色與行儀，舊制恐怕對於行道有所不便。爲了建立屬於禪宗的生活模式，別立禪居，特以大小乘當中戒律之法取折哀來建立僧團的制度。〔註74〕

這本清規對中國僧制的影響非常大，在元代受到朝庭支持，由皇帝頒佈，而到了明代更規定：

〔註74〕請見《大正新修大藏經》第四十八冊（臺北市：新文豐出版有限公司，民國72年修訂版），頁 1158。

洪武十五年肆月貳拾伍日，節該奉太祖高皇帝聖旨榜例，諸山僧人
不入清規者，以法繩之，欽此欽遵。永樂拾年伍月初三日，節奉太
宗文皇帝聖旨榜例，僧人務要遵法舊制，名務祖風，謹守清規，嚴
潔身心。永樂二十二年十一月二十七日，該僧司錄官奏，僧眾多中
間有等不守規矩，無依清規整治，節該奉仁宗昭皇帝聖旨，照依清
規料治他欽此。〔註75〕

由此可知《百丈清規》對於後代影響之大。今《百丈清規》或有更動（大多
以元代爲主），仍可看出禪宗性格爲主的儀規來。由於古本《百丈清規》大多
散佚不全，版本難求，今天著名的版本乃爲《大正新修大藏經》內稱爲《敕
修百丈清規》。然雖爲元代所編集，內容卻頗有元代以後色彩，並不適用於本
研究範圍所用材料。鑒於禪宗成立於唐代，百丈禪師亦於唐代立下清規，本
應詳加考證。然而限於學力，僅能就所知敘述。

　　《敕修百丈清規》當中規定了很多的儀軌，包含《祝釐》（皇帝祝壽）、《報
恩》（國忌與祈禱）、《報本》（佛誕與涅槃慶典）、《遵祖》（祖師紀念）、《住持》
（每日用儀軌，屬於僧團事務的典禮）、《兩序》（寺廟管理事務）、《大眾》（屬
於戒律方面事務）、《節臘》（屬於節日的行事）、《法器》（屬於寺廟內作息用
敲擊信號）等共有九章。可以說僧團內該有的事務全部都有了。因此若要研
究從中唐以來到當代佛教梵唄及僧制，《百丈清規》是非常好的材料。

　　至於梵唄部份，由於《百丈清規》現行版本是屬於元代集成，故裡面大
多以當時梵唄成份爲多。茲因時代關係，故不多加介紹。然而《百丈清規》
內透露出禪門儀軌，至少在元代時期以前，除了向朝庭致敬的誦經儀式以
外，禪門仍以重視禪坐，不重視儀軌爲傾向。但是《清規》內制定了「祝釐
章」，規定爲國家與皇帝誦經，故有關法會舉行。在這一個法裡則要張貼《黃
榜》，說明法會內容與儀軌，也規定有諷誦經典，因此從《黃榜》當中〔註76〕，
我們可以看到當時的諷誦經典有：《大方廣佛華嚴經》、《大佛頂萬行首楞嚴
經》、《大乘妙法蓮花經》、《大乘金光明經》、《大方廣圓覺修多羅了義經》、《大
乘金剛般若波羅蜜經》、《人仁王護國經》等等。此外，《百丈清規》內敘述

〔註75〕請見《大正新修大藏經》第四十八冊（臺北市：新文豐出版有限公司，民國
　　　　72年修訂版），頁1109。
〔註76〕請見《大正新修大藏經》第四十八冊（臺北市：新文豐出版有限公司，民國
　　　　72年修訂版），頁1114。

較多的諷誦的咒語爲《大悲咒》與《楞嚴咒》。這可以說明，禪宗清規也受到了六朝以來的影響，基本上誦經思想也沒有因禪宗的門風而改變。

從以上種種資料，告訴了我們一個事實：佛教梵唄原來並不是今天我們所看到的這樣，而是經過了一番流變取捨才變成這樣的。前面所介紹的「專宗梵唄」，乃是因爲在唐朝時期宗派色彩非常濃厚，各宗專行自己的修行方法，是以雖然皆祖述六朝，但是因爲義理的理解不同，修行內容也有所變化。儘管觀念上承續六朝以來的天臺宗觀念，但是也充實了自己所開展出來的道次第。是以宗派化是隋唐代佛教特色，因此「專宗梵唄」也是自然而存在的。然而，佛教的發展一直就是「解行合一」方向。隋唐時期各宗派的教理雖然不同，但是同樣都主張禪坐，也主張誦經，也主張懺悔，在修行形式的相近之下，這可以看出日後的發展方向就是「融合路線」。宋元以後，中國佛教的發展就越來越趨向融合。這與修行法門的類似應有頗深的淵源。

二、敦煌禮懺文與唐代梵唄

基本上，隋唐時期寺院內所用的儀規，大多數仍是延續六朝所成立的僧制。特別是前面一節提到的晉代釋道安大師所設立的「僧尼軌範佛法憲章」及天臺宗智者大師制定，門徒灌頂所作的記錄，成立於隋代的《國清百錄》，在唐代百丈禪師創制《百丈清規》以前，唐代寺廟規制仍受其影響，多所援用。寺院內大多從事著以誦經爲核心的各種法會。包括齋會、講經與懺悔，還有受天臺宗影響的坐禪儀等等。

這種延續六朝寺廟規制的情形，即使到了唐代中後期也是更動不多，這可以從敦煌有關寺廟僧人修行活動看出。大陸學者郝春文，在《唐後期五代宋初敦煌僧尼的社會生活》一文當中指出，敦煌的僧團修行活動與唱唸有關的有：

（一）六時禮懺

敦煌保留的文獻有一大批「禮懺文」，這些禮懺文大概都是屬於當日行道的「六時禮懺」的法本，臺灣的中國文化大學文學博士汪娟對此曾經有所研究〔註77〕。根據俄羅斯聖彼得堡的俄羅斯聯邦科學院東方學研究所之聖彼得

〔註77〕請見汪娟，《敦煌禮懺文研究》，收錄於「中華佛學研究論叢刊第十八」（臺北市：法鼓文化事業股份有限公司，1998 年 9 月初版），頁 14。

堡分所收藏的敦煌文獻弗魯格（Xπyk）編號：5534A 號文書記載：

1. 二十日夜禮佛見到僧：大和尚梁僧正　陳法律　張律　張法師　大吳律

2. 小索律　白律　王律　梁律　大索律　郝律　藏律　願定　員集

3. 惠心　教心　戒行　南山　大願德　富昌　滿奴　小願德　順德　荊殘奴

4. 崔殘奴　住通　丑捷　永興　不藉奴　善友　奴子　願昌　殘兒　興順　願

5. 定　長千　丑奴　圓子丑定　惠員〔註78〕

這件記錄告訴我們，敦煌僧人即使到了唐代晚期依然執著「夜間禮佛」的儀式。在前面我們曾經提過，東晉道安大師曾制定了「僧尼軌範佛法憲章」當中就有「常日六時行道」，《國清百錄》當中則於「立制法」當中第三條則規定了「六時禮佛」的行儀，從編號：5534A 號文書當中我們看出，敦煌僧眾依然遵循這些規制還在進行禮懺活動。雖然郝春文指出，敦煌僧人禮懺已經有從六時，改成三時的現象〔註79〕，禮懺仍是敦煌僧人每日必備的修行活動。從敦煌出土的資料當中，我們還可以見到伴隨這些活動的還有一批「禮懺文」。這些「禮懺文」則成為研究唐代梵唄的重要資料。

（二）課　誦

　　敦煌僧團依舊保存著六朝以來誦經的傳統。除了延續以誦經為修行法門的傳統以外，值得注意的是，唐朝已經有以誦經作為考試的「試經」現象。聖彼得堡分所收藏的敦煌文獻編號：1061 號文書記載：

1. 壬戌年十一月十日不赴試經僧：大力　願安　大惠

2. 福林　玄睿　戒道　智心　彌：理祥　理紹　理崇　保成

3. 願系　願惠　願寂　願梁　願住　願紹　願遄

4. 願志　願宗　願思　願誠　願定　願崇

〔註78〕原件不易閱得，轉引自郝春文，《唐後期五代宋初敦煌僧尼的社會生活》，收錄於「唐研究基金會叢書」（北京市：中國社會科學出版社，1998 年 12 月一刷），頁 191。

〔註79〕請見郝春文，《唐後期五代宋初敦煌僧尼的社會生活》，收錄於「唐研究基金會叢書」（北京市：中國社會科學出版社，1998 年 12 月一刷），頁 192。

5. 上件記僧二十四人爲訊。〔註80〕

上述資料當中，我們可以現發，這是一件記載不參加「經試」的記錄。關於「經試」，這得由「僧官」說起，中國佛教在古代是有統轄掌管佛教界和僧尼的「僧官制」。根據中村元《中國佛教發展史》記載，最早起源於北魏太祖，在公元三九六年設置百官時，任命沙門法果爲「道人統」，原來是以國家的力量統制佛教。隋唐時代則繼承此制，中央設立了「鴻臚寺」，下置「崇玄署」（長官爲「令」一人，正八品以下，及「丞」一人正九品以下）掌理佛道事務。雖武周時代曾改隸尙書省祠部，但是玄宗時仍然恢復。中唐以後，據日僧圓仁來到長安所記載指出：唐朝有三種僧官：僧錄、僧正、監寺等；僧錄統轄天下諸寺，僧正統轄一都督諸寺，監寺僅統領一寺。而寺廟內有所謂「三綱」：即上座、寺主與維那，是寺廟內統領大眾的重要人物。唐代亦因此立下了律法，對僧人行爲有所規定（以上資料詳見中村元著，余萬居譯《中國佛教發展史》上冊，臺北市天華出版公司，民國82年9月二版一刷，頁219～225）。

在這種由國家法令規制之下的僧制，不僅出家得度都有法令規定，就連寺廟當中活動亦有法令規定。「試經」便是其中一項重要的規定。假如要在唐代出家的人們，成爲免傜役的僧人，正規方法就是通過考試制度，稱爲「試經度僧」，最先採用這個制度爲唐高宗六五八年，高宗在這年遴選大德五十人，銓試了童子一百五十人的業行，使之得度，玄奘當時被任命爲考試委員之一。中宗時則詔令天下，成爲常制，考試內容便是以誦經爲主。這類考試嚴格，內容多達五百至七百頁，不合格的多敕令還俗。代宗以後又增加爲「經、律、論」三科策試（中村元，《中國佛教發展史》上冊，頁226）。《唐會要》在卷四十九中則有這樣的記錄：

> （開元）十二年六月二十六日，敕有司試天下僧尼年六十巳下者，
> 限誦二百紙，每一年限誦七十三紙，三年一試，落者還俗，不得以
> 坐禪對策義試，諸寺三綱統，宜入大寺院。〔註81〕

因爲我們了解唐代對於誦經是有國家法令上的規定關係，誦經風氣必然大爲

〔註80〕 請見郝春文，《唐後期五代宋初敦煌僧尼的社會生活》，收錄於「唐研究基金會叢書」（北京市：中國社會科學出版社，1998年12月一刷），頁196。

〔註81〕 請見楊家駱主編，《唐會要》（中），收錄於「歷代會要」叢書（臺北市：世界書局，民國78年4月五版），頁861。

風行。因此各寺廟便有配合誦經考試的進度表。巴黎國立圖書館收藏敦煌文獻，伯希和編號：三○九二背面所存內容就有一則誦經進度的報告：

（前缺）

1. 定志　《金剛經》十月二十九日誦至「□□□□聽」，十一月壹日誦至「即非菩薩」。

2. 惠深　《觀音經》十月二十九日誦至「稱觀世音」，十一月壹日誦至「大自在天」。

3. 願盈　《百法論》十月二十九日誦至「是汝小乘」。

4. 願清　《百法論》十月二十九日誦至「如我之空」，十一月壹日誦至「弘法利□」。

5. 願濟　《觀音經》

6. 法緣　《大悲經第一》

7. 願教　《父母恩重難報經》

8. 會德　《菩薩戒》十月二十九日誦至「如法修行」。

9. 保住　《觀音經》十月二十九日誦至「以何因緣」，十一月壹日誦至「即得解脫」。

10. 戒定　《善惡因緣經》十月二十九日誦至「胞□□□□」。

（筆者按：原件有二十行，以下還有，但省略）〔註82〕

如前面所示者，郝春文指出這是一件每日誦經的進度表〔註83〕。這顯示了即使到了敦煌僧團依然保持誦經傳統。這固然是基於遵行國家所規定的法令，然我們也可以看出，誦經風氣依然盛行於唐朝的情形，及流行於當時諷誦的經論情形。從前面兩點的討論，我們可以看出，隋唐朝時期，依然依循六朝遺制，僧團主要修持活動與唱唸有關的即是「禮懺」與「誦經」。

（三）從敦煌禮懺資料中看當時的梵唄

前面提到，敦煌資料當中有一批「禮懺文」，根據汪娟在《敦煌禮懺文研究》指出：敦煌的禮懺文製作來源有取材佛經製成與僧人自行製作兩種。然而以取材佛經製成為主，這些取材佛經製成為主的懺儀有：《法身禮》（取自《入佛境界經》）、《十二光禮》（佛名出自《無量壽經》）、《七階禮》（次第從

〔註82〕請見郝春文，《唐後期五代宋初敦煌僧尼的社會生活》，收錄於「唐研究基金會叢書」（北京市：中國社會科學出版社，1998 年 12 月一刷），頁 196。

〔註83〕同註 82，頁 195。

《觀藥王藥上二菩薩經》)、《金剛五禮》（據由《金剛經》）、《上升禮》與《禮
讚地藏菩薩懺悔發願法》的禮讚偈分別取自《彌勒上下生經》及《地藏十輪
經》的內容所編成的。而部份的敦煌懺儀當中各項儀節的讚偈，包括「請
佛」、「歎佛」、「五悔」、「梵唄文」、「六時誦偈」、「無常偈」等等都有取材自
佛經的現象。〔註 84〕

敦煌關於禮懺文的資料，筆者就王書慶所編的《敦煌佛學‧佛事篇》（中
國甘肅省蘭州市：甘肅民族出版社，1995 年 3 月一刷）一書所列示的二十三
篇「禮懺文」，依照結構可以大略分成兩大類，一種就是「簡單型」，如《乃　七
十四　No. 8371》的《無相解》及《生　二十五　No. 8347》當中的《觀音禮
文》，前者僅有禮拜佛號的禮文，後者則僅有詩偈。另一種則是「儀式型」，
則是含有儀節的，如《S2574》之《信行禪師禮懺文》當中有比較複雜的儀
軌。這一小節主要就是根據「儀式型」三篇，就其中依照順序將儀節的儀文
用到的梵唄加以整理：

1. 《信行禪師禮懺文》梵唄（S2574，頁 92～94）

……（首殘）

佛號：

　　南無寶積如來二十五佛等一切諸佛（筆者按：共有二十五佛號，以
　　此為代表）。

懺悔文：（中略）

迴向詩偈：

　　眾罪皆懺悔，諸福盡隨喜，及請佛功德，願成無上智，去來現在佛，
　　于眾生最勝，無量功德海，歸依合掌禮。

讚佛：

　　如來妙色身，世間無與等，無比不思議，是故今敬禮。
　　如來色無盡，智慧亦復然，一切法常住，是故我歸依。
　　降伏心過惡，及與身四種，已到難伏地，是故禮法王，
　　知一切爾炎，智慧身自在，攝持依切法，是故今敬禮，
　　敬禮過稱量，敬禮無辟類，敬禮無邊法，敬禮難思議，
　　哀愍覆護我，令法種增長，此事及後生，願佛常攝受，

〔註 84〕以上論述請見汪娟，《敦煌禮懺文研究》，收錄於「中華佛學研究論叢刊第十
　　　　八」（臺北市：法鼓文化事業股份有限公司，1998 年 9 月初版），頁 30。

　　南無摩訶般若波羅蜜，是大神咒，無上明咒，無等等咒。

咒語（中略）

梵唄文：

　　處世間，如虛空，如蓮花，不著水。

　　心清淨，超于彼，稽首禮，無上尊。

偈誦义：

　　願以此功德，普及於一切，我等與眾生，皆共成佛道。

一切恭敬：

　　自歸依佛，當願眾生，體解大道，發無上意。

　　自歸依法，當願眾生，深入經藏，智慧如海。

　　自歸依僧，當願眾生，統理大眾，一切無礙。

　　願諸眾生，諸惡莫作，諸善奉行，自淨其意，是諸佛教，和南一切
　　賢聖。

無常偈文：

　　諸行無常，是生滅法，生滅滅已，寂滅爲樂。

2. 《往生禮讚文》一卷，善導大師作

一切恭敬，敬禮常住三寶供養：

　　願此香花雲，遍滿十方界，供養一切佛，化佛並菩薩，菩薩聲聞眾，
　　受此香花雲，以起光明臺，過於無邊界，無邊受用作佛事。

作梵：

　　如來妙色身，世間無與等，無比不思議，是故今敬禮，敬禮常住三
　　寶。

懺悔文：（中略）

發願偈：

　　禮懺諸功德，願臨命終時，見無量壽佛，無邊功德身，我及餘信者，
　　既見彼佛已，願得離垢眼，往生安樂國，成無上菩提。

一切恭敬：

　　歸佛，得菩提道，心恆不退；

　　歸法，薩波若得，大總持門；

　　歸僧，息淨輪論，同入和合大海；

　　回願往生，無量壽國，願諸眾生，三業清淨，奉持佛教；

和南一切賢聖，回願往生無量壽國。

眾等聽說無常偈：

人間匆匆營眾務，不覺年命日夜去；

如燈風中滅難期，茫茫六道無定趣；

未得解脫出苦海，云何安然不驚懼；

各聞強健有力時，自營自勵求常住。

末了發願文：（中略）

3. 《黃昏禮懺》（S0236）僧惠，寫於辛久年十月二日

一切恭敬：（中略）

如法供養：

願此香花雲，遍滿十方界，供養一切佛，化佛並菩薩，菩薩聲聞眾，

受此香花雲，以為光明臺，光以無邊界，無邊無量作佛事。

供養與恭敬，一切普誦：

摩訶般若波羅蜜。

如來妙色身，世間無以等，無比不思議，是故今敬禮，如來色無盡，

智慧亦復然，一切法常住，是故我歸依，敬禮常住三寶。

歎佛功德：（中略）

至心發願：

願我生生值諸佛，世世恆聞解脫音，弘誓平等渡眾生，畢竟速成無

上道。

摩訶般若波羅蜜。

處世界，如虛空，如蓮花，不著水，心清淨，超于波，稽首禮，無

上尊。

說偈發願：

願以此功德，普及于一切，我等與眾生，皆共成佛道。

一切恭敬：

自歸依佛，當願眾生，聽學大道，發無上意；

自歸依法，當願眾生，深入經藏，智惠如海；

自歸依僧，當願眾生，統利大眾，一切無礙；

願諸眾生，諸惡莫作，諸善奉行，自淨其意，是諸佛教；

和南一切賢聖。

無常偈文：

　　西方日已暮，塵勞猶未除，老病死時至，相看不久居，念念催年促，
　　猶如少水魚，勸諸行道眾，勤學至無餘。

各說無常偈：

　　諸行無常，是生滅法，生滅滅已，寂滅為樂。

　　如來證涅槃，永斷於生死，若能至心聽，常受無量樂。

白：眾等聽說初夜無常偈：

　　煩惱深無底，生死海無邊，度苦船未至，云何樂無眠，當覺勿令睡，
　　勇猛勤精進，菩提道自然。

白：眾等聽說中夜無常偈：

　　汝等勿抱醜屍臥，種種不淨假名身，如得重病箭入體，種苦痛集安
　　可眠。

白：眾等聽說後夜無常偈：

　　時光遷流轉，忽至五更初，無常念念至，恆與生死居。

白：眾等聽說午時無常偈：

　　人生不精進，喻若樹無根，鮮花值日中，能得幾時鮮？花亦不久鮮，
　　色亦非常好，人命一剎那，須臾難可保。

　　從以上的資料當中，我們可看到在敦煌的懺禮文受到天臺宗懺儀影響的地方。例如「願此香花雲，遍滿十方界，供養一切佛，化佛並菩薩，菩薩聲聞眾，受此香花雲，以為光明臺，光以無邊界，無邊無量作佛事。」這條讚偈，就是天臺宗懺儀當中常常使用的供花、燒香的詩偈。事實上，在開頭還有：「一切恭敬，敬禮常住三寶，次胡跪供養，是諸眾等人各胡跪，嚴持香花如法供養。」此一供養文幾乎天臺宗懺儀開頭都有的讚唄。這首讚唄在《魚山聲明集》內稱之為《供養文》。

　　從上面的資料當中，我們大略可以看到敦煌禮懺文是這樣的輪廓：

　　　佛前供養（偈）──歎佛讚佛（偈）──歎佛與禮佛文（懺文本體）
　　　──發願（偈）──一切恭敬（二歸依）──無常偈──發願（以
　　　善導《往生禮讚文》為主）。

按：有的《無常偈》還會有分時間，如僧惠所寫的《黃昏禮懺》（S0236）當中就有所謂的《初夜無常偈》、《中夜無常偈》、《後夜無常偈》、《午時無常偈》等。

　　再從前面所敘述的禮懺文的儀節來看，部分儀式內容的唄曲是相同的，說明了這些梵唄是當時流行的梵唄：

- ◆ 位於「讚佛、歎佛」位置的：「如來妙色身，世間無與等，無比不思議，是故今敬禮。」是三篇禮懺文都有的。這首讚唄在《魚山聲明集》內稱之爲《如來唄》。
- ◆ 位置不定，上述三篇當中但有兩篇有（《黃昏禮懺》（S0236）僧惠，撰寫，及《信行禪師禮懺文》梵唄（S2574））「處世界，如虛空，如蓮花，不著水，心清淨，超于波，稽首禮，無上尊。」這首讚唄在《魚山聲明集》內稱之爲《後唄》。
- ◆ 雖然文辭不一致，《三歸依》是共有的。現在還在流傳。
- ◆ 雖然文辭也不一致，當都中有《無常偈》。

從以上分析來看，我們了解到含有儀節的敦煌「禮懺文」資料就有記錄當時寺廟所用的梵唄，基本上就是在六朝所發展出來的儀軌爲範本，而且是受到天臺宗的懺儀影響（其中一篇《往生禮讚文》，一卷，善導大師作，是屬於淨土宗的懺禮文）。然而，前面禮懺文當中所記載的梵唄，事實上除了《三歸依偈》留下來以外，大部分唄曲沒有再使用了。然而，這些梵唄，部分仍在日本佛教使用。那就是被記載於《魚山聲明集》的日本佛教天臺宗的梵唄。爲什麼中國佛教卻不再使用這些梵唄呢？目前尚未得到真正的答案，這個問題值得深思，研究則有待來日。

三、日僧圓仁大師所見到「會昌法難」以前的中國梵唄

　　事實上，想要研究唐代梵唄，其路徑除了在現存唐代相關史料上找尋，例如《舊唐書》、《新唐書》、《唐會要》等書以外，另有「敦煌寫卷」較屬集中，容易一窺其貌。然而，除了這些資料外，最值得參考的，就是鄰近友邦所保存的古代文物了。這些鄰近友邦對於保存我國古代文化有十分顯著的貢獻。以唐代文化的研究與保存而論，最爲稱著的莫過於日本。日本的佛教音樂除了傳自朝鮮半島外，就是來自中國。本文在前面提到，筆者主張要研究日本具有代表性的梵唄，莫過於研究天臺宗「聲明」。而天臺宗聲明，就前面所說，是奠基於祖師圓仁之手。圓仁在中國巡禮多年，不僅對於當時中國佛教情形做了見證性的記錄，最重要的是，他把當時中國當時盛行的法會情況也記錄了下來，其內容之詳實，恐怕中外未能出其右。因之，是研究唐代佛

教法會及梵唄曲目的重要參考資料。

　　日本天臺宗的「聲明」（以下皆以此稱日本天臺宗使用的「梵唄」）的傳入雖早於開創祖師最澄，然而奠基者卻是最澄大師的重要弟子，受封爲「慈覺大師」的釋圓仁（以下簡稱「圓仁」）。圓仁的成就，不僅在日本天臺宗教義上有了新的開創，最稱著的就是他自中國歸來後，引進了所學唐代中國梵唄，形成了日本天臺宗的「聲明」基盤。他並且有一本重要，被喻爲「東方三大遊記」的《入唐巡禮求法記》〔註85〕。這本書的珍貴之處，在於翔實地記錄了唐武宗會昌滅佛的經過，該部份正好對於我國佛教史上最重要，最具模規的「會昌法難」做了補遺。此外，該書亦就當時的部份寺院法事，儀規做了記錄，不僅就儀規過程，同時也記錄了使用的梵唄聲曲。

　　復次，研究圓仁傳記中的梵唄，還有一個好處，那就是這些記錄在傳記中的梵唄聲曲，大部分在日本都傳承了下來，那就是著名的「魚山聲明」。迄今日本天臺宗與眞言宗都有「魚山聲明」，其他各宗也都以此「魚山聲明」爲範本發展他們各自的「聲明」。在這些聲明裡，其中又以日本天臺宗的「魚山聲明」最爲著名，其原因固然是受天皇冊封「慈覺大師」的圓仁傳承所致，另一方面，這些聲明都有很清楚的記載其傳承由來，主要就是來自圓仁的《入唐巡禮求法記》。因此想要了解日本使用的「聲明」與在唐代使用的情形，研究《入唐巡禮求法記》是必要的。特別要提出的是，圓仁就此唐代中國佛教的法會儀式記錄詳實，甚爲可觀。在此，筆者將以《入唐巡禮求法記》內容爲主進行歸納、剖析，來看圓仁所看見的當時中國佛教梵唄。

　　本文引用的《入唐巡禮求法記》，是根據中國大陸河北省石家莊的「花山文藝出版社」在 1992 年 9 月一刷出版的《入唐求法巡禮行記校註》，由白化文、李鼎霞、許德楠聯合校註，周一良審閱的版本。該本是以日本研究圓仁的權威，小野勝年的日文譯註本爲底本。小野勝年，生於 1905 年，文學博士，日本龍谷大學教授，東方學會會員，是中國古代文化史及古代日中關係史的學者。他的《入唐求法巡禮行記的研究》是該研究領域內最受推崇的經典之作〔註86〕。本文引用之書，即以小野勝年該書作爲底本，進行校註，與

〔註85〕1955 年，美國學者賴蕭爾（Edwin O, Reischauer）將該書首次翻譯爲英文，書
　　　　名爲《圓仁日記》（Ennin's Diary）。稱譽該書爲「東方三大遊記」。見佛光
　　　　山宗務委員會印行之《入唐求法巡禮記》，列入於「中國佛教經典寶藏精選白
　　　　話版」（臺北縣：佛光文化事業有限公司，1998 年 2 月初版），頁 8。
〔註86〕關於小野勝年的介紹，請見《入唐求法巡禮行記校註》的「前言」部份，頁 9

註解，這是本研究採用該書的原因。

在《入唐巡禮求法記》當中，圓仁對於所見到的中國佛教儀式，茲將其要者歸納，其中就其要者兩篇舉出來探討。

1. 文宗開成三年（十一月）揚州開元寺

圓仁看到了「天臺大師忌日」所設的齋：

> 二十四日，堂頭設齋，眾僧六十有餘，幻群法師作齋歎文、食儀式。眾僧共入堂裡，次第列坐。有人行水。施主僧等於堂前立。眾僧之中有一僧打鎚，更有一僧作梵，梵頌云：「云何於此經，究竟到彼岸。願佛開微密，廣爲眾生說。」音韻絕妙。作梵之間，有人分經。梵音之後，眾共唸經，各二枚許。即打槌，轉經畢，次有一僧唱「敬禮常住三寶」，眾僧皆下床而立，即先梵音師作梵，「如來色無盡」等一行文也。作梵之間，綱維令請益僧入裡行香，盡眾僧數矣。行香儀式與本國一般。其作齋晉人之法師先眾起立，到佛左邊，向南而立。行香畢，先歎佛，與本國咒願初歎佛之文不殊矣。歎佛之後，即披檀越先請設齋狀，次讀齋歎之文，讀齋文了，唱唸「釋迦牟尼佛」。大眾同音稱佛名畢，次即唱禮，與本國道爲天龍八部諸善神王等頌一般。乍立唱禮，俱登床坐也。……〔註87〕

圓仁在揚州見到的這個「天臺大師忌日」透露了幾個重要的訊息。首先，他所敘述的是一個紀念智者大師的「齋會」，這類的齋會，通常都有儀式。圓仁一開始提到了一首「云何於此經，究竟到彼岸。願佛開微密，廣爲眾生說。」的梵曲，在《魚山聲明集》內稱之爲《云何梵》，是一條日本法會中常用的梵唄，但是在現行中國佛教已經失傳。其次，他提到了一首梵曲：「如來色無盡……」，這首梵曲也在《魚山聲明集》內存有，稱之爲《如來唄》，目前日本天臺宗仍然還在使用。

值得注意的是，在圓仁到揚州時，日本已經有了和圓仁所見的中國佛教相同的梵唄，顯見中國佛教梵唄傳入日本情況。值得注意的是，這些梵唄很多日本到今天還在使用，諸如「云何於此經，究竟到彼岸。願佛開微密，廣爲眾生說。」的《云何梵》與「如來色無盡……」的《如來唄》等。小野勝

〜12。及潘平釋譯，佛光山宗務委員會印行的《入唐求法巡禮記》（臺北縣：佛光文化事業公司，1998年2月初版），頁15〜16。
〔註87〕請見《入唐求法巡禮行記校註》，頁70〜72。原文很長，僅節錄相關部份。

年在此處有所註解，他指出日本現行比叡山的「齋食儀」順序是這樣的：

入堂——咒願——唱唸三寶——誦經——展缽偈——受食偈——供
養偈——五觀——出生偈——正食偈——誓願——食事——食訖
偈。〔註88〕

這個順序告訴了我們，比叡山所使用的「齋食儀」與圓仁所描述看到的「天臺大師忌日」沒有太大的差別。在此小徵驗了筆者之前所說的，想要研究唐代佛教儀式，可參考日本現行佛教保存儀式的理論。

2. 文宗開成四年（十一月）赤山院講經儀式

這段是《入唐求法巡禮記》中最有名的法會記錄，此時，圓仁來到山東省文登縣赤山法華院，記下了一個完全不同的法會：新羅風格的「赤山院講經儀式」。

辰時，打講經鐘，打驚眾鐘訖。良久之會，大眾上堂，方定眾鐘。
講師上堂，登高床間，大眾同音稱歎佛名，音曲一依新羅，不似唐
音。講師登座訖，稱佛名便停。時有下座一僧作梵，一據唐風，即
「云何於此經」一行偈矣。至「願佛開微密」句，大眾同音唱云：「戒
香、定香、解脫香」等頌。梵唄訖，講師唱經題目，便開題，分別
三門，釋題目訖。維那師出來於高座前，讀申會申之由，及施主別
名、所施物色申訖，便以其狀轉與講師。講師把塵尾，一一申舉施
主名，獨自誓願。誓願訖，論義者論端舉問，舉問之間，講師舉塵
尾，聞問者語。舉問了，便傾塵尾，即還舉之，謝問便答。帖問帖
答，與本國同。但難儀式稍別。……講訖，大眾同長音讚歎，歎語
中有「迴向」詞。……〔註89〕

原文頗長，此處但引重點。圓仁在此記載的是一個「講經」的儀式，由於赤山法華院是屬於新羅天臺宗的寺院，有史料提到：這個寺院常常在夏天講《金光明經》，而冬天誦《法華經》〔註90〕。圓仁此次在冬天正好趕上了赤山法華院冬季講經期間。這段記錄裡，除了梵唄儀規的描寫外，也特別就講經‧問難‧答辯的情況作一番詳細的描述，躍然於紙上，十分生動。此外他將見識

〔註88〕 請見《入唐求法巡禮行記校註》，頁70～73。
〔註89〕 請見《入唐求法巡禮行記校註》，頁191～193。
〔註90〕 請見安作璋主編之《山東通史‧隋唐五代卷》（濟南市：山東人民出版社，1994年12月一刷），頁190。此處對於新羅人於唐代在山東一帶活動情形有較為詳細的介紹。

到「新羅一日講儀式」也記載了下來：

> 辰時，打鐘，長打槌了。講師都講二人入堂。大眾先入列座，講師、
> 讀師入堂之會，大眾同音稱嘆佛名長引。其講師登北座，都講登南
> 座了，讚佛便止。時有下座一僧作梵，「云何於此經」一長偈野。作
> 梵了南座唱經題目，所謂唱經長引，音有屈曲，唱經之會，大眾三
> 遍《散花》，每散花時各有所頌。唱經了，更短音唱題目，講師開經
> 目。……〔註91〕

上面兩段記錄都是講到「講經」的儀式，在圓仁看來，儘管赤山法華院使用
新羅語，然則儀式與中國、日本並無太大出入，唱腔也有相似之處。此處圓
仁一再提到「云何於此經」這首唄曲，足見這首《云何梵》在當時的中國是
非常受歡迎與重視的。至今臺灣流行的《金剛般若波羅密多經》課誦本前面
也將《云何梵》列入，但少見法會使用。但在現行日本天臺宗聲明而言，《云
何梵》是容易見到的。且《云何梵》的表現，十六拍以上的長音歌詞不少。

另外圓仁提到的「大眾三遍《散花》」中的《散花》，也見於《魚山聲明
集》，同時也是現行日本天臺宗梵唄扮演重要角色。《散花》的風格十分莊
嚴，是用來大眾供養佛祖、歌頌佛祖的梵曲。

這裡有一個問題，為什麼山東省會有新羅人的活動呢？據山東史學的專
家安作璋表示，唐時，來山東居住或從事各項活動的新羅人非常多，不僅空
前未有，也為後世所未有。他們來山東以後，常被雇用，或經商，有的則從
事佛教活動。新羅人從事的佛教活動，就是以赤山法華院為中心的。該寺為
新羅清海鎮將領張寶高所建。寺中有三十餘位僧人，皆為新羅人。圓仁來
寺期間，正好遇上一年一度的「法華會」，這個時候，信徒們紛紛前來聚會，
白天聽經，晚上聚集拜懺。而「法華會」結束的時候，前來聚會的人先行
「結願」，再授菩薩戒，然後散去。〔註92〕

然則，圓仁所提到的梵唄，不論是日本的也好，乃至新羅的也好，事實上
全都是中國傳過去的。不論是在揚州的「智者大師紀念會」，還是赤山法華院「新
羅一日式」而言，主要使用的梵唄仍是中國傳過去的。然而，特別的是，這些

〔註91〕 請見《入唐求法巡禮行記校註》，頁 192。

〔註92〕 請見安作璋主編之《山東通史·隋唐五代卷》(濟南市：山東人民出版社，1994
年 12 月一刷)，頁 190。而張寶高事蹟，則請見杜牧《樊川文集》與《新唐書·
新羅傳》中。

圓仁記錄下來的梵唄，在中國幾乎都絕跡了，這是一個很值得深思的問題。

　　從以上敘述看來，圓仁入唐求法所看見的中國梵唄，雖然都已經在中國絕跡了，可是卻迄今仍存活於日本等國。其實，梵唄史的研究課題，並非在於尚古非今，亦非失志回復本來的面貌。吾人以爲，梵唄的研究，乃在於追蹤佛教梵曲的流變，並企圖歸納出，整理出佛教梵曲的創制原則。事實上，當前不少佛教使用的梵曲已經走向「小曲化」或「地方戲曲化」，如此走向庸俗的佛曲，固然反應了佛教致力大眾化、平民化的努力，然而就在傳教的過程，是否應該減損原有的莊嚴風貌，是一個值得令人深思的問題。

　　日本的佛教聲明，可謂佛門中的奇蹟。經過了那樣多年，日本佛教依然保有相當的原貌，雖不無更飾，依能使後人得窺唐風的梵曲。儘管，日本梵唄亦曾經有過些許的「和化」，而非百分之百的唐代原貌，然就提供佛教梵唄美學而言，絲毫不減損所具備的價值。圓仁大師距今已踰千年有餘，然而他對唐代佛教忠實的記載，使得後代中華子孫可以依循著他的記錄，去了解當時佛教梵唄的風貌。這對圓仁而言，應該是意外，想不到的貢獻吧！

小　結

　　本篇的敘述重點乃在闡明本研究方法「梵唄模型論」——梵唄的四個基源問題。然則事實上，這是一個簡略的梵唄史的考證研究。在本研究第四章第一節提到：梵唄，原來就是印度的聲明學基本要目。中國人在還不知道印度人唄經的目的之前，當作是佛教音樂藝術來欣賞與發展。但是隨著中印雙方交流日漸頻繁，佛教經典日漸傳來數量越多，項目越廣，中國人就越來越想弄清楚佛教的教學系統，所以才有法顯、玄奘、義淨這樣的高僧大德，不惜身命，只是爲了弄清楚自己教理系統上的問題。等到他們學成了以後，回到國內，將自己在印度所見所聞傳播給中國的人們，大家這才重視屬於「小學標章」的聲明學（當時稱之爲「悉曇學」）。起初中國人並不是非常重視印度文字聲韻，等到印度佛教的真言傳到中國，伴隨咒語而來的，就梵字與梵音之學，在唐代大爲興盛。從今天收錄在《大正新修大藏經》第八十四冊當中的日本佛教悉曇學典籍當中就可以了解，日本悉曇如此興盛，唐代悉曇梵字之學一定是更加的興盛，學問是多麼的廣闊了！限於學力與資料不足，真言宗與悉曇梵字的部份本次無能研究，列於研究範圍之外，不無遺憾。然而，

眞言宗在唐代雖然僅盛於會昌以前，但是它對佛對梵唄仍具有一定的貢獻，對後代也有深遠的影響。相關研究則有待來日。

事實上，中國大陸學者將佛教梵唄有稱之爲「禪樂」，恐有失妥的疑慮，梵唄固然與禪定有關，但其本義並非就是爲了禪宗的發展所設計的音聲，而是爲了佛學教育，本於口傳，進一步成爲修行、弘法的助緣而發展的佛教文化。本研究在第五章第一節提到，讀誦佛經原來的意義，就是要「受學讀誦問義」。然而隨著佛教發展，原來是爲了佛學教育的經典讀誦，變成讀誦經典有所謂的「功德」與「不可思議的感應」，尤其大乘佛教興盛、發展起來以後，所謂的「書寫、受持」等教義不時在大乘經典中出現。特別是《法華經》流行以後，諷誦的風氣更爲盛行。說來，誦經的原來目的就是爲了佛教的教育。但因爲隨著佛教儀式的發展，在儀式當中使用了歌詠法言來供養，不管是早期以「三啓經」爲主的簡單三段式儀軌，到後來發展成像天臺宗《法華三昧懺儀》複雜的儀軌。佛教梵唄安排的形式都沒有改變：「以誦經爲主體，加上讚偈唱唸」。從六朝以來的梵唄發展來看，儘管當時重視經典的學佛風氣，但梵唄的研究，仍需從修行的角度入手。菩薩道確實以行六度波羅蜜法爲主，但是全部的波羅蜜仍以「般若」爲主，也就是說還是要回歸到傳統佛教修行法門——入三摩地。至少天臺宗、華嚴宗這些重視佛教體系的宗派，並非只重視「判教」而已，最重要的還是所修持的禪觀，只有進入甚深三摩地，也就是「三昧」才能眞正實現教理上所說的「成佛」。但光是靠傳統的，例如罽賓傳來的「說一切有部」的聲聞乘禪法，那樣子從證得阿羅漢一路漸修過來，是很難今生成就的。所以大乘經典提出了「方便」、「迅速」的法門，那就是像《觀普賢菩薩行法經》那樣不必入定，只要在三七日內一心繫念，諷誦大乘經典，或宣說佛號咒語等等，行懺悔法門等等，不僅可以懺除「五無間罪」，還能夠引發甚深禪定。所以唸誦經典的法門就這樣子風行了起來。唸經與持咒所形成的儀軌，本來是爲了這個目的。所以梵唄原來不是爲了禪宗而設立的。

今天我們對梵唄的不了解所在，是佛教學研究方法上的問題。佛教學，乃至佛教文化的一切相關學問，如果不從佛教的修行法門處入手，則無法深究其義。坊間許多佛學研究的書籍，只要提到天臺宗，大多限於「四教儀」，談到華嚴宗，就說到「十玄門」，說到般若思想，就只說「空」的義理，內容不外名詞解釋，不然就是玄之又玄的哲理。天臺宗、華嚴宗對中國佛教的貢

獻豈是只有「四教儀」和「十玄門」嗎？不是的！不管是那一個佛教宗派的哲學義理，一概都要從佛教的「戒、定、慧」談起，「四教儀」和「十玄門」不僅僅是建立在許多經論的基礎上，更是在於許多「己心中所行法門」的心得焠鍊、累積出來的。忽略了修行方法，就等於忽略了修行次第，忽略了修行次第，就等於忽略了整個經教的體系，忽略了經教的體系，那佛教哲學要從何談起呢？這次研究梵唄，筆者發現到，天臺宗對中國佛教的重要貢獻，懺儀創制的部分不容忽略。懺儀的創制，不僅體現了大乘佛教修行的思想與次第，更重要的是成為後代佛教徒所遵行的修行觀念。是以儘管天臺梵唄已經亡佚在中國，但是修行觀念則深入各宗各派當中。今天的臺灣佛教雖非知道何謂「四教儀」，但不知道以懺儀來修持懺悔、禮佛的就很少了。這個天臺宗的修行觀念是如此的深入人心，以致於大家都已經習以為常，反而忘記了原來的宗旨觀念。

本篇部份，關於音樂方面的並未多提，這當然與筆者並非音樂專業出身有關，然而筆者始終以為，要了解梵唄真正的精髓，不能只是從音樂來評斷、認識，最重要的路線還是在於「修行」。

我國唐以前的梵唄，誠如文中所說大部分都已經亡佚了。所以關於當時梵唄的音樂風格，就等待有緣人後續考古或是考證。所幸鄰國韓國與日本都保存有我國古代梵唄的遺制。尤其是日本佛教的天臺宗，保存了非常珍貴而良善的梵唄，那就是「魚山聲明」。日本佛教大臺宗的「魚山聲明」，現在是被記錄在《魚山聲明集》。這本書珍貴的原因有兩點：第一點就是，從敦煌資料看到天臺梵唄是隋唐時代頗為流行的梵唄；第二點就是它總結了唐朝會昌以前日本佛教祖師圓仁在中國看見流行的天臺梵唄。是以接續隋唐梵唄的歷史，則要從下一篇探討這本收錄在《大正新修大藏經》第八十四冊的《魚山聲明集》了。

第三篇　隋唐梵唄的遺風
——《魚山聲明集》

問題點之所在

　　筆者在第一章第二節說：鑑於《魚山聲明集》在我國梵唄史上居於關鍵性地位，因此它就是中國佛教梵唄史上的《廣韻》。它是如此的重要，但是相關資料卻十分稀少。若說《魚山聲明集》有任何的相關資料，那就只有《大正新修大藏經》第八十四冊的後半部日本佛教梵唄相關資料，「聲明」。但是日本的佛教的「聲明」有宗派分別。《魚山聲明集》底下僅有註記著「魚山版本」，其他資料都沒有。有誰知道它就是天臺宗的資料呢？若非經過澀谷亮泰的《昭和現存天臺書籍綜合目錄》的著錄裡，怎麼會知道原來這是一本眞言宗僧人抄去的天臺宗聲明集呢？《魚山聲明集》，固然已經知道了它屬於天臺宗使用的聲明，可是以《大正藏》裡的聲明資料大部分都是眞言宗的，及日本天臺宗一切相關的資料，這在梵唄研究尙未發達的臺灣而言，一切都是謎！圍繞整個《魚山聲明集》一書的淵源、歷史資料都成爲本研究最主要的問題點所在。這一切的問題，也只要親自前往日本尋找答案，這個問題的解答才能夠成爲可能。

　　沒有想到「魚山」不只是在山東，在日本也有魚山，就在京都的郊區附近，一個稱爲「大原」的山區裡面。民國86年筆者前往東京蒐集資料，看到大山公淳《佛教音樂與聲明》一書，才知道該書的相關歷史是在日本發展的。想要了解「魚山聲明」，臺灣沒有任何史料。有關日本魚山的一切，就必須到京都郊區這座魚山的寺院來訪問才行。就這樣，透過加拿大卡加利大學（University of Calgary）教授，筆者的授業老師，A. W. Barber 的介紹，來到京都訪問京都大谷大學佛教音樂學者，岩田宗一教授。受到岩田教授的鼓

勵，我來到了這座千年古寺，魚山大原寺參訪。

魚山大原寺位於京都市左京區勝林院町，這座寺院的歷史非常的古老。可以遠溯至平安時代（782～1181），它原本是天臺宗總本山，比叡山延曆寺的分別院。公元 860 年，清和天皇下詔蓋的，從前稱呼爲「梶井門跡」或是「梨本坊」，明治時代以後才定名爲「三千院」。它是日本佛教天臺宗的梵唄根本道場，也是與日本皇家關係密切的寺院。有兩座天皇的墳陵，即後鳥羽天皇與順德天皇都葬在此處，或許是這樣特殊的地位，魚山大原寺便代表了天臺宗爲皇室舉辦法會，便成爲天臺梵唄文化的研究中心。現在則成了京都著名的觀光勝地。

大原三千院背倚小野山，清澈的溪流「律川」、「呂川」流過這片寂靜的山林，這裡就是日本的「魚山」。沒有曹植，寺院卻有從天而落，清澈聲響的「天音梵唄」。筆者第一次來到這裡，就被這裡的景色所吸引，想起了從前所作的一首詩：

移居更近山　群樹倚昔顏
晨漫清音鳥　夕歸紫徑嵐
偶霖深綠浦　重霧欲冥天
攬月邀杯友　游仙亦此間

這是在阿里山遊覽時歡喜而有的作品。大原之美，甚於阿里山之上。未到傍晚，古石階梯就已經被往來的山嵐染成了紫色。寺院建材則以木造爲主，與山林洽爲一色，寺內寺外遍植各色花草，卻沒有爭豔的氣氛。一色庇蔭的松林，清新的空氣，芳草香花，鳥叫蟲鳴，河水清香，在此修行猶似倘佯於天地之間，頗有融入大自然一體的感受。這麼美麗的地方，就是保存代代相傳天臺聲明的道場。

著名的旅遊指南，《J Guide 16・京都》（井上由理子著，山と溪谷社出版，1997 年 3 月發行，頁 198）這樣寫著：傳說律川和呂川的水聲，就是天臺祖師取用音律的音階聲響。上游則承接了「音無滝」（無聲瀑布），這個瀑布，傳說是復興天臺聲明的祖師聖應良忍大師因爲討厭瀑布的水聲太吵擾亂了修行，就誦咒使這座瀑布的水聲息滅，日後成了「無聲瀑布」之名稱典故。溪澗的聲響，交織了一曲大自然的聲明，歡迎著這裡絡繹不絕的訪客，這些人都是慕名而來參觀魚山大原寺。我也是，但有點不同，他們來看寺廟，我則來看廟裡的大師。

圖例七：魚山寶前——通往大原三千除古道

筆者攝於京都大原地區魚山大原寺，民國 87 年 1 月 18 日

圖例八：三千院門跡——魚山大原寺的中山寺院

筆者攝於京都大原地區魚山大原寺，民國 87 年 1 月 18 日

　　日本天臺聲明的權威，大僧正天納傳中就住在魚山大原寺的「實光院」，一個歷史悠久的古老道場裡。那天下著細雨，幽幽的屋影，與朦朧的松林融成一體，充滿靈氣的大原，海拔高度並不高，但因為高緯度的關係，又是冬天緣故，與阿里山的氣氛十分相似。然而，大原幽然的氣象，每一棟都是四、五百年以上的老寺院，這是臺灣所沒有見過的氣象，山門，果然以耆舊為莊嚴！

　　筆者是一個不會講日語的臺灣人，這天卻要和素未謀面的日本天臺宗高僧來聲明，沒有翻譯人員，對方也只會講日語，場面氣氛的緊張可想而知。結果卻是出乎意料之外，不得不佩服，天納傳中大僧正是真正的大師。在言語不通的情況下，我們在大原實光院裡談聲明。那是十分神奇的經驗，我幾乎忘記了不會講日語的窘況，使用半生不熟的日語，和他來研究聲明。推開了《大正新修大藏經》第八十四冊《魚山聲明集》，天納傳中大僧正一面以日語解說，一面指著書上圖譜解說，並且用手寫下了漢字，說明了它們的意義。遇到音律問題，則拿出珍藏的音律器：十六顆口磬，一個音階一個音階地敲給我聽，而做示範演唱。我心裡想，只是第二天而已，還沒過完剩餘的四天行程，就有想回家寫論文的感覺。

　　和言語不通的人談聲明，這是大僧正與我擁有的共同回憶，足足談了六個小時，還意猶未盡。不知道這到底是佛菩薩的慈悲，還是歷史悠久的大原，所造就出來的神靈氣加持呢？回憶即將離開大原，回頭望去還是一片蒼翠的松林，三千院是看不見，可是從唐朝傳來的梵唄的真的聽到了！

　　以上經歷，就是《魚山聲明集》研究成為可能的背景。研究《魚山聲明集》，國內沒有任何資料，我必須籌備這次訪問的行程。經過了這次的訪問，筆者才對整個天臺聲明理論結構與歷史淵源有所了解。

　　日本佛教的「聲明學」典籍蘊涵的價值實在難以衡量，因正為中國古代多數梵唄的資料在兵燹、天災與人禍交織之下，很多相關資料都散失，所以有人以為「中國佛教梵唄」就是指稱在臺灣正在使用的，原屬中國佛教禪宗叢林道場所使用，流行於大陸東南沿海的「鼓山調」與江浙一帶流行的「海潮音」〔註1〕。筆者參觀了魚山大原寺以後，才了解到中國佛教除了「鼓山調」

〔註 1〕 如呂炳川先生以為「梵唄」與日本的「聲明」當作不同的兩樣東西做比較。
　　　　請見《佛教音樂——梵唄——臺灣梵唄與日本聲明之比較》，該文收錄於《中
　　　　華佛教百科全書》第七冊（臺南縣：中華佛教百科文獻基金會，1994 年一月

和「海潮音」以外,還有更古老的梵唄存在。然而對於中國佛教的梵唄史發展上的意義是:重要爲什麼這些日本還在保存的古代中國梵唄會消失了呢?很可惜並非本研究範圍內的課題,卻必須經過對《魚山聲明集》的研究,才能有進一步的發展。

就時代來觀察,毫無疑問,這本收錄中晚唐的所流行的中國梵唄,《魚山聲明集》的地位,可以成爲《廣韻》在中國聲韻學史那樣,在中國佛教梵唄史上的關鍵性地位。由於《廣韻》的存在,使得中國人得以一窺隋唐期間中國語言概況,對我國上古音韻及近代音韻的研究上有無比的影響力。《魚山聲明集》,誠如筆者在第六章第四節當中介紹的隋唐梵唄,不少都是《魚山聲明集》有收錄的曲目。鑑於《魚山聲明集》收錄梵唄的時代,筆者對它懷有深遠的期待,《魚山聲明集》不止是日本佛教天臺宗聲的寶典,它也是隋唐時代我國佛教梵唄的遺風,應該是研究隋唐時代梵唄寶典,是以筆者衷心希望,希望有緣君子大德,就此多加研究,發揚我佛教文化的光輝。

一、本篇的研究的重要的問題在於目錄學

本篇的研究重點,旨在闡明《魚山聲明集》的學術地位——位居於中國佛教梵唄史上的重要位置。但因鑑於國內學界對此一梵唄典籍陌生起見,故本研究將範圍先限定該書的歷史淵源與體例的研究,這一部份的研究是承接本論文第三章「研究方法」及第二篇「聲明的意義與唄讚文化的發展」爲基礎而做的開展。基本上《魚山聲明集》是屬於日本佛教天臺宗的梵唄,略同於日本佛教天臺宗的行門。關於佛教重視唸誦法門的顯教方面教理,筆者已經在第二篇第五章部份有所討論,故不再贅述。但仍須說明的是,基本上日本天臺宗祖述中國佛教的天臺宗,智者大師立下的「四種三昧」,及唐朝盛行的眞言宗佛教,揉合成爲特殊的日本天臺宗風貌。大抵來說,日本天臺宗有三個重要修持法門的體系:一、是延續中國佛教天臺宗傳統法門體系,如「四種三昧」;二、是天臺淨土教,是圓仁從五臺山帶回的念佛法門體系;三、是天臺密教,也是主要以圓仁帶回密教法門爲主,加上後代祖師的努力共同完成天臺的密宗系統,稱之爲「臺密」體系。而由於密宗是一個非常大而且神祕的思想體系,同時又牽制到顯教與密教之間教理問題,故筆者學力有限,

出版),頁 3921。其實日本佛教的觀念以爲梵唄就是聲明。見天納傳中氏著,《天臺聲明概論》(日本:叡山學院,昭和 63 年 8 月 31 日出版),頁 14。

無法就「密教」部份作一深入研究，因此則有待來日作爲赴日研究的專題。
而天臺淨土宗部份，在《魚山聲明集》唄辭內僅有「八句念佛」，故不列於討
論之列。本研究的重點乃在於探討屬於中國佛教天臺宗傳統的梵唄。

由於「目錄學」乃是一切學問的研究之母，故先從目錄部份著手。但是
《大正新修大藏經》中第八十四冊收羅的《魚山聲明集》作者並無著錄，而
國內對於相關記錄又幾近於零，故有訪問日本的計畫。自從筆者訪問京都大
原實光院以後，發現日本方面的學者也不甚清楚。後來在澁谷亮泰《昭和現
存天臺書籍綜合目錄》中發現該本的著錄。鑑於該書的版本需要考證，因之
第三篇部份的研究重點便在於：就《魚山聲明集》一書的目錄考察爲主：即
作者、成書年代、版本、流傳情形、內容構造等屬於外部研究爲重點。主要
就是以一個主要立場：《魚山聲明集》內梵唄，除部份的和讚與密教部份以外，
大部分都是從唐朝傳來的中國佛教梵唄。因此《魚山聲明集》可說就是中國
佛教隋唐時期的遺緒。

二、本篇研究的開展方向

本篇部份而在此特就就「名稱」、「流傳」、「體例」三部份來作本書解題，
其發展的方向是這樣的：

1. 第七章主要是討論《魚山聲明集》的編成，其中第一節介紹日本佛教
   就「魚山」的名稱意義，第二節則說明「魚山聲明」的概略歷史，探
   討聲明傳入日本與日本天臺聲明的形成。第三節的重點在於「魚山聲
   明」的集成與《魚山聲明集》的版本考證。

2. 第八章則探討《魚山聲明集》的內容與構造，主要是從書中的體例做
   分析。其內容是：第一節探討《魚山聲明集》內容的分類，將分類原
   理先行討論。第二節則是屬於《魚山聲明集》顯教部份梵唄內容的研
   究。而第三節則進入《魚山聲明集》的聲律學研究，主要的內容是：
   一、三種五音；二、管律的取用與律呂；三、「博士圖」——《魚山聲
   明集》的最大特色；四、樂譜結構與標記；五、「魚山聲明」的音律根
   據——《大原聲明博士圖》；六、其他相關討論的音律叢書。其中以第
   三節較感艱難，耗力較巨。限於非音樂專業出身，所以僅就該書提及
   的聲律內容做研究，餘者則有待深造再敘。

3. 第九章則是介紹「魚山聲明」保存與現況，首先是第一節介紹《魚山

聲明集》與天臺宗法會；第二節則介紹《魚山聲明集》的研究機構與公演；第三節提出《魚山聲明集》的五線譜化與保存工作進行。

就本研究重點而言，由於國內關於相關研究工作，還是十分稀少，故筆者首先致力於目錄學上的考證上的研究，期待能夠以此建立一個學理上深入研究的基礎。因此本篇的研究重心便設立在目錄學，其原因在於此。

三、本篇研究使用的版本及相關資料

《魚山聲明集》其實是一本課誦本。令人驚異的是，它並不在於傳統天臺宗的「魚山叢書」之中，而是來自日本佛教另一個宗派眞言宗處所。從天臺宗目錄學專家澁谷亮泰所編的《昭和現存天臺書籍綜合目錄》，當中提到了《魚山聲明集》是：「高野山清淨心院橋爪坊快遍」這說明了該書是日本佛教眞言宗總本山，高野山的「快遍和尚」所鈔的。又稱：「大原江文大明神一代別當勝林院實光坊民部卿へ形見」〔註2〕經過考證，至少在1603年以前就已經被寫下來了。由此可知，《魚山聲明集》是一本眞言宗行人抄去的天臺宗聲明課誦本。從這件事情來看，難怪如岩田宗一教授與天納傳中大僧正都不知道這一本書的來歷，再加上「魚山叢書」沒有收藏的情況之下，故《魚山聲明集》似乎是「外流」出去的書吧！

是以這次《魚山聲明集》的研究，事實上是難度較高的挑戰（筆者自以爲）情況下做出來的。但雖說這是高難度的挑戰，但仍有足夠的信心來因應，主要就是因爲使用以下研究工具書及典籍緣故。關於本次研究使用的原典及其相關資料在此一併說明：

1. 《魚山聲明集》以《大正新修大藏經》第八十四冊版本爲主，但因該本版面模糊不清，爲了探求清晰之版本才前往日本。然而所訪問之日本學者都不知道《魚山聲明集》這本書的來歷。還好，大納傳中大僧正提供了一個非常清楚的版本，那就是《續天臺宗全書・法儀I》內收藏的《魚山六卷帖》，並說明它與《魚山聲明集》內容完全一致。天納傳中大僧正與岩田教授等人編輯的《佛教音樂辭典》認定《魚山六卷帖》與《魚山聲明集》內容相同〔註3〕。本論文關於研究《魚山聲

〔註2〕 以上資料請見澁谷亮泰編之《昭和現存天臺書籍綜合目錄・下卷》，日本京都法藏館出版，平成5年（1994年）5月10日二刷，頁944。

〔註3〕 請見天納傳中、天納傳中、岩田宗一、播磨照浩與飛鳥寬栗四人合編之《佛

明集》主要的依據便在於這本《魚山六卷帖》做爲基礎的研究。特別說明，本研究所採用的《魚山六卷帖》版本，是以魚山大原寺（位於日本京都市左京區大原勝林院町，以下簡稱大原某某院，如「大原三千院」之屬）勝林院藏版之版本，這是由京都大谷大學岩田宗一教授所致贈的大原實光院 1989 年重版大原勝林院版本，是一本字大、印刷清晰，同時也是日本的天臺宗現行標準聲明集的版本。

2. 歷史考證部份，原本應以日本佛教天臺宗之聲明根本道場，魚山大原寺，當中的勝林院所藏《魚山叢書》爲主，該叢書目前未見出版。是以筆者主要引用的原典，是來自日本「天臺宗典編纂所」所編之《續天臺宗全書·法儀 I》。該書採用原典資料主要選取部份大原勝林院《魚山叢書》主要聲明相關原典，甚有參考價值。該書收錄者包含了聲明集、聲明史與聲明音律學三大部分的原典，音律上的研究主要就是靠這些書籍來的。其次則參考叡山學院出版的，天納傳中大僧正撰寫《天臺聲明概說》一書，《天臺聲明概說》該書係日本當代權威的天臺宗聲明學學術著作。

3. 關於所有聲明問題，主要還是根據天納傳中大僧正與岩田教授等人編輯的《佛教音樂辭典》。這是目前世界上關於佛教音樂最完整、最權威，和最具有價值的工具書了。

4. 此外大山公淳、岩原諦信兩位學者雖然都是眞言宗，但他們的書籍《仏教音樂と聲明》（大山法師）、《聲明的研究》（岩原和尚）都有很高的參考價值。這兩本書的份量很夠，目前日本佛教天臺宗還沒有見到可以匹敵的作品。另外東洋音樂學會出版的《仏教音樂の研究》也是經常學界引用的資料。

由於國內幾乎沒有關於日本佛教聲明研究，雖有呂炳川先生的研究，但是對於聲明的了解還是屬於表層。筆者此次研究特別前往日本考察，然所知道的也十分有限。特別就是天臺密教的體系部份，由於國內梵唄學者多不涉及此一領域，藏傳密教學者也十分稀少，更何況是屬於日本的東密與臺密呢？這就是筆者爲什麼割捨密教部份而無法研究的原因。其次，大原各地寺廟的歷史，及日本佛教天臺宗的發展歷史，對筆者而言也都是盲點，這些都是日後要更加精進和努力的地方。

教音樂辭典》（日本：法藏館出版，1995 年 5 月 20 日初版一刷），頁 60。

　　回想起那一次在大原魚山實光院，與天納傳中大僧正會面，一起討論魚山聲明的歷史，聽說天納教授（叡山學院教授）和岩田教授等人曾經組成探訪團前往山東省東阿縣的魚山曹植墓立碑紀念，這件事情讓筆者覺得很震撼，而且十分感慨。現今臺灣佛教界已經有人提出對於傳統梵唄的反省，而且也有人指出傳統梵唄缺失之類文章，卻鮮少聽到有人去探索梵唄的歷史淵源，去接觸「鼓山調」與「海潮音」以前的梵唄。位於魚山的曹植墓，自然也就沒有人想去關心了。臺灣的中國佛教梵唄，或許早就忘記了自己是魚山的後代吧？《魚山聲明集》儘管不是曹植眞正的作品，但是日本佛教天臺宗門人這種不忘本的胸懷，不正是中國人本來就有的優良傳統嗎？僅以拙作希望引起教界及學界對於我國梵唄研究的注意，則心願已足。

第七章　《魚山聲明集》的編成

　　在《大正新修大藏經》中第八十四冊中以音律學（佛教音樂）爲主者蒐羅有十部，十三卷，其中的第一部就是《魚山聲明集》。該書的作者並不清楚的，《大正藏》第八十四冊並沒有明確記錄。連日本方面學者也不是很清楚。然而卻讓人感到震撼的是：因爲在中國「魚山聲明」早就失傳了。所以筆者非常好奇，不知道該部書是否爲相當於唐代時期撰寫。在此，筆者就「名稱」、「流傳」、「體例」三部份來作本書解題，其中第一節介紹日本佛教就「魚山」的名稱意義，第二節則說明「魚山聲明」的概略歷史，第三節則介紹《魚山聲明集》的版本、年代與作者考證，及體例之形成。本節首就其「魚山」的名稱談起，其次再討論它的淵源與流傳。而屬於內容部份則於第八章介紹《魚山聲明集》這本書的構造與內容。

第一節　關於「魚山聲明」中「魚山」得名由來

　　爲了解《魚山聲明集》內容，了解「魚山」此一名稱是有必要的。關於中國的魚山聲明，在前面第六章第二節當中筆者介紹過了。關於曹植「魚山聞梵」該段史事頗多史料如梁朝之《高僧傳》、唐代的《法苑珠林》等都記有這件事情，顯見曹植對於中國梵唄的貢獻受到了大眾的肯定。日本佛教似乎也受到影響，將其梵唄亦命名爲「魚山聲明」。然而就「魚山」二字的來源，除紀念曹植之外，尚有下列兩種說法：

1. 日本聲明的學者大山公淳先生在其著作《佛教音樂與聲明》書中認爲：魚山之名稱乃是來自「像魚山一般的梵曲」。但是大山公淳先生指出：日本歷史（《扶桑略記》）記載，早於天曆九年（955）時，松門禪

師在天皇母太后的法華經法會上就以此《魚山聲明》集內存有的〈九條錫杖〉梵唄，頗有「魚山梵唄」（筆者按：大概是指中國的「魚山梵唄」）的風範而受到大家肯定。〔註1〕

2. 民國87年，筆者前往京都府市郊的大原三千院訪問後，發現京都府大原一帶自古即稱爲「魚山」。中山玄雄先生在《聲明について——大原聲明二派の事》中就說明了這一點：「大原流聲明又稱天臺宗聲明，別名魚山（大原的地名）聲明。」〔註2〕

魚山梵唄爲何受到如此尊崇？筆者在第六章第二節提過，「魚山梵唄」曾經是隋唐以前梵唄的標準風格，《續高僧傳·雜科聲德》說：「唄匿之作，沿世相驅，轉革舊章，多弘新勢，討覈原始，共委魚山。」〔註3〕即「魚山梵唄」的風格是被當時佛教界公認的漢化梵唄祖宗，因此遇見梵唄有變，只要討論梵唄，就以「魚山梵唄」爲衡量的標準。這大概就是「魚山梵唄」傳承久遠的因素。

所以不論是中國，甚且是韓國與日本等國，莫不尊曹植爲祖，以「魚山」之名而自居。就以韓國來說，最早關於梵唄的記錄是《三國遺事》的「景德王十九年」關於「月明師」條，這是新羅時代的史料，然而具體的記錄，則是在《有唐新羅國師智異山雙谿寺　教諡眞鑒禪師碑銘》。其文有曰：

雅善梵唄，金玉其音，側調飛聲，爽快哀婉，能使諸天歡喜，永於遠地流傳，學者滿堂，誨之不倦。至今東國習魚山之妙者，競如掩鼻，效玉泉餘響，豈非以聲聞度之化乎！〔註4〕

這說明了唐朝時代，韓國的梵唄在唐代就已經奉「魚山」作爲梵唄的代稱。眞鑒禪師圓寂於唐宣宗大中四年（850）。從上述韓國梵唄祖述魚山情況，可以推知日本天臺宗高僧圓仁大師回返日的時間是頗爲相近。兩人生於同一時期，因此可以推知日本佛教也同樣推崇曹植，應是唐朝時代「魚山」風格的梵唄流行於唐朝的原因。因而日本佛教天臺宗仍以曹植作爲「中國聲明的聖祖」，大概就是這個原因的關係。不只是天臺宗而已，日本佛教重要宗派著名

〔註1〕請見《仏教音樂と聲明》（日本：東方出版株式會社，1992年9月21日一版二刷出版），頁67。
〔註2〕該文請見木戶敏郎所編之《聲明》日本音樂叢書第三本（日本：東京音樂之友社，1990年8月出版），頁41。
〔註3〕請見《大正新修大藏經》第五十冊（臺北市：新文豐出版有限公司，民國72年修訂版），頁706。
〔註4〕請見藍吉富編《現代佛學大系》第十六冊《朝鮮寺刹史料·上》（臺北縣：彌勒出版社，民國72年10月出版），頁194。

的聲明集作也是冠以「魚山」爲名的（如眞言宗的《魚山私鈔》之屬）。然而，日本佛教天臺宗方面認爲「魚山聲明」的聲曲內容與曹植創制的「魚山梵唄」應無直接的關係〔註5〕。從《魚山聲明集》內的聲明曲來看，也確實是沒有直接關連（沒有《太子瑞應本起經》之類古代中國梵唄），倒是大部分全是來自中國當時期的梵唄，這是最有價値所在。

「魚山梵唄」之名大行於世，固然是因爲大詩人曹植的名氣，且緣於上天傳下來的「清淨梵唄」所致。中國人尊敬曹植，推崇魚山梵唄。筆者在第六章第二節探討「魚山梵唄」帶給後世的影響時，曾提過即使曹植的「魚山梵唄」內容來失傳，但是後世推崇並沒有因此減少。

曹植的「創作」曾經使漢化梵唄從夢想成爲實際，更成爲後代梵唄的標準，而中國梵唄更是奉著「魚山」的聲名遠渡重洋，來到鄰國友邦。迄今韓國、日本都以「魚山」之名爲號，甚至於遠渡重洋回來「認祖歸宗」——1996年3月，日本佛教天臺宗僧侶於組成「魚山聲明研究會魚山參拜團」，前往山東省東阿縣魚山曹植墓參拜，並特別立碑紀念，同時出版了專書來紀念這件事情〔註6〕。筆者訪問大原實光院，聽到天納傳中大僧正提及此事，望著窗外庭中林草，想到今天的臺灣的中國佛教從來很少聽過提及曹植，也沒聽說有任何紀念活動，似乎是忘記了這位曾經致力於梵唄創制的大詩人，以及漢化梵唄的初祖，心中眞有無限的感慨！

第二節　日本佛教天臺聲明的形成

日本之所以有聲明，其實早於圓仁以前就已經有了。但是沒有圓仁，就無法完成日本佛教天臺宗的梵唄系統，是以筆者從圓仁的傳記開始探討，這是因爲圓仁居於日本天臺宗聲明弘傳歷史的地位是重要無比。

一、圓仁與聲明的傳入日本

關於圓仁的身世與傳略部份研究，筆者節選自京都人原三千院本的《慈覺大師傳》，另參考寬平法皇撰寫《慈覺大師傳》。這兩本書都收錄於《續天

〔註5〕請見中國大陸劉玉新、張方文著，日本山口康子譯的《魚山曹植墓》中小堀光詮的《序》（日本：魚山大原寺實光院，1997年6月18日發行）。
〔註6〕同註5。此書載之甚詳。

臺宗全書·史傳》當中。〔註7〕

（一）圓仁的生平

圓仁，俗姓壬生，公元 793 年生，864 年歿，下野州都賀縣人（按：大約在日本今天的櫪木縣）。其先祖先溯及崇神天皇之第一皇子，豐城入彥。豐城隨著其父，天皇敕命出發向東邊受封之國治理，幾世之後，子孫就成了那個地方的士人（本地人）。據說他出生那一天，紫雲生於屋頂，一過路托鉢僧，智廣法師見到後尋到其宅，懇請圓仁的父母將小孩養大後要託付給他（智廣法師）。圓仁年幼喪父，九歲時就被送到智廣和尚身邊，開始走上學佛的道路。

圓仁九歲時隨兄學俗典，心裡卻很仰慕佛教。有一天他登上藏經閣去蒐羅經論，得到一本《觀音經》，內心非常敬重，從此放棄俗書，隨師父讀誦佛經。他沈湎於佛典，就如同喜愛蜂蜜一般。頻頻修齋戒之法，發願不吃酒肉。在十幾歲時聽經學論，頗能領悟經論大旨。有一晚夢見了一個大德（出家法師），顏色素白，長六七尺，圓仁便向他禮拜。大德對他摩頂，寒暄，旁邊有人問他：「你知道他是誰嗎？」圓仁答稱：「不知。」「他，就是比叡山的大師。」圓仁聽了以後更加尊敬、崇敬。夢醒了後，就非常仰慕比叡山那位大師。比叡山在日本滋賀縣大津市境，京都府北邊。是日本天臺宗總本山。就在平城天皇大同末年，十五歲，圓仁終於來到比叡山，拜見叡山的最澄大師（筆者按：日本天臺宗創始祖師）。發現與夢中所見相同，但未向別人說起，反而是最澄大師含笑告訴圓仁：「你如夢中所見一般。」從此在師徒相契之下，出入侍奉最澄大師。

最澄大師選擇最聰明弟子十人教止觀之法，每人教授一卷，圓仁即為其中之一，然僅有圓仁一人學成，且不只學成該卷，還學成其餘九卷。其餘九人「隨緣就事，不畢其業」。從此圓仁經常代替最澄向諸信徒講授止觀之法，由最澄在旁做證義。年二十三，才於奈良東大寺受具足戒，正式成為比丘。其後又受最澄大師挑選，授法灌頂。成為最澄大師最重視的弟子之一。

（二）圓仁入唐求法的經過

公元 834 年，日本皇室再度派遣遣唐使，圓仁得到消息，當夜就夢到最澄大師來勉勵他參加「縱有千辛萬苦，艱難險困也再所不辭」。圓仁得到師父

〔註7〕《續天臺宗全書·史傳》中（日本：春秋社出版，1990 年 7 月二刷發行）。

的勉勵，於是以學問僧的身分參加了遣唐使隊伍。經過多次準備，終於在公元 838 年 6 月 13 日（按：此爲《入唐求法巡禮記》的日期，該書所用日期全爲陰曆）向中國出發。圓仁的日記也就從這一天開始。

10 月上旬，圓仁來到揚州，在那兒等待李唐朝廷發給證明，允許他們前往天臺山朝聖。在圓仁之前四十年，最澄曾經在天臺山求學。在揚州，圓仁住在開元寺，學習諸多不曾學過的經論，並向宗叡大師學習悉曇學（按：即梵文之學）。值得一提的是，他記錄下第一個他看到的佛教法會「天臺山大師忌日」（按：即紀念智者大師的紀念法會）。他與當時的揚州刺史李德裕交往十分密切，但是始終沒有獲得唐朝當局許可前往天臺山，還必須被要求與遣唐使返回日本。這個轉變使得圓仁大失所望。

公元 839 年，圓仁從揚州出發，行經大運河北上前往楚州（按：即今江蘇淮安），與訪問長安的遣唐使會合開始回國的歸程。然在歸途中，他聽從擔任翻譯的新羅人金正南的勸告，決心留在中國。在徵得日本來唐的大使同意後，他與弟子惟正、惟曉和中國隨從丁雄萬等人告別了遣唐使一行，在淮河入海口處登岸，向有人煙的地方走去，因爲冒充新羅人被識破，被中國官員捉拿，恰好此時有一遣唐使船因暴風漂流至此，圓仁只好垂頭喪氣地上船。

然而，這艘船出海後又遇到暴風雨，船漂流到山東北部的海岸。圓仁與弟子們發現附近有一個寺院，寺中大多爲朝鮮人，那就是「赤山法華院」。圓仁與弟子們正在院中參訪，日本船卻解開纜繩走了，成全了圓仁留住中國求法的願望。就在赤山法華院，圓仁看到在筆者在第六章第四節提到的赤山法華院的「講經儀式」與「新羅一日式」，該寺僧眾雖大多來自新羅，使用的儀式與唐朝沒有差異。在赤山，圓仁渡過了秋、冬兩季，然而從新羅人口中，他知道了「五臺山」這個地方。新羅人勸圓仁到五臺山去朝聖。於是，公元 840 年，圓仁一行便前往五臺山朝聖去了。

經過了兩個月長途跋涉，終於來到了供養文殊師利菩薩的五臺山。圓仁在五臺山停留兩個多月，兩個大弟子也受戒成爲正式比丘。他本人則熱烈地如飢似渴的學習。當時的五臺山盛行天臺教法，圓仁向五臺山華嚴寺的志遠和尚與玄鑒和尚學習「摩訶止觀」與各種經論。同時他在五臺山看見了竹林寺「齋禮佛儀式」〔註8〕。圓仁將五臺山所見到的這些禮佛儀式帶回比叡山，

〔註8〕 關於圓仁的日本「天臺淨土教」部份，《入唐求法巡禮記》內所言不多，但僅提及竹林寺內參訪法照和尚的般舟道場。圓仁在參訪五臺山獲得念佛法門一

便形成了後來的日本「天臺淨土教」（同註 8）。

　　公元 840 年 8 月下旬，圓仁一行終於來到長安。在那裡他獲得許可住到長安的一個寺院中，並得到長安頗有勢力的大將軍仇士良的庇護。上後圓仁在長安住了五年，他先後拜了四位中國僧人為師，向他們學習梵語文、佛教哲學、密教的理論和修行法門。圓仁並曾到當時著名的中國密教中心，大青龍寺學習密法。然而圓仁到達長安時，鄙視佛教的武宗已經開始進行淘汰僧尼及消滅佛教的行動了。

　　公元 834 年，保護圓仁的將軍仇士良逝世後，武宗排佛運動日甚一日。圓仁無法離開長安，只得提心弔膽地等待。終於在公元 845 年 5 月，朝廷下令所有外國僧人還俗並驅逐出境，圓仁在非常不安的心情下離開長安。

　　公元 848 年 3 月圓仁由朝鮮返回到日本京都，受到比叡山延曆寺的大眾們盛大的歡迎。日本皇室也派專使致賀，致贈禮物表示宣慰。回國以後的圓仁複製了從中國帶回的大曼荼羅法壇設立在延曆寺中。公元 854 年，天皇敕封圓仁為延曆寺「座主」，這是日本有「座主」公開稱號的開始。兩年後，圓仁便為天皇及其近侍舉行灌頂，並奏請仿照唐朝設立皇帝的本命道場。公元 864 年，圓仁示寂，結束了不平凡多采多姿的一生。兩年後，日本皇室開先例，追贈圓仁為「慈覺大師」，而圓仁的師父也受贈為「傳教大師」的名號。

　　圓仁著述豐富，除了《入唐巡禮求法記》一書外，另有《入唐新求聖教目錄》、《金剛頂經疏》、《蘇悉地經略疏》、《顯揚大戒論》、《在唐送進錄》、《入唐求法目錄》等書。後世以圓仁大師為日本天臺宗的第三代祖師。

　　綜觀圓仁一生的功業，對日本天臺宗的貢獻固然是受到肯定的，對日本佛教後來的發展上也有一定的影響。然而還有一件事情恐怕他生前，乃至後世也很難以想到的，就是他的記錄──《入唐求法巡禮記》對中國也有很大的貢獻。圓仁詳細地將他在唐朝所見所聞記錄下來，特別是記錄了佛教儀式與當時中國的佛制內容，及佛教界情況等詳實地記載了下來。然而，史家們大多注意到圓仁對於「會昌法難」的見證，靡補了正史記載不明確的地方，這一點恐怕是圓仁想都想不到的。但是圓仁更想不到的，就是後來的中國更因為兵燹、人禍與天災，造成的中原板蕩，使得盛極一時佛教文化遭受極大

　　事在其他史料如《天臺霞標》、《叡岳要記》都有記載。詳見日本‧山口光圓著，《天臺淨土教史》（日本：法藏館出版，昭和 53 年 9 月 15 日三刷），頁 315～317。

破壞，走向了下坡。這般佛經上常見的無常更迭，造成中國後代子孫得要靠這本傳記，才得一窺昔日文化的光輝，這種情況，更是圓仁所想不到的事情。

二、五大院安然大師與聲明音律論的形成

如我們今天在《大正新修大藏經》所見，日本佛教天臺宗聲明擁有中國佛教所沒有的大量樂理資料。這可以說是五大院安然大師對日本佛教天臺宗所做出的貢獻。安然大師承和八年（841）生，圓寂於延喜十五年（915），他受學於圓仁顯密二教，從遍昭學得「胎藏界」與「金剛界」的大法（筆者按：此二「界」皆是日本東密重要的大法），是天臺宗的一代的聲韻學與密教的大師，又稱爲「五大院阿覺大師」。安然大師對於天臺宗聲明最重要的貢獻是「聲明音律論」，最有名著作是《悉曇藏》。《悉曇藏》是安然對於梵字學的見解與心得的書籍，其中談到部份聲明樂理，天臺宗聲明便從此當中開展音樂理論。〔註9〕

《悉曇藏》最重要的理論，就是以橫笛五音提出的主要樂理。《卷二》上說：

> 笛有十一孔也，二孔闕而不傳，其九孔者出五音，竹詳爲尾，竹抄爲首，本管之口呼爲口，從此而起於竹腹上，一、二、三、四、五、六、七孔如行，呼爲干、五、上、夕、中、六。〔註10〕

上面所解釋者，是說明笛子的音律說明。安然介紹過笛律之後，其之說明梵音是從笛律出發的，《悉曇藏》同卷說：

> 五音者（筆者按：此說梵文）呼：迦、左、吒、多、波也，言之反音口處爲證，今敷梵音口處爲準，諸說雖多，……今據現量五五字者如次：喉、顎、舌、齒、唇五處。……故《字紀》云：聲之所發則牙齒舌喉唇等，合于宮商。其文各五，遍口之聲文有十矣。《次第記》云：稱呼梵字亦有五音倫次，……聲皆從深向淺，亦如此國五音之內又以五行相參，辨定者以陰陽二氣揀之，萬類差別悉知矣（同註10）。

〔註9〕請見天納傳中、天納傳中、岩田宗一、播磨照浩與飛鳥寬栗四人合編之《佛教音樂辭典》（日本：法藏館出版，1995年5月20日初版一刷），頁6。

〔註10〕請見《大正新修大藏經》第八十四冊（臺北市：新文豐出版有限公司，民國72年修訂版），頁382。

由於笛子是中國最古老的樂器之一，稱之為「管」。上述的音律理論，主要就是說明笛聲可以摹擬人聲，聲明的聲樂基本理論便建築在這上面，所以東大寺凝然大德，在《聲明源流記》當中強調笛律的重要性：

> 橫笛是樂之精髓，導樂器于絃管，方磬乃音之骨，曰窮屈曲於調韻。
>
> 精音曲於內外典自合伎樂，施聲饗於顯密之教，暗應絃管。種種之聲明不離律呂。——歌詠事通甲乙。〔註11〕

是以天臺宗聲明樂理乃奠基於笛律之上。而笛律可以調絃律，應用在磬聲（符合鐘磬十二律呂），關於凝然大德此一敘述，筆者於大原實光院訪問，天納傳中大僧正特別示範了管律的應用，再應用了特別製作的「音律口磬」示範（見最前面的附圖，解釋請見〔註12〕）。筆者才明白天臺宗聲明是以這樣的方法，即以聲律磬音來作為聲明音聲骨幹。由此可知，安然大師對於天臺聲明音律的影響與貢獻實在不小。

三、復興天臺聲明的聖應良忍大師

圓仁自從中國回來以後，將自己在中國所學的梵唄，這可以從《魚山聲明相承血脈譜》當中我們可以知道，圓仁將唐朝傳來的梵唄分成五個部份來傳承，被稱之為「五箇大曲」，分別是：

- ◆ 長音供養文
- ◆ 獨行懺法
- ◆ 梵網經戒品
- ◆ 引聲念佛
- ◆ 長音九條錫杖〔註13〕

上述「五箇大曲」其後皆有各自的傳人，有些大師所學再多，也只有學會二箇大曲而已。日本天臺宗也曾因為種種事故，幾乎在聲明學的傳承上斷絕了。

這種傳承斷絕的情形在良忍上人（1037～1132）努力下獲得了解決。他

〔註11〕請見《大正新修大藏經》第八十四冊（臺北市：新文豐出版有限公司，民國72年修訂版），頁864。

〔註12〕關於「音律口磬」，這是筆者自己取的名字，是一座木造架子，以黃鐘、大呂等十二音律，另加上其他音律（凡此皆加註日本律名），共有十六顆不同音聲的磬而結構成，用來作為聲明教學的樂器。

〔註13〕見天納傳中著，《天臺聲明概說》（日本：叡山學院，昭和63年8月1日發行），頁50～51。

復興了聲明，在京都大原一帶建立了來迎院（該地至今還在），在這裡發展了復興天臺聲明的事業，弘揚了天臺宗梵唄。他不僅向臺宗其他聲明傳人請教，遍學了圓仁所傳的「五箇大曲」，便學會了「臺密」的梵唄，使得天臺聲明復興了起來。

《元亨釋書》卷十一《感進篇》有良忍的傳記。良忍，尾州富田人（按：大約今天日本的愛知縣境內），「登叡山聞臺教於良賀，秉密灌於永意。」〔註14〕良賀與永意分別擔任他的顯教與密教的老師。承德開始（1097），良忍隱居在京都大原，創建來迎院，「夷基址作結界法」。有一天，一位異人來拜訪良忍，對他說：「師盍唱融通念佛乎？」良忍說：「何謂？」對方告訴他：

> 迴我所唱，融會眾人，眾人之唱，又通于我，是融通念佛也。其功踰，獨稱不可勝計。何以故？眾生無邊故。願師以此事勸誘四海，我又廣倡天神地祇耳（同註14）。

良忍問他是什麼人。對方說：「鞍馬寺毘沙門也。」說完就不見了。因此良忍上人就不斷提倡「融通念佛」的法門。又做了疏文勸大家都一起來念佛。天仁二年（1110）來迎院完成，良忍就在這裡提倡顯密之教，又提倡聲明梵唄。最後良忍上仁圓寂於天承二年（1132）2月1日，享年六十一歲。他曾經建立一屋宇放置藏經，命名為「如來藏」，所持誦《彌陀經》，常常放光。良忍提倡了天臺聲明，復興了天臺聲明而受到大家重視的原因，就是因為「常常放光」緣故。《元亨釋書》卷二十九《音藝志》就提到：

> ……忍事已見《感進傳》，自居大原魚山，盛唱此業。以為法事之莊儀。忍博索支派統于已，其受尋宴者五世，受瞻西者四世顯密聲明諸師，音訣皆能囊括。忍深于聲明，一日披唄策，畫墨譜，策中出光明。自此世推忍之業焉。繼其後者乏忍之感應，只受音韻。因是大原之地，成梵唄之場，方今天下言聲明者，皆祖于忍焉（同註14）。

是以我們就可以了解到，良忍上人是因為提倡念佛與梵唄而擅名於世。良忍大師為了學習所有的梵唄，不惜身命，到處拜訪當時擅長各種聲明的佛教前輩。同時他自己也十分努力投入。有一天就因為用功頗深，在註解梵唄音聲，繪製墨譜（也就今天所說的「博士譜」）之時，竟然「策中出光明」（筆者推想，這可能是良忍大師念佛工夫圓通所致，入了三摩地的關係），雖然後代並

〔註14〕見《古事類苑・宗教部》（日本：吉川弘文館出版），頁 353〜354。

沒有類似良忍的成就,但是魚山大原從此就以梵唄聞名於全日本。

四、日本天臺宗聲明事業發展的因素

　　繼承良忍大師以後的聲明事業者,就是被日本佛教天臺宗視爲重要的魚山聲明課誦本的,要屬家寬和尚的《聲明集(二卷抄)》與宗快和尚著作《魚山目錄》兩種,因爲這兩本書都位於天臺宗聲明發展的重要位置之上,即平安時期與鎌倉時代的聲明發展的見證。這兩位大師的努力之下,其後才有憲眞的《魚山六卷帖》集成,成爲現在天臺聲明的廣爲運用的聲明集。

　　但是聲明這樣的事業,事實上,音律受到的重視程度,遠比唄辭要來得高。到底音聲的流傳還是比唄辭來得重要些。日本佛教天臺宗聲明,筆者以爲甚有極高的研究價值所在,主要就是因爲關於日本佛教,皇室所頒佈對佛教僧人音律的規定之詔書。那就是《僧尼悔過音事》。

　　由於佛教傳來日本,受到宮中崇拜,皇室法會日益盛行,梵唄音聲就成了眾所矚目的焦點。日本皇室對於僧眾唱唸是非常重視的,早期佛教從日本傳來之際,早於元正天皇養老四年(721)便下詔書更正梵唄,特別從中國請來華籍法師,道榮與學問僧勝曉更正音律,並下了一道詔書昭告此事。《續日本紀》裡,關於更正聲明音律的詔書是這樣的:

> 詔して曰く、辭典の道、教は甚深に在り、轉經唱禮。先に恒規を
> 伝う——中略——この頃、或は僧尼自ら方法を出して、妄に別音
> を作す。遂に後生之輩をして積習して俗を成さ使む。肯て變正せ
> 不んは恐くは法門を汗(濫)さん事、是徒り始らんか。〔註15〕

此以後日本佛教便以中國來的這三位大師立下的唱唸標準作爲更正,其餘不相同唱法的梵唄就停止了下來。日本皇室後來從養老六年(723)開始,便規定京城附近所有寺廟,將齋會設爲常例。神龜元年(724)更設立了國家規模的關係《金光明經》的誦經祈福的法會,卻發生了梵唄混亂,雜意不齊的問題〔註16〕。在這一時代背景之下,日本派遣的留學生吉備眞備,在聖武天皇的天平七年(735)時將相關書籍,如《唐禮》、《大衍曆經》及最重要的「銅

〔註15〕原文應爲漢字寫成。但因未能閱讀原件,故採用天納傳中現代日文語譯。請見天納傳中氏著,《天臺聲明概説》(日本:叡山學院,昭和63年8月1日發行),頁45～46。

〔註16〕同註15,頁38。

律管」與《樂書要錄》等相關樂律的書籍帶來日本，此後日本音樂與聲明音樂的基礎就以這些書籍所說的樂理為基準。

此一時期由於日本國都是在奈良，故史稱「奈良時代」。奈良時代的日本皇室以舉辦國家級的大型法會為稱著。現行日本多種佛教法會，都成形於此時，然而最盛大的應推東大寺（在今天的奈良縣內）「大佛開眼」的法會。天平勝寶四年（752）夏天，東大寺的盧舍那大佛完成，舉辦「開眼法會」（即中國佛教之「開光法會」）。此一法會是由日本孝謙天皇親自主持，文武百官均到場參與。這場法會的法師，特別從唐朝請來了天竺法師菩薩遷那擔任開眼法師，超過一千位法師蒞臨會場誦經，場面莊嚴已極。

在此一法會之前，日本皇室就延請了從唐朝來的二位僧人，分別是天竺波羅門僧菩提，林邑僧佛哲法師與唐僧道璿來日本教授梵唄。這三人不止教授梵唄，同時還教授雅樂與舞蹈。其中日本雅樂最著名的「林邑八樂」是在這時候來自林邑僧人佛哲和尚教授的。所以日本佛教的皇室法會就此有舉辦有雅樂與梵唄並行的佛教法會。

然而在國家支持情況，日本皇室如此用心嚴整音律的情況之下，僧尼的唱誦還是有問題發生。最主要的就是有一些「哀、蕩、叫、吟，曲折萬態」的唱法出現，這些奇怪的唱誦方式，使得法會莊嚴氣氛遭到破壞，不堪入耳，有似我國鄭衛之風的靡靡之音。關於這件事情，《元亨釋書》在卷二十三有提到：

> 延曆二年（784）十一月敕日。梵唄讚頌雅音正韻，以則真乘，以驚俗耳。比來僧尼讚唱，動則哀蕩叫吟曲折萬態，似衒伎藝，頗近鄭衛。有司往諸寺告戒濫唱。〔註17〕

於是延曆二年（783），日本皇室再頒佈了一道詔書，重申過去的政策，頒佈了這道著名的《僧尼悔過用音事》來規定佛教梵唄音律的唱法。這道詔令的內容是這樣的：

> 止哀音可用正音事
> 仁弘太政官府
> 僧尼悔過用音事
> 右奉今月二十六日敕稱：修善之道，攝心為先，精進之行，正念為

〔註17〕見天納傳中氏著，《天臺聲明概說》（日本：叡山學院，昭和 63 年 8 月 1 日發行），頁 45～46。

本，比年之間，僧尼懺座，妄發哀音，蕩逸高叫，非但厭俗中之耳，

抑亦乖眞際之趣，如不改正，何肅淫門？宜仰有司遏彼濫唱。

延曆二年十一月六日〔註18〕

這道詔書《僧尼悔過用音事》當中的「悔過」是指「懺悔」，這是一道規定僧尼舉行懺悔法會時，要求僧人不可以「妄發哀音，蕩逸高叫」。不過，據筆者經驗，凡是參加懺悔法會，在懺悔過程裡「失控情況」，如呼天搶地哭泣的情況，是經常會發生的。蓋因懺悔的原理，就是來自因果，行懺者在儀式進行當中，隨著唸誦儀文，常常會憶起自己過去錯誤行爲，痛哭流悌情況是很自然的情況。懺悔儀式的目的，本來就是懺洗自身的業障，承認自己的錯誤，而在面對自身的過去罪業，往往會有不可自拔的情緒，進而生起厭離自己過去錯誤行爲，如貪、瞋、癡等的心。這是眞情流露的表現，也是懺悔法會儀式過程當中最感人的一面，眞正來說，就是懺悔法事的目的。然而唱誦本來的目的確實就是「修善之道，攝心爲先，精進之行，正念爲本」，或許日本皇室不是眞正了解懺悔法會發生這些「妄發哀音，蕩逸高叫」的現象是自然的事情，但莊嚴氣氛也是法會儀式不可或缺的。然而如此要求於僧眾唱唸的政令卻起了一個作用：聲明的聲曲講究樂理（稱之爲「音律」）的傳統日益發展，走出了與中國佛教梵唄不同發展格局，這是可想而知的。

　　這種來自平安時代流傳下來的詔書影響非常深遠的。到今天，日本佛教在皇室的支持下，對於梵唄聲明音律的研究從不敢鬆懈，歷代傳承許多關於音律的資料。就以大原這一帶來說，三千院是一個「門跡」（與皇室親王有關係的寺院）的高級寺院。這座寺院經常是舉行皇宮法會的所在，例如「禁中御懺法講」這樣的法會，原來是在京都皇宮仁壽殿舉行紀念天皇（稱爲「聖忌」）與皇后（稱爲「御忌」）的法會，從保元二年（1157）直至江戶末期（約於 1867）這段期間都在大原三千院舉行，是以大原地區寺院就與皇室有密切關係，於是就有了像寬文五年（1665）由梶井宮慈胤親王（二品僧）頒佈的《梶井宮定文》規定這一帶寺院的僧人要以聲明研究爲主要的事業〔註19〕。其內容如次：

〔註18〕 該書請見日本東京春秋社編集，《續天臺宗全書・法儀I》內第八號資料（日本：春秋社出版，平成8年3月17日一刷發行），頁453。

〔註19〕 請見天納傳中等四人共同編輯，《佛教音樂辭典》（日本：法藏館出版，1995年5月20日第一刷），頁29。

傳授事

一、寺中之住侶聲道之稽古不可有油斷也其外學問等可相勤

一、御門跡（江）五詳供等伺出詳者素絹五條袈裟可著用也徂敘之

　　伺出者必可著衣事

一、寺中面面弟子約諾筆者勘其俗姓　御門跡（江）遂一訴直已後

　　可相究事

一、聲明之指南或就法事於他行者　御門跡（江）可被申上者也雖

　　爲自分之用必可被申上事

　　右　一之條條旨可被堅相守也

　　此趣依　御門跡仰之所錄如件

　　寬文五乙巳年十二月日

　　山本兵部卿　花押

　　寺家宮內卿　花押

　　勝林院　寺中〔註20〕

筆者在大原參訪時，曾見到這些規定被刻於石碑之上。前述規定文內之「（江）」，筆者推想應是指「江文大明神」之神社。從以上述規定中，我們不難看到，宮中對於魚山大原寺院的管制嚴格。比較重要的是：該規定指出魚山大原寺院的聲明考證與研究工作不可以間斷（不可有油斷）。在勝林院中，該地擁有十分完整的傳承歷史資料，推想應與規定（第三條）有關，該條規定，寺中聲明相傳弟子的輩份、俗姓等等，都必須向「御門跡」（即三千院）報告，御門跡則要向宮內報告。而還有第四條規定，魚山大原一帶寺院，由於是屬於宮內相屬寺院，若將寺內聲明相關指南書籍送給其他宗派僧人，必須向御門跡取得許可才行。這條原來是對於魚山地區僧人投入淨土眞宗本願寺聲明制定，出於限制使用魚山地區天臺宗聲明情況的考慮。〔註21〕

　　從以上資料，我們可以知道，日本佛教天臺宗，魚山大原一帶寺院自古以來受到皇室規定佛教音律使用，及再加上梶井宮慈胤親王頒佈的《梶井宮定文》限定下，魚山聲明的變遷可說是受到了限制，但同時對於古代聲明的保存也獲

〔註20〕見天納傳中氏著，《天臺聲明概說》（日本：叡山學院，昭和63年8月1日發行），頁88。

〔註21〕見天納傳中氏著，《天臺聲明概說》（日本：叡山學院，昭和63年8月1日發行），頁89。

得了保障。對於研究古代中國佛教梵唄來說，這不能不說是一項福音。

第三節　《魚山聲明集》的編成與《魚山聲明集》的版本考證

一、魚山聲明的集成

　　誠如前面所說，《魚山聲明集》事實上就是一本課誦本。事實上，它並不是第一本課誦本。早於《魚山聲明集》以前是有其他的梵唄集的。根據澀谷亮泰的《昭和現存天臺書籍綜合目錄》提出，至少有《大源聲明集》（文政八年大源山藏版，即 1826 年版）、《聲明集》一帖（圓融藏聲明書）等等。然而被日本佛教天臺宗視為重要的魚山聲明課誦本的，要屬《聲明集（二卷抄）》與《魚山目錄》兩種，因為這兩本書都位於天臺宗聲明發展的重要位置之上，即平安時期與鎌倉時代的聲明發展的見證。

　　天納傳中在《天臺聲明概說》當中提到，在《魚山聲曲相承血脈譜》明白的記載，繼承天臺宗聖應良忍上人的天臺聲明的復興事業者，是勝林院本家的永緣上人與在後白河院傳授聲明的家寬和尚。其中家寬和尚完成了《聲明集（二卷抄）》〔註22〕。就是後來與《魚山聲明集》內一模一樣的《魚山六卷帖》母本。這是日本佛教天臺宗最重要的聲明集之一，由於該書成於承安三年（1173），是屬於平安時代末期的作品。

　　這本《聲明集（二卷抄）》分為上、下二卷，內容以法會性質分類，其目錄是這樣的：

【卷上部份】

　　《講演音用》：三禮、如來唄、始段唄、中唄、行香唄、散華、梵音、
　　　三條錫杖、梵音佛名、佛名、六種、伽陀

　　《涅盤音用》：悲願讚、哭佛讚、法華讚嘆、舍利讚嘆

　　《灌佛音用》：灌佛頌、釋迦合散

　　《天臺供音用》：穀禮詞、勸請、佛名

　　《羅漢音用》：穀禮詞、勸請、佛名、文殊合煞、文殊讚

〔註22〕請見天納傳中教授著，《天臺聲明概說》（日本：叡山學院，昭和 63 年 8 月 1 日發行），頁 65。

《顯教音用》：讀肴對揚、發願、四弘、勸請、對揚、毀形唄、梵唄、
九條錫杖、切音

《密教音用》：四智讚（梵語）、云何唄、五讚、心略、諸天讚（漢
語）、吉慶（漢語）（梵語）、乞戒偈、授地偈、三力偈、警覺眞言、
阿彌陀密讚。

【卷下部份】

《修正唱禮音用》：穀禮頌、供養文、梵唄、後唄、三禮、七佛通偈、
黃昏偈。散華樂、四奉請、甲念佛、合敬、迴向、初夜偈、九散
念佛。

《大導師音用》：禮佛頌、三二相、伽陀、佛名、教化、謢誓、揚勸
請、六種佛名、迴向。

《六時音用》：供養文、如來唄、散華、大懺悔、初夜偈、教化、迴
向。

《佛名音用》：勸請、經揚題、拜經、御前頌、九條錫杖、百石讚。

《布薩音用》：浴籌頌、迴向頌、慶賀偈、散華頌。

《引聲音用》：散花樂、四奉請、甲乙念佛、七五三、迴向。

《三十五三昧勸請》：十二禮、亦禮拜辭。〔註23〕

《聲明集（二卷抄）》裡大大小小共有二百四十曲。可以算是日本佛教天臺宗
大原一帶最早集結而成的諜誦本。由於日本從唐代以來，與中國交流密切，
到了公元894年遣唐史廢止，這段期間再也沒有輸入新的中國佛教文化，《聲
明集（二卷抄）》成書於平安末期，這告訴我們，自894年以來遣唐使廢止以
來到公元1181年間，日本佛教天臺宗使用的梵唄概況。

　　次於《聲明集（二卷抄）》的聲明目錄，就是嘉禎四年（1238）閏二月九
日宗快和尚撰寫的《魚山目錄》。《魚山目錄》收錄了一六二曲，其內容並非
唄曲收集，而是唄曲的旋律，稱之爲「博士圖」的著錄。這本書成於鎌倉時
代（1182～1333）中葉，由於鎌倉時代是日本佛教史上一個重要的時代，從十
二世紀起，日本佛教的聲明流行「和义聲明」，佛教開始日本本土化〔註24〕。

〔註23〕該書請見日本東京春秋社編集，《續天臺宗全書・法儀I》內第八號資料（日
本：春秋社出版，平成八年3月17日一刷發行），頁3、34。

〔註24〕片岡義道〈佛教音樂的源流及其發展一兼論日本佛教音樂現況〉，該文收錄於
《世界佛教名著譯叢91》之高楠順次郎等著《佛教藝術——音樂、戲劇、美
術》（臺北縣：華宇出版社，佛曆2532年6月初版），頁22。

同時對天臺宗而言，從良忍——家寬——智後——湛智下來是天臺聲明音律樂理的形成時期〔註25〕，因此這本書可以作日本佛教聲明本土化情形的觀察指標。

今將宗快的《魚山目錄》內容錄茲如下：

【卷上部份】

顯宗

《講演》：始段唄、始段唄（秘）、中唄、行香唄、散華、梵音、三條錫杖、對馬三禮如來唄、伽陀、六種

《六時作法》：六時供養文、同如來唄、同散華、大懺悔、初夜偈、教化、迴向

《五佛頂教化》：同敘寂光已下

《阿彌陀佛悔過》：阿彌陀佛悔過

《千手教化》：千手教化供養文、同如來唄、同散花、乞咒願詞、同南無清淨法界等、同南無千光等、廣大圓滿等、同白拂三昧等、千眼照見等、同我今已下

大懺悔、初夜偈

《修正唱禮導師》：修正唱禮穀禮頌、同乞唄詞、同唄開唱詞、梵唄、同乞咒願詞、同咒願、同唱禮、同懺悔發願、一切普念、後唄、發願等

《例時》：漢音三種、七佛通戒偈、六時偈、短聲散花樂四奉請、甲念佛、合殺、切音迴向、九聲念佛、大懺悔、短聲阿彌陀經

《懺法》：勻法穀禮三寶、奉請、唯願、敬禮、六根段、四悔、供養文、乞咒願詞、十方念佛、經段、後唄、懺法梵唄、六根段獨行樣

《布薩》：浴籌頌、迴向頌、慶賀偈、散華頌

《涅盤講等》：哭佛讚、彌勒悲願讚、釋迦合殺、法花合殺、彌勒合殺、舍利讚嘆、法花讚嘆

《佛生會》灌佛頌

《九條錫杖切音》九條錫杖切音

〔註25〕請見天納傳中教授著，《天臺聲明概說》（日本：叡山學院，昭和63年8月1日發行），頁67。

【卷下部份】

顯宗

《引聲》：引聲散花樂、甲念佛、乙念佛、引聲阿彌陀佛、七五三、
合殺、引聲迴向、後唄

《天臺大師供》：天臺大師供毀禮詞、同勸請、同佛名、教化後禮拜
詞、六種後佛名、迴向、天臺大師畫讚、同畫讚、僧讚

《十六羅漢供》：十六羅漢毀禮詞云何唄、同勸請、同佛名、同讚、
文殊漢語讚

《佛名》：佛名勸請、同經題、同梵音佛名、同拜經、同梵音佛名、
御前頌、九條錫杖、百石讚

《諸顯宗》：讀經對揚、顯教對揚、講演勸請、發願、四弘、二十五
三昧勸請、十二禮、禮拜詞

密宗

《兩界讚》：四智梵語讚、四智漢語讚、修正後加持發願、云何唄、
散花、對揚、供養文、唱禮、諸尊唱禮、九方便、金界五悔、大
讚、佛讚、普賢讚、百字讚、百八讚

《諸密宗》：授他偈、三力偈、驚覺眞言、四智讚、云何唄、毀形唄、
乞戒偈、同勸請、長音供養文、灌頂唱禮

《五讚》：佛讚、法讚、僧讚、蓮花部讚、金剛部讚

《諸讚》：心略讚、阿彌陀佛、諸天漢語讚、吉慶梵語讚、吉慶漢語
讚

《極樂聲歌》：極樂聲歌

根據《佛教音樂辭典》的說法：《魚山六卷帖》是從《聲明集（二卷抄）》抄出
整理編成六個部份：「講演音用、切音錫杖、曼荼羅供音用（兩界音用）、灌頂
音用、普賢讚與灌中音」整理刊行，憲眞和尙所抄出的《六卷帖》是在應該是
十七世紀半後，是目前《魚山六卷帖》最早的版本（還有另外一個版本「宗淵
版」，作於文化十三年，1817）〔註26〕。既然《魚山六卷帖》是從《聲明集（二
卷抄）》抄出整理編成六個部份，那麼《魚山目錄》就可能是在憲眞和尙整理《魚
山六卷帖》過程中重要的參考書籍，因爲該書當中有每一條聲曲的「博士圖」，

〔註26〕請見天納傳中等四人共同編輯，《佛教音樂辭典》（日本：法藏館出版，1995
年 5 月 20 日第一刷），頁 304。

是聲明音律最重要的根據。我們從《聲明集（二卷抄）》內僅有唄辭旁邊的曲線譜，及《魚山目錄》內所收錄各聲曲的「博士圖」當中就不難想像，《魚山六卷帖》內的結構，是曲線譜加上「博士圖」，應該是參考了這兩本書而抄寫出來的。

然而，有一點很值得注意的是：《聲明集（二卷抄）》、《魚山目錄》與《魚山六卷帖》三者收錄的法會內容都不太相同。大抵上，《聲明集（二卷抄）》是以法會類別，如《講演音用》之類的《某某音用》作為歸類性的目錄，而《魚山目錄》則以該法會名稱作為目錄，如《天臺大師供》之類的編目。兩者是應該是有內在關係存在，但由於筆者缺少魚山聲明使用的法會之詳細內容，及相關的法本，所以無法解答這個問題。至於《魚山六卷帖》確信是抄自《聲明集（二卷抄）》，為什麼不抄得完整，而要抄得如此概略呢？這是一個值得深思的問題。

此外，還有一個問題就是：從《聲明集（二卷抄）》與《魚山目錄》來看，曲目上，顯宗聲明種類多於密宗聲明，這說明了日本佛教天臺宗至少在鐮倉中葉以前是重視顯宗聲明，或是顯宗法會種類較多，然而到了《魚山六卷帖》的時候，六卷中卻只有兩卷的顯教聲明，其餘部份都是密教聲明。這也是值得深入探討的課題。

然而就筆者目前手上資料，無法解答這些問題，因為要解答這些問題必須詳細閱讀大原勝林院的藏書「魚山叢書」，仔細比對過各個法會法本之後，才能作一個比較精確的解答。或者日人已有相關研究，而筆者沒有及時閱讀者，凡此皆請各方賢達不吝賜教。

二、《魚山聲明集》的版本與撰作年代的考證

從《大正新修大藏經》裡，看得出來《魚山聲明集》是手抄稿（如圖），共有十一頁。筆者起初發現時，非常的高興，然而看到頁面印刷模糊不已，不僅字體不大，旁邊註上的曲線（樂譜）更是非常的不清楚，是非常不理想的版本，筆者正待要查證有無其他版本，想不到《大正新修大藏經》第八十四冊內該書首頁（頁813）的下方僅註解了「魚山版本」就沒有其他註記了。由於收錄《魚山聲明集》的該冊《大正藏》註記其他書籍版本都十分清楚，如《魚山私鈔》，該書下方就註記十分清楚：「正保三年刊高野山大學藏本」[註27] 很容易就得知

〔註27〕 請見《大正新修大藏經》第八十四冊（臺北市：新文豐出版有限公司，民國72年修訂版），頁825。

其年代與藏書處，唯獨《魚山聲明集》的版本因註記不明，因此《魚山聲明集》的版本與年代就成了一個謎團。

（一）關於《魚山聲明集》的版本與成書的年代

然而這個謎團終於在民國 86 年有了解答的契機。民國 86 年，受到日本中央大學友人們的邀請前往訪問，期間筆者在東京神田神保町書店街訪得相關資料，大山公淳撰寫的《仏教音樂と聲明》（日本大阪府：東方出版株式會社）及東洋音樂學會編的《仏教音樂と研究》，閱讀之後才知道「魚山」就在京都的大原。遂計畫前往京都實地調查。民國 87 年元月正式前往天臺宗「魚山聲明」的根本道場大原三千院及附近的實光院等寺院訪問，才了解所謂的「魚山版本」是指藏於大原三千院一帶寺廟，特別是大原勝林院內所收藏的「魚山叢書」的版本。〔註28〕

筆者原以為「魚山聲明」與曹植「魚山梵唄」有關，若能夠證明，那麼或許曹植的魚山聲明就能夠再現於世，然而在訪問了京都大原之後，才知道「魚山聲明」並非與曹植的「魚山梵唄」有關，反而發現了當中記錄的是純正的天臺宗梵唄。

但是關於《大正藏》內的《魚山聲明集》，岩田宗一教授和天納傳中教授，兩位日本學者也不清楚這本書的年代。後來民國 87 年中，筆者授業釋師悟觀教授提供了日本天臺宗佛典目錄專家，澀谷亮泰所編的《昭和現存天臺書籍綜合目錄》，當中就提到了《魚山聲明集》一書，筆者才了解這本書是來自日本佛教另一個宗派真言宗處所。就澀谷亮泰對於該書的記錄：「高野山清淨心院橋爪坊快遍」這說明了該書是日本佛教真言宗總本山，高野山的「快遍和尚」所鈔的。並且說明該書的樣式是古老的「古寫本」，樣式屬於「大和綴」式。澀谷亮泰又稱：「大原江文大明神一代別當勝林院實光坊民部卿へ形見」，說明了該書鈔自大原勝林院「實光坊」之處，並說明目前該書收藏於滋賀縣大津市天臺真盛宗道場西來寺內。〔註29〕

〔註28〕所謂的《魚山叢書》是藏在京都大原魚山寺勝林院當中一百八十六冊關於佛教天臺宗的叢書，包含了不少的聲明書目。該叢書分為「眼、耳、身、意」四大類別。其中《眼》的部份有三十五冊，《耳》的部份有九十二冊，《身》的部份有二十八冊，《意》的部份有三十一冊。該叢書於日本文政年間到嘉永年間（1817～1854），由覺秀和尚編訂而成。資料請見澀谷亮泰編之《昭和現存天臺書籍綜合目錄・下卷》（日本：法藏館出版，平成5年5月10日二刷），頁941。

〔註29〕以上資料請見澀谷亮泰編之《昭和現存天臺書籍綜合目錄・下卷》（日本：法

　　就澀谷亮泰的記錄，筆者的分析與考辨如次：

　　1. 按澀谷亮泰亮所記錄的《魚山聲明集》是來自「高野山清淨心院橋爪坊」，並說明完整的資料，如樣式，並說明該書收藏的位置等等相關資料，是比較可信的。

　　2. 再從《魚山聲明集》旁的註記「大原江文大明神一代別當勝林院實光坊民部卿へ形見」，顯見《大正新修大藏經》著錄下的「魚山版本」，應該就是指「勝林院」的藏書是沒有錯的。

　　3. 再由天臺宗大僧正天納傳中所著《天臺聲明概說》及魚山大原寺三千院傳人小堀光詮和尚並未提到《魚山聲明集》一書。又從澀谷亮泰的記錄，顯見《魚山聲明集》應非在天臺宗聲明目錄之內，儘管內部與天臺宗現行《魚山六卷帖》完全一樣，可能是外人來鈔去。

　　4. 至於《魚山聲明集》的撰寫年代，我們可以從澀谷亮泰註記的「大原江文大明神一代別當勝林院實光坊民部卿へ形見」可以考察得出《魚山聲明集》寫成的大約年代：

（1）上述記錄當中寫下了勝林院的「實光坊」，根據《兩院僧坊歷代記》的記錄：「實光坊」是創於室町幕時代的「永正年間」（1504～1520），到了江戶幕府時代的「正德六年」（1716）才改坊號爲「實光院」。而所謂的「民部卿」是當時的實光坊住持，祐眞和尚的「假名號」。〔註30〕

（2）《兩院僧仿歷代記》說他曾經在「江文社」神社擔任主持（從天正十三年（1584）到慶長七年（1603）），這「江文社」應該就是澀谷亮泰記錄的祀奉「大原江文大明神」的神社，祐眞和尚應該是該神社第一代的住持。祐眞和尚在寬永元年（1624）年十月十二日圓寂，享年八十八歲。故《魚山聲明集》應該在他擔任「江文社」與「實光坊」兩處住持期間就已經看到，也就是1584年到1603年之際。換言之《魚山聲明集》至少在1603年以前就已經被寫下來了（同註30）。

（3）根據《佛教音樂辭典》的說法：承安三年左右（1173年左右）日本佛教天臺宗家寬和尚受到後白河法皇的請求，作《聲明集（二卷抄）》。而《魚山六卷帖》是從《聲明集（二卷抄）》抄出整理編成六個部份：「講演音

藏館出版，平成5年5月10日二刷），頁944。

〔註30〕該書請見日本東京春秋社編集，《續天臺宗全書・法儀I》內第八號資料（日本：春秋社出版，平成8年3月17日一刷發行），頁498。

用、切音錫杖、曼荼羅供音用（兩界音用）、灌頂音用、普賢讚與灌中音」
整理刊行，而大原淨蓮華院的憲眞和尚所抄出的《六卷帖》應該是最早
的版本〔註31〕。根據附於《續天臺宗全書‧法儀I》當中的《解題》第2
頁（兩書獨立，但《解題》附在夾在封面與糊蝶頁之間），擔任《聲明集
（二卷抄）》的校對工作的天納久和先生說法：《魚山顯密聲明集略本》
（也就是《魚山六卷帖》）十七世紀半後，憲眞從《聲明集（二卷抄）》
抄出，即憲眞版《魚山六卷帖》。查《兩院僧仿歷代記》記載：憲眞和尚
是寬永十六年（1640）得度，是以大致上符合天納久和之說，約在十七
世紀半以後，憲眞才從《聲明集（二卷抄）》抄出《魚山六卷帖》。但是
就此來看，顯然《魚山聲明集》出書時代早于「憲眞版」的《魚山六卷
帖》。觀察兩書的內容完全一致的情形來看，似乎是《魚山六卷帖》抄
自《魚山聲明集》，而非一定得自《聲明集（二卷抄）》才對，天納久和
的看法與澀谷亮泰的記錄看似矛盾的。

　　然而天納傳中教授指出，由於《魚山六卷帖》的最後一卷，即第六卷末
有憲眞和尚的註記：

　　　魚山大原寺南房淨花院者良忍上人
　　　閭基本坊聲道嫡流相承所也奧以中興
　　　良雄僧正墨譜令摸寫訖
　　　聲室當住　憲眞〔註32〕

　　這說明《魚山六卷帖》的流傳遠可溯及到「南房」的僧正良雄，良雄圓
寂於應永二八年（1422）。顯示了至少在1422年以前，《魚山六卷帖》的模樣
已經存在，憲眞和尚是模倣良雄的墨譜抄寫《魚山六卷帖》。這樣看來，《魚
山聲明集》可以說是抄自《魚山六卷帖》。但有趣的是，天臺宗聲明的傳承上，
從未看到《魚山聲明集》的記錄，僅見《魚山六卷帖》的流傳。但從很少見
到岩田教授與天納傳中大僧正的著作裡提到《魚山聲明集》相關事情的論文
與著述來看，這顯示了《魚山聲明集》一書似乎在日本佛教天臺宗聲明歷史
上有一段隱諱的史實。

〔註31〕　請見天納傳中等四人共同編輯，《佛教音樂辭典》（日本：法藏館出版，1995
　　　　年5月20日第一刷），頁304。
〔註32〕　請見平成元年（1989）3月29日復刻的勝林院版《魚山六卷帖》（日本：大原
　　　　寶光院發行），頁157。

5. 根據澀谷亮泰的記錄，該書是由高野山僧人從勝林院實光坊這裡抄去，這說明了爲何天臺宗的聲明根本道場大原的勝林院藏的「魚山叢書」沒有見錄，及三千院主持小堀光詮和尚與天納傳中教授的著作沒有提到這本書的原因。這本書也提供了筆者一個想法：《大正新修大藏經》所收藏聲明方面的書籍，似乎都來自日本佛教眞言宗提供的資料：即如屬於天臺宗的宗快撰作的《魚山目錄》（頁 843，高野山普門院藏本）、《大原聲明博士圖》（頁 849，櫻池院藏寫本）等書，餘如《聲明源流記》、《音曲祕要抄》並未注明何處版本，僅注明年代。筆者推想，這些屬於天臺宗聲明的聲明論述，並非來自天臺宗，極可能來自眞言宗高野山方面的資料提供。在《魚山聲明集》澀谷亮泰的註爲「高野山清淨心院橋爪坊」的理由，因爲是高野山僧人鈔去，故天臺宗「魚山叢書」沒有著錄，或許就是這樣原因的關係。

綜上而言，從過去日本佛教天臺宗典藉並未提及該書，與現在的天臺聲明學者及重要的大德都沒有提到的情況之下，《魚山聲明集》在日本佛教天臺宗來說，是一本神祕的聲明集。由澀谷亮泰的記錄中，再從上述的考辯當中，可以知道在 1603 年以前就看到的《魚山聲明集》，應該是抄自《魚山六卷帖》的母本（至少在 1172 年左右）。或許《魚山聲明集》是一本流落在日本佛教天臺宗以外的《魚山六卷帖》。這樣說應該是不爲過的。

（二）內容與《魚山聲明集》完全一樣的《魚山六卷帖》

民國 87 年元月的往訪，本來希望在京都能夠揭開《魚山聲明集》的謎底，好歹也要把清晰的《魚山聲明集》帶回來，然而京都的岩田、天納兩位教授並不能解答，回國後才知道澀谷亮泰的說法。不過在大原實光院，天納傳中大師倒是提出了相關書籍——實光院所珍藏的《魚山六卷帖》，其內容與《大正藏》收錄的《魚山聲明集》內容一致，並很清楚顯示了其音律內容，是非常好的參考書，正好彌補了《魚山聲明集》版面模糊的問題。《魚山六卷帖》大約成立於文化十三年（1816），是現行日本天臺宗聲明重要依據，也是實際演出的課誦本根據。〔註33〕

先前筆者僅有《續天臺宗全書・法儀 I》當中的《魚山六卷帖》版本。民國 87 年，京都大谷大學岩田宗一教授贈送筆者一本《魚山六卷帖》復刻本，該本並仿照京都大原勝林院收藏原來的版本印製，在書名頁上正題爲：《魚山

〔註33〕該書請見日本東京春秋社編集，《續天臺宗全書・法儀 I》內第八號資料（日本：春秋社出版，平成 8 年 3 月 17 日一刷發行），頁 110。

顯密聲明集略本》，下附：《魚山六卷帖》。根據魚山三千院門跡第六十一代住持小堀光詮表示，這本《魚山六卷帖》是天臺聲明的根本原典〔註34〕。經過筆者仔細對照這本書與《魚山聲明集》，發現收錄曲目一樣，連曲目標題下面的小字註記全部相同。而天納教授與岩田教授等人編輯的《佛教音樂辭典》當中也認定《魚山六卷帖》與《魚山聲明集》內容相同這一點〔註35〕。因此本研究所採用的《魚山聲明集》版本，是以《魚山六卷帖》來佐助研究的。

〔註34〕小堀光詮爲《魚山六卷帖》撰寫的《序》當中提到：「天臺聲明の根本原典ともいえる「六卷帖」……」見《魚山六卷帖・序》（日本：魚山大原寺實光院印製，平成元年3月29日發行）。

〔註35〕請見天納傳中、天納傳中、岩田宗一、播磨照浩與飛鳥寬栗四人合編之《佛教音樂辭典》（日本：法藏館出版，1995年5月20日初版一刷），頁60。

第八章 《魚山聲明集》的內容及其音律學

第一節 《魚山聲明集》內容的分類

前面提到，從《魚山聲明集》看來，我們可以理解這是一本日本佛教天臺宗的「課誦本」。筆者前面也提到過，佛教的修行法門，特別由六朝，乃至隋唐以後誦經風氣大為盛行，大部分宗派都以誦經作為主要的修行法門，或以誦經作為主要修行法門的佐助法門（如禪宗）。如此看來，一宗一派的思想，其實在該的梵唄最能展現其風格。就以《魚山聲明集》來說也是如此，日本佛教天臺宗，與中國佛教天臺宗最大的不同點，就是日本佛教天臺宗特別吸收了當時唐朝的密的思想和法門，收納為自家宗派之下，成為「臺密」，這是日本佛教天臺宗最特別的地方。然而，觀天臺宗在中國已經發展出完整的判教體系，蓋密教體系歸入教相之下並非難，並非該宗的主流思想。這與日本另一派以密教為主的真言宗形成大異其趣的對照。

日本佛教的天臺宗，主要有三種修行法門：首先是中國佛教天臺宗的傳統，懺儀與四種三昧的修行方法；次為從五臺山傳來的念佛法門，再來就是天臺密教。由於密教在佛教思想體系而言，是屬於較龐大而複雜的部份，限於學力，在此為範圍限定，密教部份略而不談。

前面筆者說明《魚山聲明集》是一本誦課本。而大原實光院曾經將《魚山六卷帖》六卷，仿照古本（大原勝林院藏版）重新出版，內容是與《魚山

聲明集》完全一樣，連編排方式也完全相同，故我們可以《魚山六卷帖》的編排來觀察。就《魚山六卷帖》的目錄來看，《魚山六卷帖》就是以「法會名目」來作爲主要編排方法。這六卷的內容情形大致如次：

1. 魚山集略顯宗上　四箇法用
2. 魚山集略顯宗下　切音錫杖
3. 魚山集略密宗上本　兩界讚
4. 魚山集略密宗上末　普賢讚
5. 魚山集略密宗下本　灌中音
6. 魚山集略密宗下末　云何唄

上述資料爲大原勝林院藏版之《魚山六卷帖》原來的目錄。由於《魚山六卷帖》由於《魚山聲明集》內容完全與《魚山六卷帖》相同，故《魚山聲明集》的編排方式就是以法會爲主。然而，就課誦本編排而言，佛門課誦本通常都以法會常用讚偈方式來編排，這是因爲佛教的法會，儀軌，就是由各種不同儀節組成。這些儀節是活動的，不是每個法會都有不同儀節，有些儀節是所有的法會共有的，像是「供養」、「迴向」、「發願」之類的儀節是幾乎所有的法會都會有的，因此佛門課誦本往往以部份幾個法會的全部，或重要儀節的唱誦，將它們編排上去，僧團的僧侶就以此來作爲練習，熟練幾個常用曲子後，就可以派上所有的法會運用。這是因爲佛教法會的結構都有類似之處，課誦本的角色就是提供基本梵唄，其餘特殊的梵唄，如中國佛教著的的《瑜珈施食》這種特殊法會，則可能在該法會或儀軌使用的法本上才會記錄。因此課誦本的功能僅僅提供該宗派常用的各種梵唄曲目。

就《魚山聲明集》而言，以法會作爲分別來編排，這說明了該書當中，日本佛教天臺宗常用的梵唄就是這樣的，茲將《魚山聲明集》內容，佐以《魚山六卷帖》編目方式，敘述如次：

1. 【顯宗・上】：四箇法要用（筆者按：顯宗用聲明）

　《始段唄》、《中唄》、《散華》、《梵音》、《三條錫杖》、《佛名》

　《伽陀》（有五條，分別以首句來著錄）

　《我此道場如帝珠》、《敬禮天人大覺尊》、《願以此功德》、《如來舍利》、《和光同塵八》

　《法華讚嘆》、《佛名》、《教化》

2. 【顯宗・下】：切音錫杖

《九條錫杖》、《八句念佛》、《三禮》、《如來唄》、《六種》、《後唄》

3. 【密宗・上本】

　甲、胎藏界（按：胎藏界法會使用）

　《四智讚》（梵語）、《四智讚》（漢語）、《云何唄》、《散華》、《對揚》、《供養文》、《唱禮》

　《九方便》（有九首，分別以讚偈開頭二字命名）《作禮……》、《出罪……》、《皈依……》、《施身……》、《發願……》、《隨喜……》、《勸請……》、《奏請……》、《迴向……》

　《大讚》、《佛讚》（付《四智讚》）

　乙、金剛界（按：金剛界法會使用）

　《供養文》、《唱禮》

　《五悔》（有五條，以讚偈開頭二字）《作禮……》、《懺悔……》、《隨喜……》、《勸請……》、《發願……》

　《百家讚》、《百八讚》、《合行唱禮》、《四智讚》（梵語）

4. 【密宗・上末】：普賢讚

　《普賢讚》、《灌頂唱禮》（有《胎藏界》、《金剛界》、《合行》三首）

　《諸天漢語讚》（有三條）《勸請》、《供養》、《發遣》

　《吉慶漢語讚》、《吉慶梵語讚》、《乞戒偈》、《心略讚》、《僧讚》

　《諸天漢語讚》（有三條，按：出音之律不同）

　《勸請》、《供養》、《發遣》

　《四智讚》（漢語）

5. 【密宗・下本】：灌中音

　《普賢讚》、《阿彌陀佛讚》、《法讚》、《蓮華部讚》、《金剛部讚》、《授地偈》、《三力偈》、《驚覺真言》

6. 【密宗・下末】：云何唄

　《云何唄》、《毀形唄》

由上可知，《魚山聲明集》的收錄唄曲是有「顯教」與「密教」兩部份。這說明了日本佛教天臺宗兩種最重要的修持法門的分類。同時我們也可以了解到上述這些都是日本佛教天臺宗的常用梵唄曲目。大概所有的日本佛教天臺宗都以上述這些法會作為代表，只要熟悉這些梵唄，大部分的梵唄都可以熟練，應用自如。這裡有一個問題：有同樣的梵唄聲曲，諸如於《散華》在

顯教、密教法會中都會出現，《云何唄》在密宗法會當中出現兩次，是什麼原因呢？這是因爲它們所使用的音律不同緣故。如《散華》在顯教是「呂曲」屬於「平調調」，出音（發音第一個音階）是「徵音」，但是到了密教《散華》也是屬於「呂曲」，可是屬於「黃鐘調」，出音是「宮音」。相同的情形，《云何唄》在密教「胎藏界」部份是並不著錄調名，但注明「呂曲」，出音宮。而在最後一卷的「云何唄」則是屬於「黃鐘調」，出音是「宮音」。這顯示了，日本佛教天臺宗非常重視音律，並以音律區分作爲重要的項目。

第二節　《魚山聲明集》顯教部份梵唄內容的研究

從第一節當中，我們可以明白《魚山聲明集》所載錄的梵唄內容，現將唄辭及相關研究付之，茲列諸於後。在此說明，本研究僅限定於顯教梵唄研究，故從本研究開始都以顯教梵唄音聲教理做主要的說明，關於《魚山聲明集》的密教部份雖然不少，但因所牽涉密教教理，礙於學力不足，故僅此割愛，後續研究，則有待來日。

因爲國內蒐羅《魚山聲明集》相關資料非常不易，故所引用的大部分是屬於天納傳中等四人共同編輯《佛教音樂辭典》（日本京都：法藏館出版，1995年5月20日第一刷）內資料爲主，另加上筆者部份研究心得，放入【筆者按】之中，故此特別說明。

1. 《始段唄》
調式：雙調，呂曲，出音徵。
唄辭：如來妙色身，世（下接中唄）。
出處：其偈語出自《勝鬘經》，釋迦嘆佛頌（《大正藏》第十二冊，頁217）。

2. 《中唄》
調式：雙調，呂曲，出音徵。
唄辭：（上接始段唄）間無與等，無比不思議，是故今敬禮。
出處：同第一曲。
【筆者按】：前二曲組合起來是同一首曲，這曲「如來妙色身」與圓仁傳記當中的「如來色無盡」〔註1〕（《魚山聲明集》稱之爲《如來唄》）是同一曲

───────────

〔註1〕請見白化文、李鼎霞、許德楠聯合校註，周一良審閱，《入唐求法巡禮行記校

調（三曲都是「雙調」，呂曲，出音「徵」）。這三曲其實是同一出處的，在前面（第六章第四節中）我們可以但見，在敦煌禮懺文中是有的，這說明這三曲《始段唄》、《中唄》與《如來唄》是從中國傳來的曲目。關於這兩首唄曲，根據《聲道及見隨聞錄》說：因為勝鬘夫人著座，頌此唄，故因此後世便用來作為「著座」用梵唄。〔註2〕

3. 《散華》

調式：雙調，呂曲（乙樣）。

唄辭：願我在道場，香華供養佛。

天地此界多聞室，釋宮天處十方無，丈夫牛王大沙門，尋地山林遍無等（《釋迦散華》）。

藥師琉璃光如來，大慈大悲照光明，良與法藥施眾生，故我稽首琉璃光（《藥師散華》）。

香華供養佛

願以此功德，普及於一切，我等與眾生，皆共成佛道。

香華供養佛

出處：上段其偈語出自《金剛頂經》，中段「釋迦散花」出自《俱舍論》十八，「藥師散花」出自《藥師如來本願經》，下段出自《妙法蓮華經》卷三《化城喻品第七》。

【筆者按】：這首唄曲《散華》分成三個部份，首一部份是從「願我在道場，香華供養佛」，中間是「天地此界多聞室」到「尋地山林遍無等」是屬於《釋迦散華》，而從「藥師琉璃光如來」到「故我稽首琉璃光」是屬於《藥師散華》。最後一部份則是「願以此功德」。圓仁在中國曾經在山東「赤山法華院」的「新羅一日講儀式」當中聽過《散華》〔註3〕。該曲是用來供養佛菩薩的聲曲。這首是顯教用的《散華》，另有密教用的《散華》，亦收錄於《魚山聲明集》內。

4. 《梵音》

調式：平調，律曲，出音羽。

註》（河北：花山文藝出版社，1992年9月一刷出版），頁70～72。原文很長，此僅節錄相關部份。

〔註2〕該資料請見日本東京春秋社編集，《續天臺宗全書‧法儀I》（日本：春秋社出版，平成8年3月17日一刷發行），頁391。

〔註3〕請見《入唐求法巡禮行記校註》，頁192。

唄辭：十方所有勝妙華，普散十方諸國土，是以供養釋迦尊，是以供養諸
如來，出生無量寶蓮華，其華色相皆殊妙，是以供養大乘經，是以
供養諸菩薩。

出處：其偈語出自八十卷本《華嚴經》卷十四《賢首品》（《大正藏》第十
冊，頁 74）。

【筆者按】：這曲通常用在法會「四箇法要」〔註4〕當中，用吳音讀誦。

5. 《三條錫杖》

調式：平調，律曲，出音商。

唄辭：手執錫杖　當願眾生　設大施會　示如實道　供養三寶　設大施
會　示如實道　供養三寶（第一條）。

以清淨心　供養三寶　發清淨心　供養三寶　願清淨心　供養三
寶（第二條）。

三世諸佛　手持錫杖　供養三寶　故我稽首　執持錫杖　供養三
寶（第三條）。

出處：起初四句出自《華嚴經·淨行品》（八十卷《華嚴經》，《大正藏》
第十冊，頁 70）以下則不是。

【筆者按】：法會「四箇法要」當中四箇重要梵唄當中的一個曲，偈文是
《九條錫杖》當中的第一、二與九十三條相同，可是旋律不同。由於佛門傳
說，錫杖的搖動的聲音特別有「咒的力量」，這種力量可以引導眾生解脫煩惱。
故有此唱誦。察該曲由來已久，但中國佛教未有相關記錄。

6. 《佛名》

調式：律曲，出音羽。

唄辭：南無恭敬供養，三尊界會，哀愍□□，護持大眾。

南無恭敬供養，靈山極樂，恭敬供養，顯察聖教。

出處：專唱佛名與祖師名用的，並未出自特別經傳。

〔註4〕 所謂的「四箇法要」是用在日本佛教「塔堂落成的慶祝」、「佛像開光，安座
（日人稱之「入佛開眼」）」、「住持法師晉山」等等慶祝典禮使用的最高級的
顯教法會。最早使用於公元 752 年東大寺大佛開眼的法會之上。「四箇法要」
的內容有：《始段唄》、《散華》（中段使用本尊散華）、《梵音》與《錫杖》（《三
條錫杖》）的四個聲明曲（四箇曲）為中心構成的法會。請見天納傳中等四人
共同編輯《佛教音樂辭典》（日本：法藏館出版，1995 年 5 月 20 日第一刷），
頁 118。

【筆者按】：日本佛教很多宗派都有這種聲明曲，天臺宗當中「南無恭敬供養」部份是用在「四箇法要」當中，另外「南無歸命頂禮」則用於「法華八講」法會或「御影供」等等法會開始的曲目。本曲早於公元 950 年就已經在日本使用，推想應是中國傳來的曲目（《佛教音樂辭典》，頁 258）。

7. 《伽陀》（有五條）

第一首《戴禮伽陀》

調式：一越調。

唄辭：我此道場如帝珠，十方三寶影現中，我身已現三寶前，頭面接足歸命禮。

出處：其偈語出自《法華三昧運用補助儀》（《大正藏》第四十六冊，頁56）。

第二首（按：無特別名稱）

調式：平調。

唄辭：敬禮天人大覺尊，恆沙福智皆圓滿，因圓果滿成正覺，住壽凝然無去來。

出處：其偈語出自《大乘本生心地觀經》卷一序品（《大正藏》第三冊，頁 294）。

第三首《迴向伽陀》

調式：雙調。

唄辭：願以此功德，普及於一切，我等與眾生，皆共成佛道。

出處：其偈語出自《法華經·化城喻品第七》（《大正藏》第九冊，頁 24）。

第四首《舍利伽陀》

調式：黃鐘調。

唄辭：如來舍利，不興共養，千反生天，後證涅槃。

出處：不詳。

第五首（按：無特別名稱）

調式：盤涉調。

唄辭：和光同塵ハ，結緣ノハジメ，八相成道ハモ，天其ノ終ヲ論ズ。

出處：其偈語出自《三教指歸》，法華八講唱頌用。

【筆者按】：伽陀本來是梵文 gāthā 的譯音，是「詩歌」的意思。漢譯佛典的伽陀通常是四言、五言或七言一句的詩歌，以每個字上幾個旋律唱誦的

曲子。天臺宗使用的《伽陀》，是用在顯教的法會與「講式」〔註5〕當中的開頭部份。就以此五首《伽陀》來說，《戲禮伽陀》用在法會的開始，也就是「我此道場如帝珠」、「敬禮天人大覺尊」第一首與第二首應用於法會開始。其中「我此道場如帝珠」用於「十六羅漢講式」開頭，「敬禮人天大覺尊」是用於「舍利講式」當中。第三首「願以此功德」則是所謂的「迴向伽陀」也就是用在法會後面。但《舍利伽陀》不知用在何處，有待進一步研究。

8.《法華讚嘆》

調式：平調，律曲，出音羽。現行一越調。

唄辭：法華經ヲ我カエシ，コトハタキキコリ，ナツミミツクミ，ツカ已テソエシ，ツカ已テソエシ。

出處：其偈語出自《妙法蓮華經》卷五，《提婆達多品第十二》。

【筆者按】：此條聲明曲乃爲「和文聲明」，這是日本人自行製作的聲明唄曲。但運在何處，目前筆者還不知道。

9.《佛名》

調式：平調，中曲，出音羽。

唄辭：南無歸命頂禮，一乘妙典，生生世世，值遇頂戴。

出處：專唱佛名，供養用。

【筆者按】：「南無歸命頂禮」用於「法華八講」法會或「御影供」等等

〔註5〕 「講式」是一種稱讚佛、菩薩、明王、天、權現、高僧等漢文書寫的讚文。這種文又稱爲「講式文」、「式文」與「式」等。通常有三段、五段與六段等等分別。開始有「表白段」，最後會有「迴向段」。旋律上以「初重」、「二重」、「三重」、「乙音」、「中音」等等音高不一樣的中心音。以日本佛教天臺宗而言，通常使用：「乙音」是「平調」，「二重」就是「下無」，「三重」就是「黃鐘」，「中音」就是「一越」。這種曲子最盛行於平安末期與鎌倉初期，例如源信《二十五三昧式》（六道講式）、永觀的《往生講式》、明惠《四座講式》等最廣爲人知，《魚山叢書》就收藏了許多這樣的講式。而作爲「講式法會」的則是讀誦這些「講式文」爲主的法會。通常前面都是先「總禮伽陀」，其次就是「三禮」、「奠供」、「法用」（通常唱誦《唄》（按：可能是《始段唄》之類的梵唄）、《散華》、《梵音》、《錫杖》，通常都由《三禮》與《如來唄》充當）、「啓白」、「式文」（各段相關的《伽陀》、《三禮》、念佛、和讚、極樂聲歌等唱誦）、「神分」、「祈願」、「六種回向」、「三禮」。上述是屬於正式的「講式法會」。簡略的「講式法會」則是以「總禮伽陀」、「三禮」、「如來唄」、「啓白」、「式文」、「回向伽陀」、「三禮」等等，這種場合比較多。最有名的要算是眞源和尚所寫的《順次往生講式》，當中不僅有聲明，還有雅樂。請見天納傳中等四人共同編輯《佛教音樂辭典》（日本：法藏館出版，1995年5月20日第一刷），頁79～80。

法會開始的曲目。本曲與第六條《佛名》一樣，早於公元 950 年就已經在日本使用，推想應是中國傳來的曲目。

10. 《教化》

調式：中曲，出音商。

唄辭：昔ノ大王ハ仙人ノタメニ，千歲ノ給仕ヲ至シテ，一乘ノ妙法ヲ
　　　シタヘ，今ノ諸德ハ權現ノ御，タメニ八軸ノ眞文以，講佛スソ
　　　貴カリケル。

出處：日本和讚，出處不詳。

【筆者按】：《教化》這首聲明曲是對於佛的教化和經典的讚嘆，這是日本平安時代比較早的梵唄，可以溯及圓仁在延曆寺開始舉行「天臺大師御影供」法會的時候就有了。天臺宗這曲《敦化》主要用在《法華八講》法會之上。這曲也可以用在「牛王導師作法」法會上，與「天臺大師御影供」之上，但是讚辭不一樣（《佛教音樂辭典》，頁 258）。

11. 《九條錫杖》

調式：切音，律曲，出音商。平調，盤涉調。

唄辭：手執錫杖，當願眾生，設大施會，示如實道，供養三寶，設大施
　　　會（第一條）。

　　　示如實道，供養三寶，以清淨心，供養三寶，發清淨心，供養三寶，
　　　願清淨心，供養三寶（第二條）。

　　　當願眾生，作天人師，塵空滿願，度苦眾生，法界圍遶，供養三寶，
　　　值遇諸佛，速證菩提（第三條）。

　　　當願眾生，眞諦□智，大慈大悲，一切眾生，俗諦□智，人慈人悲，
　　　一切眾生，一乘□智，大慈大悲，一切眾生，恭敬供養，佛寶法寶，
　　　僧寶一體三寶（第四條）。

　　　當願眾生，檀波羅蜜，大慈大悲，一切眾生，尸羅波羅蜜，大慈大
　　　悲，一切眾生，羼提波羅蜜，大慈大悲，一切眾生，毘奈耶波羅蜜，
　　　大慈大悲，一切眾生，禪那波羅蜜，大慈大悲，一切眾生，般若波
　　　羅蜜，大慈大悲，一切眾生（第五條）。

　　　當願眾生，十方一切，無量眾生，聞錫杖聲，懈怠者精進，破戒者
　　　戒成，不信者令信，慳貪者布施，瞋恚者慈悲，愚癡者智慧，□□
　　　者恭敬，□□者□心，莫□萬行，速證菩提（第六條）。

當願眾生，十方一切，邪魔外道，魑魅鬼神，毒獸毒龍，毒蟲之類，聞錫杖聲，摧伏毒害，發菩提心，具備萬行，速證菩提（第七條）。

當願眾生，十方一切，地獄餓鬼，畜生難之屬，受苦眾生，聞錫杖聲，速得解脫，惑癡二障，百八煩惱，發菩提心，具備萬行，速證菩提（第八條）。

過去諸佛，執持錫杖，已——成——佛，現在諸佛，執持錫杖，現——成——佛，未來諸佛，執持錫杖，當——成——佛。故我稽首，執持錫杖，供養三寶，故我稽首，執持錫杖，供養三寶（第九條）。

出處：首四句偈語出自六十卷本《華嚴經·淨行品》（《大正藏》第九冊，頁 430）其他則不是。但文句類似。

【筆者按】：《九條錫杖》是一條漢語讚頌，但以吳音誦讀。一開始讚偈出自六十卷本《華嚴經·淨行品》，可是後面卻是不了解出自何處，連編者也不知道（《佛教音樂辭典》，頁 65）。

12. 《八句念佛》

調式：有甲樣念佛（出音羽）及乙樣念佛（出音商）兩種。

唄辭：南無阿彌陀佛。

出處：略。

【筆者按】：圓仁曾經將五臺山所見到的禮佛儀式與佛號唱誦帶回比叡山，便形成了後來的日本「天臺淨土教」〔註6〕。《八句念佛》分爲《甲樣》、《乙樣》兩種念佛方法，主要是以八句佛號的循環唱誦。這是「魚山大原流」，魚山大原地區使用聲明曲當中的念佛方法。後來爲淨土眞宗本願寺派與融通念佛宗等使用。最早出現在平安（782～1181）末期的家寬所編輯的《聲明集》（二卷抄）當中，而室町時代（1390～1595）則散見他處，直到江戶（1596～1867）時代憲眞和尚編輯的《魚山六卷帖》才收錄了《八句念佛》（《佛教音樂辭典》，頁 242～243）。

13. 《三禮》

調式：呂曲，雙調。出音徵。

〔註 6〕 詳見日本·山口光圓著，《天臺淨土教史》（日本：法藏館出版，昭和 53 年 9 月 15 日三刷），頁 315～317。

唄辭：一切恭敬

自歸依佛　當願眾生　體解大道　發無上意

自歸依法　當願眾生　深入經藏　智慧如海

自歸依僧　當願眾生　統理大眾　一切無礙

出處：出自六十卷本《華嚴經‧淨行品》（《大正藏》第九冊，頁 430）的三皈依文。

【筆者按】：這是現在中國佛教還在使用的梵唄（稱爲《三歸依》）。吾人可確定這是中國傳來日本的梵唄之一。日本佛教稱爲「三禮文」、「三歸禮」、「三歸文」，日本佛教很多宗派在法會開始的時候唱誦，這和現在中國佛教不同，屬於後面唱誦的部份。法會裡，法會的「導師」（日本佛教稱謂），拿著香爐跪著獨自唱誦，後面就接著唱誦《始段唄》較多。在日本該曲唱誦以吳音唱唸較多（《佛教音樂辭典》，頁 116）。

14. 《如來唄》

調式：呂曲，出音商。

唄辭：如來妙色身，世間無與等，無比不思議，是故今敬禮。

　　　如來色無盡，智慧亦復然，一切法常住，是故我歸依。

出處：出自《勝鬘經》（《大正藏》第十二冊，頁 217）。

【筆者按】：請見第一、二曲《始段唄》與《中唄》部份。

15. 《六種》

調式：中曲，出音徵。

唄辭：供養淨陀羅尼一切誦

　　　敬禮常住三寶

　　　敬禮一切三寶

　　　我今歸依　釋迦彌陀　今日所獻　香花燈明　百味餚饌　恭敬供養　慈愍納受。

　　　願於生生　以一切種　淨妙供具　供養恭敬　無邊三寶　自他同證　無上菩提。

出處：皈依供養發願文。

【筆者按】：所謂的《六種》，就是《六種迴向》的意思。現在的天臺宗法會大多用在「讀經法會」或是「御影供法會」等等最後面的唸誦。

16. 《後唄》

調式：律曲，出音羽。

唄辭：處世界　如虛空　如蓮華　不著水　心清淨　超於彼　稽首禮
　　　無上尊。

出處：出自《超日明三昧經》（《大正藏》第十五冊，頁 532）。

【筆者按】：這曲是敦煌禮懺文內有的梵唄，應該是來自唐朝的唄曲。這首曲是日本佛教華嚴宗的「修二會」及天臺宗的「法華懺法」、「引聲阿彌陀佛」法會等等。天臺眞盛宗、眞言宗、淨土宗等等，都是此曲。就相對於法會開始唱的諸唄聲曲，這首唄曲通常是放在後面唱的聲曲。

第 17 曲及以下屬於密教部份，緣屬於日本眞言密宗儀軌內容，非屬本研究範圍，故此割愛略而不談。在此特別說明。但部份聲明曲則仍有應用於顯教法會者，則列之如次：

17. 《對揚》

調式：律曲，出音宮。

唄辭：南無法界道場眞言教主遮那尊

　　　令法永住利有情

　　　乘朝安穩播長寶壽（第二次：天眾地類倍增威光，第三次：慈覺大師成正覺，第四次：過去聖靈成菩提）

　　　天下安穩萬民豐樂

　　　護持佛子除業障

　　　伽藍（或唸：道場）安穩興正法

　　　所願成牟金剛手（或唸：所願成弁觀自在尊，用於顯教法會之上）

出處：不明，可能日本祖師自己撰寫。

【筆者按】：這曲收錄於《六卷帖・密宗上本「胎藏界」》目錄當中，然於顯密法會當中都有應用。顯教上則有用於「四箇法要」、「大般若轉讀會」場合。

18. 《供養文》

調式：黃鐘調，呂曲，出音宮。

唄辭：一切恭敬，敬禮常住三寶

　　　是諸眾等　人各湖跪

　　　嚴持香華　如法供養

　　　　願此香華雲　遍滿十方界　供養一切佛　化佛并菩薩

　　　　無數聲聞眾　受此香華雲　以為光明臺　廣於無邊界

　　　　無邊無量做佛事

　　　　供養已　一切恭敬

　　出處：出自《觀佛三昧海經》（《大正藏》第十五冊，頁695）。

　　【筆者按】：這曲是中國佛教六朝以來流行的天臺宗各種懺儀當中的梵唄曲，也是唐朝敦煌禮懺文內有的梵唄，所以日本佛教傳自唐朝的唄曲。它的運用極廣，不只是運用於顯教法會，連密教法會也有，大概都是在於所有的法會大多看得見，只因為天臺宗不論是中國或韓國與日本，都有使用「香」與「華」供養的法儀。現今臺灣佛教禪淨兩宗使用《佛門必備課誦本》列諸大部分的法會當中僅使用供養香所用的《爐香讚》，而不見本曲。是以知道本曲乃是古曲，是在唐宋以前使用。後代不傳，不知何因。

19.　《云何唄》

　　調式：黃鐘調，呂曲，出音宮。

　　唄辭：云何得長壽　金剛不壞身　復以何因緣　得大堅固力　云何於此

　　　　　經　究竟到彼岸　願佛開微密　廣為眾生說。

　　出處：出自《涅槃經》第三卷（《大正藏》第十二冊，頁379）。

　　【筆者按】：這曲是圓仁在中國山東省赤山法華院所聽到聲曲，也是敦煌禮懺文內有的梵唄，所以是傳自唐朝的唄曲。此曲運用極廣，通常放在法會前面唱，顯密法會都有運用。

　　《魚山聲明集》共有五五條主要讚唄，可說非常豐富。其中就其音曲內容而言，有分顯宗、密宗之分。其內文大多出自於佛教經典。如《始段唄》是出自《勝鬘經》，釋迦嘆佛頌，《後唄》則出自《超日明三昧經》，《三禮》則出自六十卷本《華嚴經・淨行品》等，大部分的讚文都出自經典。值得注意的是：該聲明集內並未有如現行中國佛教使用的「六句讚」的《爐香讚》那種宋詞、元曲式的長短句文體聲曲。就整個日本歷史來說，平安時代（782～1181）之間，佛教梵唄語言基本上是以漢字梵唄為主，「和文聲明」雖然在平安時代後期即有流行，但真正到了鎌倉時代（1182～1333），才廣為流行所謂的「和讚」。從以上的研究我們可以看出，《魚山聲明集》內不少唐朝時代傳來的聲明曲，像是【顯宗・上】的《始段唄》、《中唄》、《散華》、《梵音》、《錫杖》、《佛名》、五條《伽陀》（除了《和光同塵八》）、《佛名》、《教化》，

而【顯宗・下】的《八句念佛》、《三禮》、《如來唄》、《六種》、《後唄》等等幾乎都是唐朝傳到日本的梵唄。其實，即如密宗梵唄部份，只要是漢語梵唄，都有研究的價值，這是因爲日本採用的是「漢音」與「吳音」的唸誦。即使不論在唸誦音調上有何改變，這些梵唄都十分有研究的價值，可以在音樂上作更進一步的分析。可惜筆者並非音樂專業出身，但未來亦希望朝向此一方面繼續前進。

第三節　《魚山聲明集》的音律學

《魚山聲明集》內文共分兩部份，一爲唄辭，二爲被稱之爲「博士」的樂譜。其中，唄辭在上一節筆者已經介紹過了，大部分出自佛典的詩偈，但是，唄辭本身並非《魚山聲明集》的特色，這裡要談的，也就是整部《魚山聲明集》最重要，最有價值的地方——樂譜。

一、爲什麼日本佛教天臺宗梵唄會有樂理？

日本佛教的聲明與臺灣的現存中國佛教梵唄最大的差異，就是日本佛教的的梵唄（聲明）有樂理，而且講究樂理，這是臺灣的中國佛教梵唄目前還沒有的部份。那麼爲什麼日本會有樂理而且講究樂理呢？這和日本皇室護持佛教有關，筆者在前面提過，佛教初傳日本時期，受到日本皇室的重視，在奈良時代與平安時代（上述兩個時期約當我國唐宋時期）舉辦多場皇室支持的大型法會，但是由於法會規模過於盛大，發生了音律的不一致，雜音紛擾的問題。於是公元 720 年天皇下詔要求研究僧人音律，並邀請了中國沙門道榮與學問僧勝曉矯正梵唄音聲。到了聖武天皇天平七年（735），入唐留學生吉備眞備將《唐禮》、《大衍曆經》帶來日本，並將「銅律管」與《樂書要錄》呈獻給皇室，奠定了日本樂理的基礎。聲明與雅樂的樂理體系，便是使用這樣的樂理體系之上〔註7〕。其後又在延曆二年（783）下詔不許哀蕩叫吟聲音出現。皇室關心佛教音律，由此可見，但是此舉則促成日本佛教的梵唄走向了「音樂化」的發展。其後日本佛教天臺宗祖師五大院安然（841～884）在《悉曇藏》一書當中表達了佛教音樂的關切。在卷二敘述現在雅樂所使用的

〔註7〕　見天納傳中氏著，《天臺聲明概說》（日本：叡山學院，昭和 63 年 8 月 1 日發行），頁 38。

横筆，作爲聲明樂律的基礎。這個學說後來變成現在日本音樂理論的基礎〔註8〕。這種趨勢到了平安時代的末期，日本音樂產生了變動，在此之前的音樂被放入一個大爐中融合，產生了具有共通要素的新音樂，聲明在此一時代性的變動之下，音樂構造上也有變化，主要就是與雅樂相結合，而轉出以合理的音樂理論爲基礎的新音樂〔註9〕。在此一時期，也有許多音樂理論的書籍出現，以天臺聲明來說，最有名的要算是天福元年（1233）湛智和尙所撰寫的《聲明用心集》，這本書將印度（《悉曇藏》笛五音）、中國的十二律呂理論（《樂書要錄》五音），並以日本獨特的旋法（和國神樂五音），等三種不同五音轉法加以整理合成「三旋法論」，再以實例顯示各種旋律的分類。這種音樂理論就是日本佛教天臺宗獨特的梵唄音樂理論，這是中國佛教梵唄所沒有的。〔註10〕

二、天臺聲明的樂理核心在于笛律

在古代的中國，能夠當作樂理依據的樂器不外乎「管」和「絃」兩種。日本佛教的聲明也是如此，本來有兩種不同樂譜寫成：一爲笛譜，二爲琴譜。使用笛譜者有眞言宗「南山進流」、相應院「酉酉樣」與天臺宗「大原流」等三派，而使用琴譜記法則爲眞言宗的「西方院」、「菩提院」與「妙音院」三流派〔註11〕。基本上日本佛教天臺宗的聲明是以「大原流」，也就是魚山大原寺爲聲明根本道場，使用的記譜方法屬於笛譜，音律的標準上也就採用笛律。

在第七章第二節筆者提到，五人院安然主張用橫笛來作爲日本佛教天臺聲明的樂律基礎。這對日本佛教天臺宗梵唄產生了很大的影響。其中最重要的就是「口法」問題。爲什麼要取笛律爲聲明主要音律的標準呢？原來笛律就是模擬梵字聲音緣故。安然的《悉曇藏》說：

又如震旦律呂九孔調音，於天竺字母九處聲音皆悉攝盡，更無遺餘。

何者？口氣觸唇而入笛，是猶憂陀那之風，此屬人之報息也。氣觸

〔註8〕　見高楠順次郎等著，譯叢編委會等譯，《佛教藝術——音樂、戲劇、美術》，收錄於「世界佛學名著譯叢」（臺北縣：華宇出版社），頁21。

〔註9〕　以上是研究天臺聲明的學者片剛義道的看法。同註8，頁22。

〔註10〕該資料請見湛智和尙所編，《聲明用心集》，收錄於日本東京春秋社編集《續天臺宗全書·法儀I》（日本：春秋出版，平成8年3月17日一刷發行），頁270。

〔註11〕上述資料請參考《魚山私抄》，見錄於《大正新修大藏經》第八十四冊（臺北市：新文豐出版有限公司，民國72年修訂版），頁840。

七處而出音，是猶風觸七處而生聲，此屬人之依息也。〔註12〕

安然的主張，就是告訴人們，橫笛的聲音可以詮釋人的聲音。他說：

笛七處者：節下、笛頂、吹底、笛喉、孔底、指觸、管唇，人七處者、臍、心、頂、喉、顎、齒、唇。音從八孔發曲，六處，次五二孔是非別條，而是五音鹽梅，猶阿等十六字是非字體，而是五音蔆瓔。何以故？……口、六、干、上、夕、中者（筆者按：此笛之音律音階）是宮、商、角、徵、羽、即喉、顎、舌、齒、唇。猶迦、左、吒、多、波（筆者按：此梵文五音位），亦喉、顎、舌、齒、唇。……此屬人之詮聲也。其宮、商、角、徵、羽爲土、金、木、火、水、中、秋、春、夏、冬之音，故喉、顎、舌、齒、唇之聲豈非五行五時之聲，《次第記》云：橫即雙聲，豎即疊韻，正紐、旁紐、橫超、豎超稱呼梵音亦有五音倫次，亦如此國五音。又《字紀》云：聲之所發合于宮商，其文各五等者，此之謂矣（同註12）。

安然的說法，以現在中國聲韻學者的眼光，則不無牽強附會之處。不過從上面的理論不難看出，天臺聲明使用笛律的原因，就是因爲「笛可以擬人聲」（請見圖例九「笛律解說圖」），正所謂：「聲之所發合于宮商」。聲之所發既然合于宮商，那麼也就可以合於律呂。於是人聲的唱誦音高，就交付笛子來作爲引導團體合唱的律器。另一方面，取用笛律也有教理上的觀點，就如《大原聲明博士圖》所說：「夫絃哥之調，非笛不整。蓋所以滌蕩淫邪，納之雅正也。」〔註13〕

但這裡筆者要特別說明：天臺聲明在法會的唱誦過程裡，是不用任何樂器的，即所謂「無伴奏」。這是天納傳中大僧正特別告訴筆者，同時筆者聽聞魚山聲明的唱唸過程中，也沒有任何的樂器伴奏。天臺聲明之所以對音律斤斤計較的原因，就是因爲要配合雅樂穿插演奏的關係。因此像笛子這樣的樂器，也只是天臺宗僧人在練習聲明時，當作定音高的律器而已。如此一來，以笛爲律準情形下，聲明曲的表現通常都像笛聲一樣，造就一種不諂不媚，直出無曲的風格。

〔註12〕上述資料請參考《悉曇藏》第二卷，見錄於《大正新修大藏經》第八十四冊（臺北市：新文豐出版有限公司，民國72年修訂版），頁384。

〔註13〕上述資料請參考《大正新修大藏經》第八十四冊（臺北市：新文豐出版有限公司，民國72年修訂版），頁849。

圖例九：笛律解說圖

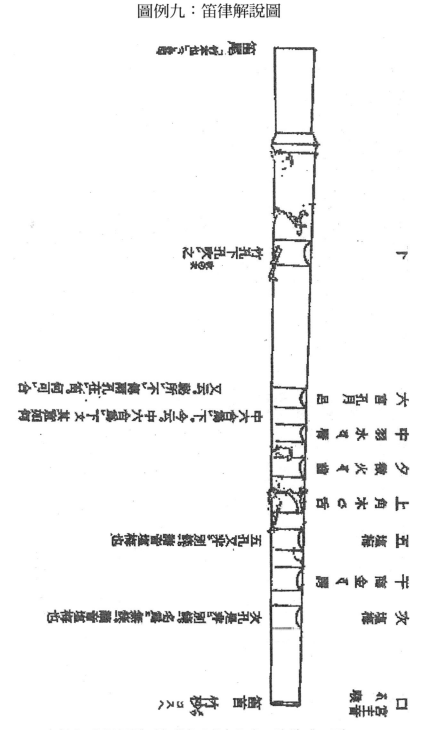

取材自《音律事》見《續大臺宗全書・法儀I》，頁313。

三、從笛律發展爲的笛譜到天臺聲明的傳統樂譜──「博士」

前面提到大原三千院的天臺聲明既然以笛律爲準，自然聲明曲譜就以曲譜撰寫而成。以笛譜寫成聲明曲的樂譜，這種方法是記錄在寫於平安中期的《大原聲明博士圖》有所說明。〔註14〕

《大原聲明博士圖》所記載譜法，就是天臺聲明樂譜特色──博士圖，這些博士圖記錄方法，可以看得出來是按照平、上、去、入四聲來記錄的。有十三種博士圖法。然而博士圖內說明文字艱奧，尚未完全能夠了解。有待努力研究，在此無能深入解釋，僅將資料提供備考。現以該圖示之如次：

圖例十：《大原聲明博士圖》聲譜

字形	說明	字形	說明	字形	說明
字	字形也，古皆四方圖也。字形大旨四方也。		順去聲也。因之曲上也。有三音。中急也。初下終上。		音二重下也。三四五重準之可知也。
	上 平 入 三 聲 順之。今此博士鉤形也。角也。屈也。有三音。中急。出後平等也。中高。		平上去三也。音之一律也。長延引博士也。		四聲輕重也。音之下也。一重也。節也。柳也。
	平生之輕也。又入聲之輕也。音之曲下也。或餘聲重也。又有三音。中大急也。始高終下。		音之短也。又一律也。平上去三聲也。火急也。		通四聲音之火，急上也。
	已上覺昭阿闍梨之所圖也。妙音院禪定大閣御說同之。下音屬六歟。		音二重上也。三四五重如是。		音之火急也。
	去聲也。音之上也，一重上也。					

（按原樣打字，請見《大正新修大藏經》八十四冊，頁 849）

以上是《大原聲明博士圖》所記載的聲譜法，在此則舉一例，《始段唄》的博士圖說明。

〔註14〕《大原聲明博士圖》有貞保親王（870～924）的序，是以推斷作於平安中期。請參考《大正新修大藏經》第八十四冊（臺北市：新文豐出版有限公司，民國72年修訂版），頁853。

圖例十一：《始段唄》的博士圖

取材自《魚山六卷帖》

　　從上博士圖可知，其結構為一個方框，在其方框四周注有「長線」，末端記有宮商等「五音」的記號。這個圖要如何解讀呢？解讀的順序是這樣的：

1. 該方框原來是指一個漢字。注意漢字的旁邊記的記號如平線是在左邊，右邊則沒有任何記號。這說明了該唄曲的曲折譜都是畫在左邊，右邊都沒有的。
2. 注意字的方框格，左下角平線低音部份唱做「徵」，中間斜出地方唱「反宮」，左上角地方平線則註記唱「宮」音。這個譜圖是用來歌唱，而非樂器伴奏的。將這些小小的線連在一起，就變成了《魚山聲明集》內的曲折譜。

　　又《魚山聲明集》內繪製的五線譜，是依照四聲配合五音的原理，故以漢字作一方框，依方框上下左右處繪製線條用作音律上的解釋。這個原因，固然是受了安然《悉曇藏》的影響。不過還有一篇《九唄序・元和新聲韻譜》文章。這篇《九唄序・元和新聲韻譜》是圓仁大師從唐朝長安傳來的，這篇文章現在收錄於大原勝林院所藏觀昭和尚寫的《聲道及見聞錄》當中，裡面有提到四聲五音的相關理論：

> 夫五音遞奏，宮商之韻無差，四聲既陳，平上之支秀異，為文筆先折句，求句乃紐唄為初，一唄不調和，即宮商靡次，至風、雷、鐘、鼓萬籟俱吟，亦不逾於四聲者矣。四聲之體與人地而齊生，自古未彰，良有已矣。……昔有梁朝沈約創著九唄之文，巨唐復有睢陽寗公又撰《元和韻譜》，文約義廣理奧。詞單成韻，切之樞機，亦詩人

之鉗鍵者也。《譜》曰：平聲者哀而安，上聲勵而舉，去聲清而遠，

入聲直而促。……〔註15〕

按這篇《聲道及見聞錄》中僅存此《九囀序·元和新聲韻譜》序文而已，而譜中內容實無所見，大概是藏於大原勝林院中，而《續天臺宗全書·法儀I》並未見收。文中所說「四聲」，即爲歌唱所用之四聲，而非語言四聲。這四聲與五音相諧，在文章末端有小字註解：「傳聞《九囀》，慈覺大師御將來云云。」（同註15）說明這篇《九囀序·元和新聲韻譜》是圓仁從唐朝傳來的。日僧空海在《文鏡秘府論》中也有四聲五音之理論〔註16〕。由此可知，《大原聲明博士圖》內解說「博士圖」所依據的四聲諧五音之論，中國自古有之。然而這種博士圖的繪製方法，就筆者觀察而言，只有天臺宗使用這種唱唸記號，日本眞言宗聲明集不是用這種記號來表示，原理是一樣的。

　　前面提到，日本聲明不同於中國梵唄之處，便在於日本佛教課誦讀本上有繪製曲線（請見圖例十二），這種記譜法就叫做「博士」（hakase）或「墨譜」（haka se）。其實，在中國古代也有這樣的曲折線，道教的《玉音法事》就是這種「曲線譜」，據中國音樂學專家薛宗明指出，相傳可能是「六朝遺物」〔註17〕，中國西藏自古以來佛教音樂也是採用這種曲線譜，稱之爲「央移」，據說與印度的音樂譜記有關。〔註18〕

　　日本佛教天臺宗聲明的「聲明博士」依照記譜的方法可分爲三種：「古博士」、「五音博士」與「目安博士」。「古博士」是最古老的記譜法，今天天臺宗使用的博士便是屬於「目安博士」（只博士），是屬於鎌倉初期使用的記譜法。觀其《魚山聲明集》內使用的「博士」近似於「目安博士」類型。不過

〔註15〕該資料請見觀昭和尚所編，《聲道及見隨聞錄》，收錄於日本東京春秋社編集《續天臺宗全書·法儀I》（日本：春秋出版，平成8年3月17日一刷發行），頁400～401。

〔註16〕請見日僧空海著，《文鏡秘府論》（臺北市：蘭臺書局，民國61年版），頁14～15。

〔註17〕見薛宗明，《中國音樂史·樂譜篇》（臺北市：商務印書館，民國79年9月修訂一版），頁455。指出《正統道藏·藝術類》當中「養字類」卷上第十一有《玉音法事·步虛子》，其譜即同《魚山聲明集》內聲曲之曲線譜，《淵鑑類函》之卷三一九的「步虛聲」條下引用《吳苑記》說到：「陳思王遊魚山，聞岩裡有誦經聲，清遠寥亮，因使解音者解之，爲神仙聲，道士效之作步虛聲。」因可知此聲爲六朝之遺物。

〔註18〕見薛宗明，《中國音樂史·樂譜篇》（臺北市：商務印書館，民國79年9月修訂一版），頁462。

「五音博士」屬於什麼時代，確實還不知道。然天納傳中大僧正以爲「古博士」是屬於平安末期，而「目安博士」則屬於鐮倉時代發展出來的（關於「三種博士」請圖例十三）。〔註19〕

圖例十二：《始段唄》博士樂譜放大圖

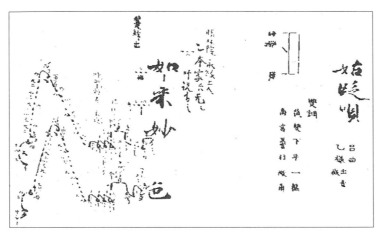

取材自《魚山六卷帖》

圖例十三：三種博士圖

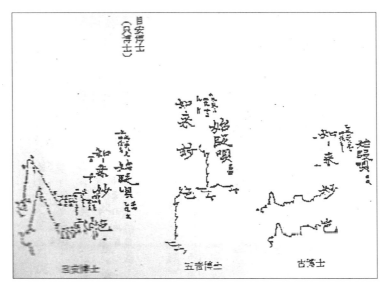

取材自天納傳中《天臺聲明概說》

〔註19〕見天納傳中氏著，《天臺聲明概說》（日本：叡山學院，昭和 63 年 8 月 1 日發行），頁 134。

上述的這種「博士」樂譜，可以說是古樂譜中的瑰寶。原因它運用了「曲折線」忠實的記錄了唱唸的方法，不同於五線譜之處的是，它將聲曲特有的聲法記錄了下來。使用五線譜記也可以做到，可是不太容易說得清楚。在《天臺聲明大成》一書當中，多紀道忍與吉田恆三在首章《樂譜法》就說明以「平滑線」來括住一群音符來描述超過四拍以上的節拍〔註20〕。因為梵唄聲曲的通性就是常超過四拍子以上的唱法，而日本天臺聲明的唄讚，筆者觀察節奏有超過二十拍以上的曲子〔註21〕。五線譜最多只能有四拍的譜記（全音符）餘者也只好像多紀道忍與吉田恆三那樣的方法來記譜。

製作「博士」最重要的原因，主要是提供了師父對弟子口傳上的方便，因此迄今還保存下來。同時日本研究聲明的學者也不願放棄這種古樸的曲線記錄方法，除於五線譜記外，特別珍視這種曲線的「博士」。如《佛教音樂辭典》的岩田教授，在受訪時亦出示他的聲明研究，也是使用自行繪製的「博士」譜。

關於古譜上漢字邊旁的曲折線，天納傳中氏就聲明曲譜，歸納出四二種旋律型〔註22〕，並將其唱法以曲折線說於其書《天臺聲明概說》中，透過這四二種旋律法，閱讀《魚山聲明集》及後來的《魚山六卷帖》是有幫助。不過因為天臺聲明向來只傳授出家人，絕少傳授給在家人，而筆者的學習能力也還未足以了解這四二種旋律，只好列為備考，暫時不提。

然而研究這些稱之為「博士」的曲折譜，天納傳中大僧正告筆者，說明那是沒有用的，事實上天臺聲明的教學上都是向來使用口傳。這些曲線的博士譜只是為了口傳方便，一邊教唱一邊手上畫出唸誦的曲線來。所以最要緊的，還是得自上師的口傳才可以。

四、「博士」譜的音律根據——三種五音、七聲、十二律

（一）三種五音、七聲

這種「博士」的記譜方法的樂理根據，是來自唐代《樂書要錄》，系統沿

〔註20〕請見多紀忍道與吉田恆三合著的《天臺聲明大成》（日本：金聲堂出版，昭和43年1月26日出版），頁5。

〔註21〕同註20，頁20的《散華》（乙樣）開頭的第一句的第一字「願」就超過二十拍。

〔註22〕見天納傳中氏著，《天臺聲明概說》（日本：叡山學院，昭和63年8月1日發行），頁136～158。

用中國固有樂律，再揉合本國聲律，這就是聲明家們常說的「三種五音、七聲、十二律」，所謂的「三種五音」乃是「律、呂、中」三種的五音，而「五音」乃是指「宮、商、角、徵、羽」，而「七聲」乃是「五音」再加上二變「變徵、變宮」。這個看似奇怪的音律體系，可以從《樂書要錄》湛智《聲明用心集》當中看出來，是綜合了印度、中國與日本三個地方的音律這三個地方發展出來。現按《聲明用心集》說明，來解釋日本佛教天臺宗聲明是以這三種樂律綜合做基底發展：

1.《悉曇藏》橫笛五音

前面提過《悉曇藏》是天臺聲明的基本音律的根據，從角音開始，終于羽音，有五音七聲（又稱「五七音」）。不少佛教的頌曲都由此出。

2.《樂書要錄》的五音

《樂書要錄》是日文字母創製者吉備眞備從唐廟傳來武則天時代的樂理書籍，也是日本重要的音樂基本理論依據（特別是雅樂）。從宮音開始，終于變宮、變徵鹽梅音，有七聲。當世所傳的橫笛、笙、琵琶、箏等皆用此律。音樂上《賀殿》等曲（按：雅樂曲名）及佛教梵唄的《四智讚》的《梵文》版與《漢文》版的曲調都是運用這樂理。

3. 和國神樂的五音

是日本本國的神樂樂律，從角音開始，至於商位，只有五音沒有七聲。和琴與太笛都使用這種音律。音樂上《蘇莫曲》使用，而佛教梵唄《文殊讚》是使用這種樂律。〔註23〕

從上面我們可以知道，天臺聲明的樂理是建立在這三種樂律之上，此三樂律又稱之爲「律」（和國神樂五音）、「呂」（樂書要錄五音七聲）、「中」（悉曇藏笛五七音）的三種樂律〔註24〕，日本聲明樂理常以這三種樂律來討論宮商五音，是以稱爲「三種五音」（見圖例十四「三種五音旋法」）。此「三種五音」中，只有日本本國神樂，才只有五音，其餘樂律都有七聲。

〔註23〕該資料請見觀昭和尚所編，《聲道及見隨聞錄》，收錄於日本東京春秋社編集《續天臺宗全書・法儀I》（日本：春秋出版，平成8年3月17日一刷發行），頁270～271。

〔註24〕見天納傳中氏著，《天臺聲明概說》（日本：叡山學院，昭和63年8月1日發行），頁69。

圖例十四：三種五音旋法

中曲旋法　　　　　　呂曲旋法　　　　　　律曲旋法

取材自天納傳中《天臺聲明概說》

　　至於五音七聲以外，日本佛教的天臺聲明還有特殊的音聲，稱為「鹽梅音」（en bai on）。根據呂炳川先生《佛教音樂──梵唄──臺灣梵唄與日本聲明之比較》中解釋：這種「鹽梅音」通常是指從某一個基準音出發，然後上昇，或下降的滑音或是前倚音（Vorschlag）又裝飾音，例如在宮、商、角、徵、羽五音下一音、上一音等作為導音或裝飾音。鹽梅的機能是對基本音的強調、裝飾與導入及餘韻、連結與轉換。因此呂炳川先生以為，鹽梅音微妙機能可以決定聲明曲的美感。〔註25〕

　　若以「律、呂、中」三種五音來分別《魚山聲明集》唄曲使用律調種類，歸諸如次：

1. 「中」悉曇藏笛五七音
顯　教：《佛名》、《教化》、《六種》
密　教：《乞戒偈》、《授地偈》、《三力偈》
不著樂：《毀形唄》、《伽陀》五種為合曲

2. 「呂」樂書要錄五音七聲
顯　教：《始段唄》、《中唄》、《散華》、《三禮》
密　教：《四智讚》（梵、漢語）、《云何唄》、《散華》、《供養文》、《唱禮》、《九方便》、《五悔》、《百字讚》、《百八讚》、《合行唱禮》、《灌頂唱禮》、《諸天漢語讚》、《吉慶漢語讚》、《心略讚》、《僧讚》、《普賢讚》、《阿彌陀佛》、《法讚》、《蓮花部讚》、《金剛部讚》、《驚覺眞言》

〔註25〕以上關於「鹽梅音」的解釋，請見呂炳川教授著《佛教音樂──梵唄──臺灣梵唄與日本聲明之比較》該文收錄於時報文化事業出版公司出版的《呂炳川音樂論述集》當中，頁208。

3. 「律」和國神樂五音

顯　教：《梵音》、《三條錫杖》、《佛名》、《法華讚嘆》、《九條錫杖》、《後唄》

密　教：《對揚》、《大讚》、《佛讚》、《吉慶梵語讚》、《諸天漢語讚》、《四智讚》（漢語）

4. 不著錄旋法

《毀形唄》、《伽陀》五種爲合曲，未不著錄旋法。

由上統計可知，《魚山聲明集》內讚唄來看，屬於「呂」，也就是取用「《樂書要錄》五音七聲」的部份最多。另外，筆者還發現了一個有趣的現象，那就是通常法會當中列在前面的部份讚唄，如《始段唄》、《中唄》、《散華》、《三禮》之類讚唄一概都是呂曲，而且都是以「徵」音起調。這四條讚唄當中，在顯教裡，除了《散華》是「平調」以外，餘者都是使用「雙調」。這是一個很有趣的現象。值得日後繼續研究。

然而，天臺聲明的五音，有連結五行的學說在內。這種思想可以溯及安然《悉曇藏》學說，但是這五行附合五音的學說，眞正的來源還是來自中國。不過與五行相關理論，基本上是屬於密教教義的範疇，故此不予以討論。

（二）十二律呂

不論是那一種五音七聲，都有「十二律呂」。這「十二律呂」相當于類似西方音樂調名：如 C、D、E、F、G、A、B 之屬，但音頻則可能不同。十二律呂基本理論是來自中國，音管長度則同於中國的律呂，但名稱有所不同。中國的律呂，傳說是黃帝時代伶倫創制出來的十二根律管。最早的關於律呂記載，可溯及呂不韋的《呂氏春秋》當中的記錄，與《淮南子・大文訓》，律呂的產生，主要是以「三分損益」法（三分增一或三分損一）的計算完成制定出「十二律呂」。日本則沿用中國這種律管，以「黃鐘」定管長爲九寸，但名稱不一樣。茲將中國與日本律呂名稱分著於下：〔註26〕

黃鐘（中國律名）一越（日本律名）九寸（管長）

林鐘：：黃鐘：：六寸

太簇：：平調：：八寸

南呂：：盤涉：：五寸三三三

〔註26〕同註24，頁119。

姑洗：：下無：：七寸一一一

應鐘：：上無：：四寸七四〇

蕤賓：：鳧鐘：：六寸三二〇

大呂：：斷金：：八寸四二七

夷則：：鸞鐘：：五寸六一八

夾鐘：：勝絕：：七寸四九一

無射：：神仙：：四寸九九四

仲呂：：雙調：：六寸五六九

黃鐘：：一越：：四寸五〇〇（四寸四四二）

圖例十五：現代聲明音律表

	1	2	3	4	5	6	7	8	9	10	11	12	1
中國古代の律名	黃鐘	大呂	太蔟	夾鐘	沽洗	仲呂	蕤賓	林鐘	夷則	南呂	無射	応鐘	黃鐘
日本の律名	壹越	斷金	平調	勝絕	下無	雙調	鳧鐘	黃鐘	鸞鏡	盤涉	神仙	上無	壹越
呂旋上曲	宮		商		角		反徵	徵		羽		反宮	宮
律旋中曲	宮		商			角		徵			羽		宮
中旋下曲	宮		商	嬰商		角		徵		羽			宮
合　曲	宮		商	嬰商	角	律角		徵		羽		反宮	宮
例懺調	羽		宮		商			角		徵		下羽	羽
邦樂陽旋法	宮		反商	嬰商		角		徵		下羽	羽		上宮
邦樂陰旋法	宮	商				律角		徵	反羽		晏羽		上宮
洋樂平均律近似音	D	#b	E	F	#b	G	#b	A	#b	B	C	#b	D
長音階	2		3	4		5		6		7	1		2
短音階	2		3	4			#5	6		7	1		2

取材自《續天臺宗全書・法儀I》的《解題》中第22頁

茲以笛孔來說明這些律音：

一越調 ●●●○○　　斷金調 ●●○●●　　平調調 ●●○○○

勝絕調 ●○●●○　　下無調 ●●○○○　　雙調調 ●○○○○

鳧鐘調 ○●○●○　　黃鐘調 ●●●○○　　鸞鏡調 ○○○○○

盤涉調 ○○●●●　　黃仙調 ○●●●○　　上無調 ●●●○●

而這當中，十二律當中絕對主音（宮音）的律名就是被稱爲「一越調」的黃鐘宮音。天臺宗聲明常用的調子有七個，分別是「一越調」（黃鐘）、「平調」

（太簇）、「下無」（姑洗）、「雙調」（仲呂）、「黃鐘」（林鐘）、「盤涉」（南呂）、「上無」（應鐘）等七調子。若以《魚山聲明集》來統計，則有下列常用的律呂調名：

1. 顯教部份

雙調調：《始段唄》、《中唄》、《三禮》

平調調：《散華》、《梵音》、《法華讚嘆》、《佛名》、《教化》、《九條錫杖》、《六種》、《後唄》

《伽陀》五條則依序：一越調、平調調、雙調調、黃鐘調、盤涉調。

另有《佛名》、《毀形唄》不著錄調名，僅著錄出音之名。

2. 密教部份

黃鐘調：《四智讚》（梵、漢語）、《散華》、《供養文》、《唱禮》、《九方便》、《五悔》、《百字讚》、《百八讚》、《灌頂唱禮》、《諸天漢語讚》、《吉慶漢語》、《心略讚》、《僧讚》、《普賢讚》、《阿彌陀讚》、《法讚》、《驚覺眞言》、《云何唄》。

下無調：《對揚》、《大讚》、《佛讚》、《吉慶梵語讚》、《乞戒讚》、《諸天漢語讚》、《四智讚》（漢語）（按：列于普賢讚法會中）、《授地偈》、《三力偈》、《普賢讚》（變音下無調）

平調調：《毀形唄》

另有《合行唱禮》、《蓮華部讚》、《金剛部》不著錄調名，僅著錄出音之名。

以上統計，我們可以發現，《魚山聲明集》裡面，顯教偏好「平調調」，宗密則偏好「黃鐘調」。又屬於儀軌前面常用的讚唄（在顯教），例如：《始段唄》、《中唄》、《散華》、《三禮》之類讚員一概都是呂曲，而且都是以「徵」音起調。這四條讚唄當中，在顯教裡，除了《散華》是「平調」以外，餘者都是使用「雙調」。密教則以《散華》、《供養文》都是黃鐘調。

綜合以上解說，我們可以明白《魚山聲明集》每首聲曲前面標題，如《始段唄》下方注明了「呂曲」、「乙樣」〔註27〕，另外注明了「雙調」，依此

〔註27〕根據《佛教音樂辭典》的說明：傳統上五音以宮音爲中心的旋律樣式。然而天臺聲明當中，以徵音爲中心的旋律法的曲目十分的多，故以宮音爲中心者稱之爲「甲樣」，以徵音爲中心者稱爲「乙樣」。請見天納傳中等四人共同編輯《佛教音樂辭典》（日本：法藏館出版，1995年5月20日第一刷），頁85。

資料就明白了《始段唄》的音階與調子的判斷方法。不過天臺聲明的音律之學雖為其特色，囿於筆者音樂知識不足，許多音律參考書籍內說的相生音律的道理無能了解，故日後再行深入研究。不過關於天臺聲明的相關音律書籍，大部分都收錄在大原勝林院《魚山叢書》當中，除了《大正藏》第八十四冊外，我們所能見到的也只能從著錄在收錄於日本東京春秋社編集的《續天臺宗全書·法儀 I》當中，茲將幾本重要的音律書籍，依照該書收錄次序敘述於次：

1. 《聲明用心集》三卷，約於公元 1219 年到 1233 年，湛智和尚記。有「音樂」、「法樂」、「器量」與「問答」四章。

2. 《諸聲明口傳隨聞注》一卷，1277 年由圓珠喜淵和尚寫成。有三十三項目關於聲明口傳內容寫成，是聲明音律的史料。

3. 《聲明口傳集》一卷，著作年代不明，湛智和尚口傳。這本書是湛智和尚對於音律心得的口傳，由弟子們記成。

4. 《音律事》一卷，明確的著作年代不明，圓珠喜淵和尚寫成。這本書是鐮倉時代重要的聲明史料記錄。

5. 《音律事·愚鈔》一卷，1289 年 9 月 15 日。由西園寺實兼寫成。這本書作者西園寺實兼，妙音院流聲明的傳人，妙音院流是著名的眞言宗聲明流派。這本書後面有大原流聲明家覺淵和尚的評註。由於妙音院流與大原流的祖先都屬於復興天臺聲明祖師，聖應良忍的系統。

6. 《音律事·西園寺殿與阿月御問答之事·西園寺殿與宰圓問答律二變之事》，這本書和前面《音律事·愚鈔》相關，但多錄實兼與阿月討論聲明音律問題。

7. 《音律事·阿月注進·西園寺殿難破》一卷，這是西園寺實兼對阿月提出聲律反面批評，是一本了解妙音院聲明理論重要的史料。

8. 《聲律秘要抄》一卷，作者與時間都不明，這本書引用《諸聲明口傳隨聞注》諸說發揮。

9. 《鳳龍秘囀記》一卷，寫於 1465 年，作者是惠忍和尚。主要考察大原流傳的管律。其用心程度，令不少中古時代日本音樂家感動。

10. 《聲道及見隨聞錄》二卷，1315 年觀昭和尚寫成。這本書主要是在於漢字發音、聲韻及學說淵源的書籍。

11. 《聲塵要抄》一卷，大原沙門玄雲於 1313 年寫成。主要是以鐮倉中期

的講式的口傳內容爲主寫成的書。

12. 《聲律羽位私記》一卷，宗淵於 1842 年 11 月 30 日寫成。主要提出一越調的羽音位置、音程的見解。同時批評秀雄的羽位的見解。

13. 《律羽位之事》一卷，秀雄於 1831 年寫成，當時宗淵曾著作一本《顯密讚詠法音圖》，秀雄不滿宗淵的見解，遂撰此書批評宗淵的見解。經過十一年後，宗淵寫成《聲律羽位私記》反擊秀雄的看法。

14. 《彈僞褒眞抄》一卷，宰圓撰寫於 1275 年 9 月 7 日。這本書是聲明正統論的書籍，對於過去聲明流變提出批評與自己的見解。

以上就是《續天臺宗全書・法儀 I》所收錄的關於天臺聲明音律學諸書，筆者以爲想要研究日本天臺聲明，不僅僅是語文能力要好，最重要的是要有堅實的音樂基礎。由於自身雙方面學力都還不足，故先列示相關目錄，以待賢者。

五、天臺聲明的節奏

最後，筆者要介紹天臺聲明的節奏。天臺聲明的節奏有四種類型：「序」、「定」、「破」及「俱」四種曲子。「序」、「定」、「破」本來是雅樂關於依速度而分出的種類，後來天臺宗聲明則有所沿用。根據天納傳中指《天臺聲明概說》（頁 128～133）的定義如次：

1. 序曲：序曲通常是沒有拍子，自由自在毫無限制歌唱的旋律曲子。但是其時間限度是按照傳承而來，不一定按照博士譜。

2. 定曲：定曲的拍子構造是一字四拍（音樂拍子亦同），基本上在歌唱上是「四分全拍子」。若是一字切成一半，成爲一字二拍，稱爲「切音拍子」，法會上常用的。近年來（按：該書作者年代）有一字六拍的「本曲拍子」，一字六到十二拍的，也有一字三拍的「中音拍子」，與前面提到稱爲「切音拍子」的一字二拍合稱爲所謂的「四箇拍子」。

3. 俱曲：一首梵唄當中有定曲兼序曲的聲曲，則稱爲「俱曲」。

4. 破曲：一首梵唄原先是序曲而不是定曲，但是卻含有定曲的成份。這種曲子特別稱爲「破曲」。

還有，關於拍子方面，另有所謂「延長拍子」，是將定曲當中的「四箇拍子」的一字六、四、三、二拍，將它切成一半加在本來拍子上延長，成爲一字九拍、六拍、五拍、三拍。

依照前述節奏速度來看，天臺聲明的聲曲則有下列分類：

1. 序曲：《唄》、《散華》、《梵音》、《三條錫杖》、《伽陀》、《四智讚》（梵、漢）、《供養文》、《佛名》、《教化》、《法華讚嘆》、《引聲阿彌陀經》、《長音供養文》等等。

2. 定曲：

   本曲：《九方便》、《五悔》。

   中音：《九方便》、《五悔》。

   四分全：《諸天漢語讚》。

   切音：《吉慶梵語讚》。

   四分全同音切音：《九方便》、《五悔》、《大讚》。

   此外還有不同於這些聲明的，有與雅樂合奏的聲明《三十二相》是一字十二拍，這是為了雅樂《散吟打球樂》（延只拍子）合奏的關係。

3. 破曲：《唱禮》（各種唱禮）、《九條錫杖》（從第三條以下）、《對揚》

4. 俱曲：《百八讚》（序曲——四分全拍子——切音——序曲，全唄分成四段來唱）、《大懺悔》（序曲——切音——序曲——切音——序曲）。

由於梵唄在演唱時，曲調節奏有長也有短。在中國演唱時常常會使用法器，如引磬、木魚等做節拍的控制。但是天臺聲明是沒有這些法器在做控制的。這也就是在前面筆者提過，天納傳中告訴筆者，稱為「無伴奏」。因此在這種情形下，除了多加練習，接受老師的口傳外，別無他法。因此日本天臺宗的聲明正式演唱之前，無論是正式法會或是公演，經常都有舉辦的所謂的「練習會」，特別是像魚山大原寺這樣的經常要舉辦皇家法事，因此在唱唸上要更加嚴格才行。反觀當前臺灣佛教的梵唄，不只是節拍而已，還有法器操作等等，很少聽說有像日本這樣的「練習會」，筆者以為這種練習會是可以作為我國改進梵唄的一個參考。

由於日本聲明向來重視口傳，茲以多紀道忍與吉田恆品合作，為日本佛教天臺宗視為珍寶的《天臺聲明大成》中的樂譜付之於次。茲因原本頁數過多，此處僅附上三首重要，常用的聲明《云何唄》、《散華》、《迴向伽陀》五線譜於《附錄章中》。

第九章　《魚山聲明集》的保存與現況

第一節　《魚山聲明集》與天臺宗法會

　　梵唄，在印度佛教早期的功能就在於教育傳習，後來隨著佛教的發展，佛教開始有儀式，梵唄就轉爲儀式服務。佛教傳來中國，這種以附著於儀式，富有神祕色彩的梵唄就越加顯著。佛教來到中國以後，整個梵唄就發展成爲儀式的儀節，幾乎到儀式內任何一個儀節，只要聽到僧人唱唸那一首唄曲就可以明白。要言之，佛教發展到此時，梵唄成爲儀式的主要結構所在。我們可以說，佛教梵唄的主要表現場面，就在於儀式，因此研究儀節，就可以明白梵唄的用途。這些使用於各種儀節的梵唄，唄辭，乃至音律——整個梵唄的結構，事實上就是緣自一宗一派的修行主張與思想的設計。這也就是筆者提出梵唄研究的「四個基源問題」作爲「梵唄模型論」的思想核心。

　　《魚山聲明集》內所載的梵唄，究竟都用在什麼用途呢？在前面第六章部份，筆者已經介紹過六朝，乃至隋唐時代，中國已經發展出以誦經爲中心的修行思想及佛門文化。整個六朝下來，佛教徒已經形成了以誦經爲主的各種法會儀式，例如最有名的要算是「懺悔法會」、「誦經法會」等等。日本佛教天臺宗，源頭在中國，當然也將這些誦經文化一併帶到日本來。基本上，在日本佛教天臺宗來說，主要延續著中國佛教天臺宗的主要修行法門：四種三昧，及念佛法門。另外天臺也有特殊的「密教」，形成了日本佛教天臺宗特殊的「顯密圓融文化」。因此日本佛教天臺宗使用的法會，基本上就是以中國佛教天臺宗傳來的傳統儀式，如「四種三昧」行法，再來就是念佛法門，再

來就是日本的天臺密教等等這三種類型的法會。這裡我們則探討屬於顯教部份的法會。藉以了解《魚山聲明集》的梵唄在其中所扮演的角色。

　　想要了解一個寺院舉辦的法會，最好就是能夠擁有這個寺院的行事曆，如此可以充分了解這個寺院舉辦法會。這是因為通常寺院舉辦的法會是「固定的」、「例時的」，特殊的法會不多。這就是筆者在前面特別說明，過去學者以短期的田野調查方法不容易發現研究上盲點的原因。京都大原一帶寺院使用的佛教儀式，由於身為與皇家關係的寺院，也是日本佛教天臺宗的聲明根本道場，就此而言，他們所舉辦的法會就足以代表整個日本佛教天臺宗所舉辦的法會了。《續天臺宗全書·法儀 I》著錄了一本關於日本佛教天臺宗法會的固定「行事曆」，那就是《諦聽抄》，這本書記錄了復興天臺宗聲明的大師，良忍上人所建立的來迎院使用的行事曆，作者並不清楚，但他綜合了過去僧人們的口傳而記下。至於成書的時間至少是在文保元年（1317）八月以前就已經存在（根據隨書附錄的《解題》上記錄，頁 19）。現行的天臺宗法會或有損益，然而仍就這個行事曆作為範本。茲將大原來迎院的行事曆披之如次：

正　月

　　　元日　（元日懺法）

　　　　　　鎮守讚嘆

　　　　　　大房文殊前讚嘆

　　　　　　次觀音經開題事

　　　　　　大師讚嘆

　　　　　　引聲

　　　　　　例時

　　　　　　唱禮

　　　　　　大導師事

　　　　　　六時事

　　　三日　大師供事

　　　八日　藥師堂修正

　　　九日　鎮守讚嘆

　　十一日　曼陀羅供　禪光院參眾四人

　　十二日　地藏堂修正

　　十四日　修正結願

十六日　西房修正

二三日　報恩院修正

二四日　結緣曼陀羅供在之

二五日　羅漢讚嘆

　晦日　法藏供

二　月

一日　羅漢供　藥師堂

二日　舍利講（德治三年，（1309））

（同日不斷經，禪光院曼陀羅供在之）

八日　八齋戒事（同日七箇日懺法始之）（同日極樂院修二日）

十三日　禪光院修二月（同日釋迦堂修二月）

十五日　涅槃講

二二日　太子講

二六日　修二月

二八日　舍利講　有法用（同日不斷經在之）

三　月

三日　御供

六日　光明真言

十二日　舍利講

十九日　報恩念佛講

二二日　不斷經（筆者按：所謂的「不斷經」就是一日之內誦經音聲不斷的法會）

四　月

二日　結緣曼荼羅供

五日　彌勒講

六日　曼荼羅供

八日　佛生會（按：浴佛節）

十二日　大房地藏講

十四日　不斷經

十五日　結夏

十六日　尊勝陀羅尼

中申日　御供（御影供）

二一日　懺法開白

二二日　御讀經

二四日　地藏講（同日不斷經在之）

二七日　涅槃講事

五　月

五日　御供

十四日　稱名念佛講

六　月

二日　不斷經

四日　傳教大師講

九日　月講

十日　惠心講

十一日　舍利講（同日不斷經在之）

十二日　舍利講

十六日　供花

二二日　南岳大師講事

二四日　稱名念佛講事

二五日　不斷經事（近年出來歟）

七　月

二日　曼陀羅供　禪光院在之

七日　御供（同日結緣曼陀羅供在之）

八日　二十五三昧

九日　大念佛開白事（同日酉時往生講在之）

十四日　問答講事

十五日　自恣事（德治二年（1308）七月十五日）

雨儀時事（同日盂蘭盆事）

羅漢讚嘆事

十七日　禪光院二十五三昧

十八日　一時禮拜

十九日　羅漢供

二六日　結緣曼陀羅供

　晦日　布薩（巳時在之，其後釋迦講）

八　月

　　四日　不斷經

　　五日　曼荼羅供（引聲巳時）

　　八日　不斷經（請經用）

　　九日　大念佛結願迴向之詞

　　十日　御讀經

二五日　曼荼羅供（禪光院在之）

二六日　千手陀羅尼（彼岸中不斷經）

九　月

　　三日　尊勝曼陀羅供（次第散花在之）

　　九日　懺法　朝　燈明

　　七日　御讀經

十五日　懺法結願（同日不斷經在之）

十四日　引聲事

二九日　法花曼荼羅供

十　月

　　九日　不斷經

十二日　地藏堂講

十四日　三尊院曼荼羅供

十五日　布薩　巳時在之

十六日　大師讚嘆・佛讚・四智讚・僧讚・伽陀二在之

二二日　大師供（同日西方院講在之）

二三日　不斷經

十一月

　　一日　檀那講

　　二日　文殊講

十二日　不斷經

十四日　天臺大師畫讚（天臺大師御影供）

十五日　布薩巳後畫讚

十九日　結緣曼荼羅供　畫讚

二四日　大師講

十二月

三日　佛名開白　三箇法用　梵音佛名　表白等

四日　中卷法則

五日　佛名結願（同日淨蓮花院曼荼羅供在之）

六日　二十五三昧所作之迴文

十七日　西明院講（有　法用　不斷經在之）

十九日　報恩講

二三日　二十五三昧（禪光院在之　不斷經在之）

二五日　須須掃

二六日　不斷經

晦日　布薩歟

另外，每月另有的例行性法會行事事這樣的：

每月

一日　引聲

二日　舍利講事

三日　毘沙門講事（禪光院）

八日　藥師講事

九日　地藏講事

十五日　布薩事（嘉元四年（1307）三月十五日　保延二年（1139）二
月十五日）

阿彌陀講事

二十五三昧事（弘安四年（1282）七月二十一日）

十八日　觀音講（禪光院）（嘉元三年（1306）正月十八日）

二二日　御讀經

二四日　地藏講

（以上資料照原樣鈔打，請見《續天臺宗全書・法儀I》，頁540～544）

以上就是大原一帶天臺宗來迎院的一年與每個月例行的法會，就其法會
種類繁多情況來說，可以看得出來是一個相當忙碌的寺院。茲就上述行事當

中，天臺宗重要的法會敘述之（以下資料來自天納傳中大僧正的《天臺聲明概說》）。

一、修正會

「修正會」是正月必修的法會，這是一個爲祈禱這一年天下太平、風雨和順、五穀成熟、萬民快樂的法會。通常這種法會正式的修法都會舉辦「法華懺法」（即《法華三昧懺儀》）和各種懺儀，及唸誦《大般若經》的「轉讀會」（即「誦經法會」）。簡單的修法則以唸誦《妙法蓮華經・神加品》與《般若心經》讀誦作法爲主。如前面的行事曆來說，來迎院元月八日修「藥師堂修正」。二月份的修法則稱作「修二會」（《天臺聲明概説》，頁 159）。

特別說明關於日本佛教天臺宗的《法華三昧懺儀》，基本上遵循智者大師創制的儀式。現在日本的天臺宗在比叡山延曆寺西塔的「法華堂」，是作爲修行僧人修行此法的道場。日本的《法華懺法》其儀節如次：

1. 總禮伽陀：「我此道場如帝珠……。」（《魚山聲明集》有著錄）
2. 總禮三寶：「一心敬禮十方一切常住法……。」
3. 供養文：「是諸人等　各各胡跪　嚴持香華　如法供養……。」（《魚山聲明集》有著錄）
4. 法則（筆者按：用來說明本次法會目的、主旨，通常只是讀念表白而已）
5. 敬禮段：「一心敬禮本師釋迦牟尼佛……。」
6. 六根段：「至心懺悔弟子某甲與一切法界眾生，從無量世來眼根因緣……。」（共有眼、耳、鼻、舌、身、意六根段）
7. 四悔：「我弟子某至心勸請十方應化法界無量佛，唯願久住轉法輪，含靈抱識還本淨，然後如來歸常住，勸請已，禮三寶……。」（此爲「勸請」段，還有其他「隨喜」、「迴向」、「發願」三個勸請）
8. 十方念佛：「南無十方佛　南無十方法　南無十方僧……。」（《魚山目錄》有著錄）
9. 經段：妙法蓮華經安樂行品。
10. 十方念佛：「南無十方佛　南無十方法　南無十方僧……。」（《魚山目錄》有著錄）
11. 後唄：「處世界如虛空　如蓮花不著水　心清淨超於彼　稽首禮無上

尊。」（《魚山聲明集》有著錄）

12. 三禮：「一切恭敬　自皈依佛　當願眾生　體解大道　發無上意……。」（《魚山聲明集》有著錄）

13. 七佛通偈：「願諸眾生，諸惡莫作，諸善奉行，自淨其意，是諸佛教，和南聖眾。」（《魚山目錄》有著錄）

14. 六時偈：（六時偈有：《後夜偈》、《晨朝偈》、《日中偈》、《黃昏偈》、《初夜偈》、《半夜偈》六段）

15. 後夜偈：「白眾等聽說　後夜無常偈　時光遷流轉　忽至五更初　無常念念至　恆與死王居　勸諸行道眾　修道至無餘。」（《魚山目錄》有著錄）

16. 九條錫杖：「手執錫杖　當願眾生　設大施會　示如實道。」（《魚山聲明集》有著錄）

17. 迴向伽陀：「願以此功德　普及於一切　我等與眾生　皆共成佛道。」（《魚山聲明集》有著錄）〔註1〕

　　從上述的軌儀看出，日本佛教天臺宗所使用的《法華懺法》儀軌，比起中國佛教天臺宗而言是有改變，改變的部份是：日本的《法華懺法》強調「六時行道」，比較接近敦煌的禮懺文形式。由於《國清百錄》內僅說明有「六時行法」，未有《六時誦偈》，而智者大師在《大正新修大藏經》第四十六冊當中的《法華三昧懺儀》中也沒有提到《六時誦偈》，反而在敦煌資料當中普遍存在於禮懺文當中。這說明現行日本佛教天臺宗使用的儀軌應該是從唐朝中期以後傳來。

　　《法華懺法》除應用在「修正會」以外，另應用在兩個「大師會」（釋迦牟尼佛、天臺大師的紀念會）、「聖忌法要」（天皇紀念法會）等等。除了《法華懺法》以外，日本的天臺宗也有其他懺悔法會，稱為「悔過法要」，通常也行於一年的正月，向本尊行懺悔儀式。通常的本尊是：藥師佛、阿彌陀佛、十一面觀音等等。所以就有「藥師悔過」、「阿彌陀佛悔過」、「十一面觀音悔過」還有「吉祥悔過」等等。

〔註1〕以上儀軌內容參照日本滋賀縣大津市，比叡山延曆寺學問所在昭和 60 年（1986）為紀念傳教大師（最澄大師，日本佛教天臺宗創始人）比叡山開山一千二百年紀念發行改訂之課誦本《天臺課誦》（日本：芝金聲堂出版，昭和 60 年 8 月改訂初板），頁 1～90。

這些悔過法會的儀式，通常是這樣的：

供養文——散華——祝願——唱禮（視本尊而定有不同讚偈）——
發願——五大願——眞言（本尊眞言）——敬禮（法儀視本尊而不
同）——大懺悔——初夜偈——發願——五大願——眞言——加持
牛王——迴向（《天臺聲明概說》，頁162）

上述這樣的次第，通常緊接著會有所謂的「牛王導師做法」修法：

三禮——如來唄——表白——發願——五大願——牛王加持眞言—
—佛名——教化

上述這樣的法會，也是在正月時候舉行的。

二、例時作法

天臺智者大師在《摩訶止觀》一書當中揭示了所謂的「四種三昧」，本研究已經在第五章、第六章都有提過。其中有一種三昧稱爲「常行三昧」。所謂的「常行三昧」就是以九十天爲一期，在道場內繞佛，行道念佛，唱誦阿彌陀佛佛號不間斷。由於都是站立唱誦，直到見到十方佛現前，稱之爲「佛立三昧」，也稱爲「般舟三昧」。現在日本的天臺宗在比叡山延曆寺西塔的「常行塔」，是作爲修行僧人修行此法的道場。這個修行法門，在日本天臺宗而言，稱之爲「例時作法」。茲將日本的天臺宗「例時作法」儀軌內容敘述如次：

1. 眾罪伽陀：「眾罪如霜露　惠日能消除　是故應至心　懺悔六情根。」
2. 三禮：「一切恭敬　自皈依佛　當願眾生　體解大道　發無上意……。」（《魚山聲明集》有著錄）
3. 七佛通戒：「願諸眾生，諸惡莫作，諸善奉行，自淨其意，是諸佛教，和南聖眾。」（《魚山目錄》有著錄）
4. 黃昏偈：「白眾等聽說　黃昏無常偈　此日已過　命即衰減　如少水魚斯有何樂　諸眾等　當勤精進　如救頭燃　但念苦空　無常勤愼　莫放逸。」（《魚山目錄》有著錄）
5. 無常偈：「諸行無常　是生滅法　生滅滅已　寂滅爲樂　如來證涅槃永斷於生死　若有至心聽　當得無量樂。」
6. 六爲：「爲十方（今日）施主念釋迦牟尼佛。」
7. 法則：（按：同前面提到的《法華懺法》）
8. 四奉請：「散華樂　散華樂　奉請十方如來　入道場散花樂。」（聲明

集（二卷抄)》有著錄、《魚山目錄》有著錄）

9. 甲念佛:「南無阿彌陀佛　阿彌陀佛　阿彌陀佛。」（《魚山聲明集》有著錄）

10. 經段:佛說阿彌陀經。

11. 甲念佛:「南無阿彌陀佛　阿彌陀佛　阿彌陀佛。」（《魚山聲明集》有著錄）

12. 合殺:「阿彌陀佛　阿彌陀佛　阿彌陀佛　阿彌陀佛　阿彌陀佛　阿彌陀佛。」（《魚山目錄》有著錄）

13. 迴向:「我等所修念佛善　迴向極樂彌陀佛　哀愍攝受願海中　消除業障證三昧……。」（《魚山目錄》有著錄）

14. 後唄:「處世界如虛空　如蓮花不著水　心清淨超於彼　稽首禮無上尊。」（《魚山聲明集》有著錄）

15. 三禮:「一切恭敬　自皈依佛　當願眾生　體解大道　發無上意……。」（《魚山聲明集》有著錄）

16. 七佛通戒:「願諸眾生，諸惡莫作，諸善奉行，自淨其意，是諸佛教，和南聖眾。」（《魚山目錄》有著錄）

17. 初夜偈:「白眾等聽說　初夜無常偈　煩惱深無底　生死海無邊　度苦船未立　云何樂睡眠。」（《魚山目錄》有著錄）

18. 九聲念佛:「阿彌陀佛　阿彌陀佛　阿彌陀佛　阿彌陀佛　阿彌陀佛……。」（《魚山目錄》有著錄）

19. 神分、靈分、祈願:讀誦修法的本尊的護法神明名號（印度、中國、日本三國），祈請守護道場的願望。通常都因為法會本尊不同而讀誦也有不同。〔註2〕

20. 大懺悔:「至心懺悔，如是等一切世界，諸佛世尊，常住在世，是諸世尊，當慈念我，憶念我，證知我，若我此生……。」（《魚山目錄》有著錄）

21. 五念門（分為「禮拜門」、「讚嘆門」、「作願門」、「觀察門」、「迴向門」）「願共諸眾生　往生安樂國　願共諸諸生　值遇彌陀尊。」（《魚山目錄》有著錄）

〔註2〕同註1，頁139，但是該儀節未見解釋。天納傳中等四人合編之《佛教音樂辭典》中有註明，頁172。

22. 迴向伽陀：「願以此功德　平等施一切　同發菩提心　往生安樂國。」
〔註3〕

　　以上就是日本佛教天臺宗的「例時作法」儀軌內容。其儀軌的次第也是與《法華懺法》一樣，和唐朝的敦煌禮懺文類似。「例時作法」也是元月法會當中一部份。

三、大般若轉讀會

　　是關於《大般若波羅蜜多經》六百卷的唸誦法會，也稱之為「般若會」。該經在唐朝高宗顯慶五年（660）正月，玄奘大師開始翻譯，而在龍朔三年（663）十月完成，為了慶祝翻譯成功而設的供養齋會。《大唐大慈恩寺三藏法師傳》卷十提到，這本經典是「鎮國之典，人天大寶」〔註4〕日本很早在公元703年3月就有「大般若經轉讀會」。現行天臺宗《大般若經》轉讀會通常是屬於除災招福的大法會，以正月（春）、五月（夏）與九月（秋）作固定的法會，冬天則沒有。其儀軌內容為：

　　　　入堂——列讚——著座讚——唄——散華——對楊（大般若用）——
　　　　—諸天讚（上、中二段）——法則——轉讀——《理趣分》讀誦作
　　　　法——結願作法——諸天讚（下段）——法樂——本尊真言——實
　　　　號——祈願——總迴向——出堂（《天臺聲明概說》，頁168）

以上就是「大般若經轉讀會」的儀式內容，不過這種轉會過去大部分都是由國家舉辦法會，故前面提到的來迎院的行事曆並沒有明白記載。

四、講　式

　　「講式」是一種特別的文體，是日本佛教獨特的發展出來的。這是一種以漢文文體用「訓讀方式」來讀誦，和「和語聲明」一起揉合成而的文體，目的是在讚嘆並解說佛、菩薩、明王、天，及祖師大德等功德的式文，使用一種特殊的旋律（稱之為「講式節」，講式用的旋律）來讀唱。講式法會就是唸誦這些「講式文」，再加上前面與後面一些儀節組合成的法會。最早的要算是「六道講式」，其後有「藥師講式」、「涅槃講式」、「舍利講式」、「觀音講

〔註3〕同註1，頁91～164。
〔註4〕請見《大正新修大藏經》第五十冊（臺北市：新文豐出版有限公司，民國72
　　　　年修訂版），頁276。

式」、「地藏講式」、「不動講式」、「毘沙門講式」、「天神講式」、「聖德太子講式」、「慈惠大師講式」等等。

「講式法會」的儀軌次第，可分「廣式」與「略式」兩種，茲將兩種儀軌內容付之於次：

【廣式】

總禮伽陀——三禮——傳供（用與不用皆可）——法用（唄·散華·梵音·錫杖）——表白——式文（各段都附上有《伽陀》與《三禮》）——神分——祈願——迴向伽陀——三禮

【略式】

三禮——如來唄——表白——式文（各段都附上有念佛與經段等等）——六種迴向（《天臺聲明概說》，頁 173～174）

這種講式法會，是在日本佛教天臺宗裡常見的法會。來迎院的行事曆上常常可以看到。二月十三日有「舍利講」，六月則有十日的「惠心講」，都是屬於講式類型的法會。而七月八日的「二十五三昧」，應該也是屬於講式的一種，蓋因惠心僧都源信曾經創辦念佛講會，會上有所謂的「二十五三昧式」的作法，解說六道的《六道釋》的式文。從來迎院的行事曆來看，講式法會是經常舉辦的法會。

五、御影供

這是紀念大乘佛教天臺宗祖師的法會，除了中國佛教天臺宗祖師以外，日本佛教天臺宗則特別紀念了日本天臺宗的開宗大師，而舉辦的法像（畫像，日人稱為「真影」）的供養。紀念的大師有：中國的智者大師，日本的傳教大師（最澄和尚）及慈覺大師（圓仁大師）、慈惠大師（良源大師，中興比叡山天臺宗的大師）所謂的「四大師的御影供」。關於開創天臺宗的祖師真跡畫像現存於中國天臺山禪林寺（浙江省天臺縣），但是由唐朝大書法家顏真卿為其撰寫詩歌體的「天臺大師畫讚」（以後日本以《畫讚》惠指智者大師的「畫讚」）傳到了日本。以後延曆寺就以十一月二四日（「霜月會」，也會「天臺會」）在大講堂內修這個以天臺大師的《畫讚》為中心的紀念天臺大師儀式。關於天臺大師的「御影供」法會儀軌內容是這樣的：

入堂——僧讚——總禮詞——總禮——導師登禮盤——勸請——佛名——教化——獻茶——祭文——畫讚——獻茶——六種回向——

佛名教化回向——伽陀——導師降禮盤——出堂（《天臺聲明概
　　說》，頁 176）

而傳教大師的「御影供」以上儀軌為主，在每年的六月四日（長講會，也是
「御命日」）的前日舉行，不同的地方是，紀念智者大師稱為《畫讚》，紀念
傳教大師則有《廟讚》，旋律則同於《畫讚》，儀軌相同。慈覺大師的「御影
供」則於五月十四日，在大講堂舉行。紀念慈覺大師的禮讚則稱為《慈覺大
師德行讚》，而慈惠大師的紀念則於四月十八日，在橫川四季講堂舉行，慈惠
大師的讚稱為《慈惠和尚德行讚》。次第儀軌則四位大師都相同（《天臺聲明
概說》，頁 175～177）。

六、法華講經會

　　日本佛教天臺宗就《法華經》的教義宣傳上，有所謂的「法華十講」、「法
華八講」二種講經大會為主。「法華講經會」是筆者綜合這些弘揚《法華經》
大會而給的稱號。「法華十講」的法會，是為了懷念天臺智者大師德澤，特別
在智者大師紀念會上（前面講過的「御影供」，始於 798 年）上，在延曆十年
（801）十一月，傳教師應南都（奈良）在一乘止觀院開「法華十軸」的講
會。這個會也是作為對天臺大師的報恩謝德的目的而舉辦，同時也是「霜月
會」的開始。

　　這個講會，是以《法華經》八卷，再加上《無量義經》與《觀普菩薩行
法經》兩卷，總共加起來是十卷的講座，稱為「法華十講」，其法會的儀軌內
容為：

入堂（上座入奧上座）——賦磬——講讀師登高座——鳴磬——唄
（始段唄）——散華——對揚——法華讚嘆——佛名——教化——
表白——神分——賦經——勸請——揚經題——卷釋析句——講經
問答——撤經——鳴磬——講讀師降座——撤磬——退堂（《天臺聲
明概說》，頁 179）

上述就是「法華十講」的儀軌內容。相對於「法華十講」法會，若只有論及
《法華經》八卷者，那就是「法華八講」法會。其問答形式及儀軌內容與「法
華十講」相同，然而「法華八講」的教義是以優波提舍（《妙法蓮華經論優波
提舍》）為主。

七、四箇法要

這個儀式通常寺廟落成慶典、大佛開眼（中國佛教稱爲「開光」）、住職晉山典禮的慶祝大法會顯教使用的最高級法會。早於天平勝寶四年（752）東大寺大佛開眼法會就有這個四箇法要的儀式。所以算來它也應該是來自唐朝的佛教法會。其儀軌的內容是以《唄》（始段唄）、《散花》（顯教用《散花》，視本尊而定）、《梵音》、《錫杖》（《三條錫杖》）的四種聲明爲中心的儀式，通常也會使用《佛名》與《教化》等聲明，還有舞樂方面、《法華經》的論義等等活動加入，是一個大規模法會。故被稱作「顯教使用的最高級法會」（《天臺聲明概說》，頁 190～191）。

從大原來迎院的行事曆來看，還有其他法會。以上僅是舉出顯教中重要的法會作爲討論。上述大部分法會今天都還在舉行，《魚山聲明集》內記載的聲明曲也還在這些法會使用著。因此研究這些法會的儀軌就更有意義了。事實上，筆者並沒有這些法會的法本。那些法本都存在大原勝林院中的《魚山叢書》，所以若想有更進一步的研究，也只有前往大原閱讀《魚山叢書》了。由於想要了解佛教梵唄或是音樂的使用情形與樣態，光是使用短期的田野調查是不夠的，最好的方法就是找到寺院的行事曆。行事曆當中列示的法會，通常是具有循環性的，因此可以鎖定重要的法會，來觀察這些法會所使用的梵唄，研究出來的理論可靠性較高。就筆者的看法，大原一帶寺廟所使用的法會儀式，與唐代敦煌禮懺文形式相近。同時有一點引人注意，那就是《魚山聲明集》所使用聲明曲《三禮》（現代中國佛教稱呼爲《三皈依》）與《迴向偈》、《發願文》等這些梵唄都放在儀式的前面部份，這與現在中國佛教使用的法會儀式有所差異，現行臺灣佛教的儀式是將上述儀文放在後面的（特別是中國佛教《三皈依通常放在後面，日本佛教天臺宗法會是放在前面》），這就令人感到好奇，日本佛教天臺宗的儀式主要還是來自中國唐代，這說明了中國佛教在儀軌上的編排上似乎有一個我們不知道的「轉折點」。關於這點「轉折點」，則要屬於中國佛教近代梵唄（唐宋以後的梵唄史）的範圍當中，才有可能找得到解答。

第二節　關於日本天臺宗「魚山聲明」的保存事業

日本的天臺宗由於舉行皇室法會，本文第七章曾經提過到了江戶時代魚山大原寺三千院立下《梶井宮定文》，其中規定對於天臺聲明的稽古考證的工

作「不可油斷」，是以魚山大原寺下屬各寺院對於聲明的保存事業一直不斷進行。這種情形到今天也是不斷持續著。爲了因應現代化社會的發展，將正確的聲明儀式傳承下去起見，故有各種保存與傳承的事業，這些保存的事業包括了設計「研究機構」、「五線譜化」、「唱片化」、與「公演」。

一、日本天臺聲明的研究機構

其實這部份筆者的資料非常少，但在研究過程中，特別是在民國 87 年訪問京都大原之後才發現的。但在此特別要把它們寫出來，以便日後研究天臺聲明的人士有個參考。

我們前面已經知道《魚山聲明集》是一本被日本佛教眞言宗僧人抄出去的書，所以研究《魚山聲明集》一書的人在天臺宗不多，眞言宗則因爲其傳統聲明稱爲「南山進流聲明」，對《魚山聲明集》內容係屬天臺宗者，特別去注意的也不多見。然而與《魚山聲明集》內容完全一樣的《魚山六卷帖》就不同了，日本天臺宗不僅十分重視，比叡山延曆寺設有「法儀研究所」，而且也有大學將它放在專門課程中來教授。然而，筆者僅知道少數幾所機構與學校有保存，目前卻沒有關於它們的詳細資料，故暫且存目備查（以下資料並不包含其他宗派，如眞言宗聲明、淨土眞宗聲明者）。

1. **大學部份**（教授天臺聲明的課程）
   東京的大正大學學部、大學院
   京都的大谷大學學部、大學院（有這方面專家學者）
   叡山學院（專屬比叡山的天臺宗佛學院）

2. **研究單位**
   比叡山延曆寺學問所法儀音律研究部（滋賀縣大津市比叡山延曆寺內）
   魚山聲明研究會（京都市左京區大原勝林院町魚山大原寺實光院內）

其中大正、大谷兩所大學則有開設相關課程，大正大學則有培養天臺宗僧人的課程，主要是開設給學部（大學部），讓學生了解天臺宗聲明歷史及內容。大谷大學並非天臺宗所創辦大學，而是淨土眞宗大谷派所創辦的大學，然而有像岩田宗一教授這樣專門從事天臺與淨土眞宗等日本佛教聲明研究的學者，且大谷大學大學院中設有屬於佛教文化的博士學位。而專門從事天臺聲明研究者，首推日本佛教天臺宗總本山的比叡山之叡山學院，天納傳中大

僧正是這所學校聲明學的教授，還有其他多位教授、講師。師資整齊，專門程度之高，當首推這所日本天臺宗專宗佛教學院。然而上述三所院校其中課程部份內容，現在還不太清楚，僅能將開設課程之相關院校列示。

而魚山聲明的研究機構，而如「比叡山延曆寺學問所法儀音律研究部」與「魚山聲明研究會」兩地則是目前提供天臺聲明相關的資料，如錄音帶、書籍等相關資料地方。與他們配合的出版商常見有：京師的芝金聲堂、法藏館、すねる等出版商。以上三者經常是擔任天臺聲明的錄音帶、書籍的出版工作。

二、「五線譜化」

日本天臺宗聲明的「五線譜化」是由多紀道忍（1890～1949）與音樂家吉田恆三（1872～1957）共同策劃，撰寫成《天臺聲明大成》，於 1936 年，12 月完成上卷，下卷於 1955 年 5 月完成下卷。根據《天臺聲明大成》的「樂譜法」說明：由於自古以來，天臺宗聲明演唱一直以大原來迎院良忍上人以來的「目安博士譜」（墨譜）爲口傳依據，然而這類曲折線譜雖有五音的表徵，裡面曲折地方又沒有完全按照實唱，高低音的表示也時常有所闕漏，是以傳承上發生混亂情形。是以就有想要採用精密的西方音樂記譜法來作天臺聲明的保存工作。〔註5〕

多紀道忍是一位精通大原流聲明的法師，致力於研究聲明的音律，蒐集了很多的聲明著作；吉田恆三則是音樂家。多紀道忍與吉田恆三首先合作，1935 年做出《伽陀音樂論》一書，翌年就完成了《天臺聲明大成》的上卷，爲天臺聲明做出了劃時代的貢獻。雖然多紀道忍尚未及看到下卷的出版就過世了。但是部「五線譜化」的《天臺聲明大成》對天臺聲明的保存發生了作用。多紀的弟子，中山玄雄大僧正繼承兩位老師遺志，昭和 42 年（1970）除了完成刊行將上下卷合編成《天臺聲明大成》外，另將《魚山聲明全集》、《天臺常用聲明》、《天臺常用法儀集》、《天臺宗法式作法集》、《法華懺法・例時作法》、《光明供》、《六道講式》等有聲資料及相關譜本出版。早於昭和 30 年（1956）三月十九日，天臺僧人保存天臺聲明的努力獲得日本政府頒佈的獎勵，指定爲「無形文化材」，這是天臺宗諸師保存天臺聲明的共同努力成

〔註 5〕請見多紀道忍與吉田恆三合著，中山玄雄編，《天臺聲明大成》（日本：金聲堂，昭和 42 年元月 26 日發行），頁 1。

果。而昭和44年（1970）獲得日本政府文部省（即類似我國教育主管單位）
頒受的「紫綬褒賞」，昭和50年（1976）獲得銀杯，翌年（1977）則獲得了
「藝術選獎」〔註6〕，天臺宗的聲明保存事業獲得日本政府及民間多方肯定。

迄今《天臺聲明大成》可以說是研究日本天臺聲明音樂最具權威的工具
書，也是當前歐美人士了解天臺聲明的重要書籍。前西德魯爾大學 Walter
Giesen 教授所撰寫的《Zur Geschichte des buddhistischen Ritualgesangsin Japan》
（日本的佛教禮儀音樂歷史）便是採用上述《天臺聲明大成》的材料以外，
還有採用了其他聲明史料。

三、「唱片化」——天臺宗「魚山聲明」的有聲出版工作

天臺宗總本山延曆寺對於有聲資料的保存一直不遺餘力，即由前面提到
中山玄雄大僧正繼承兩位老師遺志，昭和42年（1970）除了完成刊行將上下
卷合編成《天臺聲明大成》外，另將《魚山聲明全集》、《天臺常用聲明》、《天
臺常用法儀集》、《天臺宗法式作法集》、《法華懺法・例時作法》、《光明供》、
《六道講式》等有聲資料及相關譜本出版可以知道。目前已經知的天臺宗聲
明錄音帶出版者，筆者將各地所見（散見各地，或自己購得收藏，故不出註）
收集列示於次，以備考之用：

1. 最早出版的就是與《魚山聲明集》內容完全一樣的《魚山六卷帖》全
   部的唸誦，然而卻以舊式唱片發行，稱之為《天臺宗大原流聲明大
   全》有三卷，十二片唱片發行。這些唱片都是過去老一輩聲明師所錄
   下的唱唸，筆者以為很有價值，但是不知道有沒有錄音帶版。

2. 屬於《魚山聲明全集》的「天臺的聲明」由被日本政府文部省指定為
   「無形文化財」的勸學大僧正中山玄雄法師策劃，天臺宗務廳教學部
   編輯。由京都市すねる教材研究社製作。裡面包含三集，昭和40年間
   （1966）錄音，有三塊各六十分鐘的錄音：
   第一塊：讚禮、如來唄、揚勸請、六首回向、四智梵語、四智漢語、
   　　　　五人願總禮伽陀、回向伽陀長行三昧、懺悔加陀。
   第二塊：回向伽陀、天臺會法華三昧法則、山家會常行三昧法則、諸
   　　　　天讚、吉慶梵語讚、散華對揚（顯教）、散華對揚（密教）。

〔註6〕以上資料請見天納傳中著，《天臺聲明概說》（日本：昭和63年6月13日發
　　　行），頁104。

第三塊：《九條錫仗》全部。

以上各七十到九十分鐘錄音帶。

3. 《天臺宗勤行式——法華懺法》，這是由京都市すねる教材研究社，聲明錄音帶製作委員會製作發行，是由中山玄雄大僧正與天納傳中、即眞尊靈等三位聲明師於昭和 51 年（1977）六月十五日在延曆寺滋賀院內佛殿上共同錄製。內容是《法華懺法》爲主，但因錄音帶長度不足，略去了「經段」、「十方念佛」、「三禮」、「七佛通戒偈」四個部份。六十分鐘錄音帶。

4. 《渡歐歸國紀念——天臺聲明・四箇法要（略音用）・曼荼羅供（略音用）》，這是比叡山延曆寺學問所法儀音律研究部策劃發行。1979 年受歐洲國家法國、西班牙邀請前往公演的紀念錄音帶。由譽田玄昭大僧正爲團長，領天納傳中、井深觀讓、水尾眞寂、即眞尊靈、中山玄晉四位聲明師唱誦。錄音帶由京都市市原榮光堂出版，六十分鐘錄音帶。

5. 《天臺聲明　唄・散華・對揚》，魚山聲明研究會出版，由叡山學院教授天納傳中，領講師天納久和、齊川文泰三人在大原實光院內錄音。六十分鐘錄音帶。這是一捲天臺聲明的練習帶。

6. 《例時作法》，由中山玄雄、即眞尊靈、天納傳中、中山玄晉四位聲明師錄製。內容有：伽陀（眾罪、懺悔）、三禮、七佛通戒偈、黃昏偈、無常偈、六爲（微音）、長行三昧法則、四奉請、甲念佛、回向、後唄、三禮、七佛通戒偈、伽陀（回向）、五念門（只到和讚節、十二禮的四偈）、三句念佛。由京都市すねる教材研究社製作發行，六十分鐘錄音帶。

7. 《光明錫杖法要》，要譽田玄昭、水尾眞寂、井深觀讓、即眞尊靈、天納傳中、中山玄晉等人共同錄製。內容有：入堂——列讚（四智梵）——鈇僥鈑——導師登禮盤——著座讚——漢語讚——法則——五大眼——光明供修法——一條——二條——三條（中略）——九條——隨方回向——誦經——自我偈——回向導師降禮盤——出堂。由京都市すねる教材研究社製作發行，六十三分鐘錄音帶。

8. 《天臺宗檀信徒勤行式》，由比叡山延曆寺學問所法儀音律研究部唸誦，收錄了天臺宗制定的早晚課法本唱誦。由本原榮光堂發行，五十

八分鐘錄音帶。

9. 此外還有錄影帶：

《天臺宗聲明應用實踐講座》，四季社出版，內容有法華懺法、例時作法、光明供錫杖的常用法儀作法，解說聲明的曲折譜讀誦方法。三捲（VHS），各五十五分鐘。

《天臺宗聲明基礎實踐講座》，共四卷，內容有：聲明的樂理解說、單旋律型與心得、複合旋律型與心得、傳承與現狀的聲明。《天臺宗聲明應用實踐講座》VHS 版錄影帶。

《天臺宗法式作法》，由總本山比叡山延曆寺監修的示範法會舉辦方法，內容有：法會作法的基本要件、法華三昧作法、常行三昧、光明供錫杖、葬儀式等五卷各六十分鐘的《天臺宗聲明應用實踐講座》VHS 版錄影帶。

此外特別推薦的是，京都的「法藏館」出版公司出版《聲明大系》，是日本佛教音樂的精華。內容包含了南都、眞言、天臺、淨土、淨土眞宗、禪宗、法華宗、還有特別的天臺宗聲明大師多紀道忍的天臺聲明唸誦。天納傳中教授與岩田宗一教授即因爲編輯這部《聲明大系》，而同時編成《佛教音樂辭典》，是以這部《聲明大系》的價值非常的高。

四、關於天臺聲明的「公演」

自從多紀道忍與吉田恆三爲了保存天臺聲明所作的工作開始後，經過多紀的弟子中山玄雄大僧正及天臺宗多位大師努力下，日本佛教天臺宗聲明獲得日本政府文部省指定爲「無形文化財」，並多次獲獎。昭和 51 年（1977）獲得了「藝術選獎」後，中山玄雄大僧正就宣揚天臺聲明事業而努力，先後在日本國內的東京國立劇場、萬國博覽會會場的音樂廳、京都會館、京都府文化藝術會館等多處進行天臺聲明法會的公演。其中東京國立劇場當中所演出聲明比較有名：

1. 1966 年 11 月 8 日，「魚山秘曲二二相」，由大臺宗延曆寺學問所法儀音律研究部與天臺眞盛宗西教寺法儀研修所組合演出。

2. 1968 年 11 月 15 日與 16 日，「二次法華懺法」，由天臺宗延曆寺學問所法儀音律研究部與天臺門宗園城寺組合演出。

3. 1970 年 10 月 2 日與 3 日，「管絃法要」（魚山秘曲三二相）與「管絃法

要」（魚山聲明例時・別時念佛作法），由天臺宗延曆寺學問所法儀音律研究部與日本雅樂協會聯合演出。

4. 1971 年 10 月 1 日、2 日，「引聲」（眞如堂），由天臺宗眞正極樂寺演出。

5. 1972 年 11 月 7 日至 8 日，「舍利會」（舍利讚歎會式），由天臺宗延曆寺學問所法儀音律研究部演出。

6. 1974 年 11 月 15 日至 16 日，「關山法要」（御影供），由天臺宗延曆寺學問所法儀音律研究部與平安雅樂會共同演出。〔註7〕

從上述記錄可知，日本天臺宗對於聲明公演的支持是十分積極的。其實現在東京國立劇場也還是持續著聲明公演（從日本眞言宗豐山派東谷寺的網頁中可以知道，該站提供聲明公演的訊息）。

除了日本國內的公演以外，海外公演也開始進行。昭和 53 年（1979）受歐洲國家法國、西班牙邀請，前往歐洲公演，由譽田玄昭大僧正爲團長，領天納傳中、井深觀讓、水尾眞寂、即眞尊靈、中山玄晉四位聲明師唱誦。這次演出是「四箇法要」（唄・散華・梵音・錫杖）與「法華懺法」（伽陀・總禮三寶・供養文・敬禮段・十方念佛・十方念佛・《法華經・安樂行品偈》・後唄・回向伽陀），還有「光明供錫杖」（列讚・著座讚・五大願・九條錫杖）與「曼陀羅供」（唱禮・九方便・五大願・大讚・百八讚・甲四智）等都有演出。

昭和 62 年（1988）二月，日本佛教天臺宗第二次出團作天臺聲明的公演。這次是由叡山學院教授譽田玄昭勸學大僧正擔任團長，這次公演的經過，天納傳中爲文《天臺聲明第二回ヨッパ公演》（天臺聲明第二回歐洲公演）收錄於《叡山學院研究紀要》第十號（昭和 62 年（1988）刊出）。由於天臺聲明不斷在日本國內外演出，使得世人開始知道天臺聲明的存在，並有進一步研究天臺聲明的情況。德國魯爾大學的 Walter Giesen 教授的研究就是一個例子。

以是，我們了解到，從日本佛教天臺宗對於他們的梵唄重視，可由其總

〔註 7〕 以上記錄根據片岡義道《佛教音樂的源流及其發展——兼論日本佛教音樂現況》對於東京國立劇場的公演情況。見收《佛教藝術——音樂、戲劇、美術》，收錄於高楠順次郎等著，譯叢編委會等譯「世界佛學名著譯叢」（臺北縣：華宇出版社），頁 27～28。

本山僧人自發性作「聲明五線譜化」工作開始，其間動員下屬重要聲明導師
作各種錄音帶發行，及作公演宣揚天臺聲明的努力，很值得我們參考。另外
日本佛教天臺宗也致力將天臺聲明學在學院內專門科目傳授，這是目前臺灣
還很少看到的，這是因為臺灣目前還沒有專門的佛教學系之類的院校關係。
筆者以為，如果臺灣可以迎頭趕上的地方，就是開設佛教梵唄史的課程，以
修行觀點入手，作為梵唄使用，法會儀式運作參考等等，來導正人們對梵唄
過去的刻板印象及錯誤的觀念，使我國固有梵唄文化獲得弘揚，光輝再現。

小　結

　　就這次的研究過程來說，令筆者最感到困難的地方，就是語文和音樂專
業知識。日文與音樂專業這兩樣知識是筆者撰寫論文過程中深感不足所在，
研究已經做到這個程度，深深感到時間的限制，實在有學力不足的喟嘆。若
有再更多的時間，筆者真想深入研究音樂專業知識，與日本語深入研習。尤
其是，再去拜訪一次京都的學者們，和前往大原三千院，有很多問題想再深
入求證的。

　　目錄學是一切學問之母，為學最好能由目錄學與文獻學角度入手。鑑於
該書的版本、作者、歷史淵源等等，都是一團謎，只好前往國外搜尋相關資
料做考證工作，這是這次研究工作的過程最感到吃力所在。國內沒有相關資
料，一切資料不是要親自赴日尋找，就是從國外進口，所花費金錢，所費不
貲，實在是一個在學的研究生經濟難以承擔。《魚山聲明集》此番的研究，固
然未能深入其精髓，也就是音律問題及部份歷史問題（那些問題很可能要再
赴日與中國大陸考察才行）。然而，筆者以為，這些深入的研究，也只有必須
先建立研究《魚山聲明集》的目錄學與文獻學上的基礎工作才行，這樣才好
確立它的學術地位的工作才行。雖然，我國過去五十年來，已經多篇多位學
者提出佛教音樂的研究，實在是令人可喜的現象。可是國內尚未有學者研究
佛教梵唄史，更不要提研究他國的梵唄了。《魚山聲明集》的地位如此特殊，
又是日本佛教天臺宗的梵唄。以海峽兩岸佛教對於梵唄的認知，彼此的視野
與觸角是還沒有達到這個地步。是以筆者必須作好《魚山聲明集》的版本與
目錄的考察，還有內容的研究等等。這樣才能在後續研究的工作上，諸如：《魚
山聲明集》歷史問題與聲律問題上才能有研究的基礎。是故本次《魚山聲明

集》研究的目的就是以目錄學考察爲基本立場，以建立起《魚山聲明集》學術地位爲基本訴求。

　　《魚山聲明集》確實十分的精彩。它所牽涉問題的層面，不只是日本與我國兩國的梵唄史而已。還牽涉到隋唐時期的佛教文化。《魚山聲明集》固然屬於日本的佛教的課誦本，卻也有著錄屬於中國的佛教梵唄。這樣的特殊的歷史位置，不得不令人聯想起《廣韻》這本書。現在能看到的《廣韻》版本，是屬於宋代重修的，可是卻沿著隋唐的韻書來修訂的。是以研究《廣韻》的音系，若僅以爲是宋代的語言，那就可惜了。研究《廣韻》的人往往想透過這本書跨越時代去了解隋唐時期的語言。《魚山聲明集》更是如此！原先筆者僅了解從圓仁大師的《入唐求法巡禮記》當中去了解日本聲明當中的中國隋唐梵唄的成份，但是當筆者調閱敦煌禮懺文資料時，發現大量禮懺文，與日本現行聲明當中禮懺文，頗有類似儀節，不禁更進一步想去探索相關的歷史問題：這些日本現行的禮懺文，當初是怎麼樣從中國傳來日本的呢？唐代的禮懺文，現今在中國佛教已經大多不用了，然而在唐朝流行在哪些地方呢？是何時形成呢？敦煌資料告訴我們中國曾經有這樣的儀式與儀軌，可惜沒法告訴我們唱腔是什麼樣子。但是日本現存的天臺宗顯教儀軌還是活著的，筆者在研究《魚山聲明集》過程中，不禁感嘆歷史的弔軌，中國失落的歷史，在鄰邦才可尋得。

　　就本研究來說，探討《魚山聲明集》在日本流行情況原非本次研究的重點。故在這方面沒有用太多功夫，僅做概略性敘述而已，還沒有達到批判的程度。因爲究竟《魚山聲明集》是誰做的，什麼時候做的，筆者在第二次去過日本以後，還是沒有得到答案。雖然現在知道大部份想要閱讀的資料並不在國內，而且語文和音樂專業知識都需要再努力才行。往後《魚山聲明集》的後續研究，希望能追蹤「從唐山過日本」的歷程，這一點仍須前往日本，與大陸的「魚山」與「長安」了。

　　當前臺灣佛教所面臨的時代問題，不管是從西藏傳來的藏傳佛教也好，還是揉合佛教教理的新興宗教也好。念佛法門，固然是民國以來的佛教傳統，但是隨著民眾對這個傳統的「刻板印象」——唸經，迄今仍是不變的情況下，臺灣佛教因應的方式，也是和日本一樣，將它們做「唱片化」、「五線譜化」的工作。但是不同於日本的地方是，臺灣佛教的梵唄，如民間宮廟（非佛教的民間信仰）錄製的梵唄將音樂納入伴奏。而九〇年代起，臺灣的佛光山開

始舉辦「梵音海潮音」的音樂法會在國家音樂廳演出成功，其後持續舉行了兩場「中國佛教音樂學術研討會」。而法鼓山《法鼓雜誌》則於九十九年四、五月推出關於佛教音樂專題等等，從這些舉動來看，教界已對佛教音樂投入關注，是一件很可喜的事情。

但亦有學者以為，鑒於臺灣佛教音樂俗化，應能進行的「第一件事情就是全面的田野採集」〔註8〕，此一提議並無不當，問題是如何界定佛教梵唄的樣貌？如何界定佛教梵唄的曲式風格呢？在第一篇第二章的第二節中筆者提到中國大陸過去五十年來不斷進行的就是「全面的田野採集」，但是大部分都是明清兩代以後的「禪腔」與「佛樂」。能夠像尼樹仁先生那樣採集並研究開封大相國寺的佛教音樂，實屬不易〔註9〕。然而就佛教而言，我們需要更多的擾亂禪定的音樂曲子，還是能夠成佛做祖的梵唄呢？

事實上，佛教需要的並非數量豐富的佛教音樂，雖然能夠協助佛教宣傳教義，可是佛教真正需要的是協助修行的梵唄。若無視於修行上的需要，採用再多的音樂，也只是把佛教推入更俚俗的形象而已。這正是當前研究佛教音樂人士最大盲點與謎思。

其實，不論是佛教梵唄也好，還是佛教音樂也好，究竟佛教需要什麼樣的音聲，這還是要從佛教思想來研究起才是。要言之，與其創作需要更多好聽的「佛教音樂」，不如來研究如何修持音聲法門還比較貼切。

就本論文第二篇的敘述來看，中國佛教的梵唄確實存在了流變的現象。但是在我國遭受歷代兵燹，加上十年浩劫下來，流傳下來的古典早已失傳很久。田野調查的工作固然重要，但所能獲得的實在有限。要探索聲腔的流變，從何談起呢？更何況，明代以後的中國佛教各宗各派道場所用梵唄早已經是「詞曲牌化」的唄讚體系。今天不論是「海潮音」還是「鼓山調」，或許涵括了今天中國佛教梵唄的全部，若要追溯更早的源流，可謂困難重重。如此看來，當前的中國佛教想要就地舉辦一場像竟陵王那樣召開梵唄研討大會，恐

〔註8〕請見民國87年2月26日到27日之間，南華管理學院與財團法人佛光山文教基金會共同主辦的：一九九八年中國佛教音樂學術研討會」上林谷芳提出的論文《從形式到實質的轉化——臺灣佛教音樂的發展與檢討》，收錄於《一九九八年中國佛教音樂學術研討會會議手冊・論文集》，頁128。

〔註9〕請見饒宗頤教授所撰寫《敦煌曲續論》（臺北市：新文豐出版有限公司，民國85年12月臺一版），頁160。該文所蒐錄的《三皈依》據饒教授考證，可溯源於北宋年間大相國寺的梵曲。

怕不是非常容易的事情。問題就在於，早於「詞曲牌化」時代以前的梵唄，在中國已經很少人會唱了。然而幸運的是，在中國周邊的大乘佛教國家，日本，卻還有這類的梵唄流傳著——在《大正新修大藏經》第八十四冊收錄了許多「聲明」曲。而這類聲明曲譜可能是「六朝遺物」，因此想要再次復興中國佛教梵唄，無非就是要以「禮失求諸野」的心情向亞洲大乘佛教國家求取梵唄，來成立中國佛教的梵唄史了。

然則，以《魚山聲明集》這樣重要的梵唄史料卻一直平靜地未受到國人注意，導致梵唄流變現象一直未能為人所知，這就是視野的侷限，宗派執著的緣故。是以吾人認為，無須再拘謹於自家，應敞開心胸，向世界佛教國家廣求梵唄，以建立我國佛教梵唄研究，這比毫無目標的佛化歌曲創作，或新制梵唄的做法還要重要。

今天日本佛教天臺宗「魚山聲明」根本道場——魚山大原寺，魚山聲明的保存尚稱良好，同時也在寺院法會中應用著。在參訪過大原以後，筆者不禁羨慕，不是因為日人的梵唄好聽，而是講究品質，與保存文化的決心與毅力，令人深感欽佩。在參訪過魚山大原寺後，這才發覺，重構中國佛教的梵唄史才剛剛開始而已。

除了日本以外，還有韓國，這些大乘佛教的鄰國很久以來都受到中華文化影響，都是我們可以學習的對象。所以，誰說魚山一定就在山東省東阿縣，只要有佛教的地方，魚山，處處都是。

第四篇　總結——研究《魚山聲明集》的啓示

第一節　禮失可求諸鄰邦

本研究第六章指出，在中國佛教而言，天臺宗儀式是後來中國佛教禮懺儀軌的範本。因此想要深入了解中國佛教課誦與儀軌的流變現象，對天臺宗的課誦有深入研究的必要。日本佛教天臺宗保存這些儀軌的唱唸，正是值得研究的所在。《魚山聲明集》只是一個開始，最重要的還是在於《魚山聲明集》所使用各種儀軌與聲樂的研究，藉以幫助我們深入了解中國中古時代修行儀軌，可以導正或是參照現代我國佛教修行觀念，吾人以爲《魚山聲明集》眞正的價值是在這裡。然而說來十分有趣，《魚山聲明集》收錄於《大正新修大藏經》內其實已經有很多年了，可是國內除了呂炳川先生專文研究之外，其餘並無他人研究，原因爲何？筆者以爲原因如下：

1. 目前「佛教藝術」內容大多以佛教建築、繪畫爲主。佛教梵唄之學則被歸入「宗教音樂」範疇之內，或是「民族音樂」的部份。樂界人士大多重視「音樂部份」，專於旋律、樂理探討。然究係「宗教音樂」範疇主體應不可偏廢於「宗教」或「音樂」之上，此爲宗教音樂研究重要課題。然當前學界大多置於音樂之上，乃是因爲專門探討音樂之專業化所致。

2. 國人所重視者，乃《大正藏》前五十五冊乃中國佛教典籍部份：五十

六冊後則為日本佛教祖師著作，被稱之為《續大正新脩大藏經》，國人多以忽視，以為彼邦文物與我無關，造成遺珠之憾。再加國人多以為日本佛教乃中國佛教之產物，故「應將中國佛教部份做充分了解，才能擁有了解日本佛教的基礎。」之觀念所致，因而珍貴的悉曇學資料被忽視，更不用說是後面的梵唄之學了。當然中國人也有仇日的情節，這種情形下忽略了鄰邦保存我國古老文物情況，更是尋常之事。

3. 臺灣佛教界所認為的「梵唄」，是以現行之明清所形成的禪淨兩宗共用之《朝暮課誦本》內的唄曲為主，唱法上則以「海潮音」與「鼓山調」系統為主流，此外還有其他唱唸方式，流行於部份地方佛寺與民間廟宇（如媽祖廟等），及民間一般的殯葬儀式等。而其他的梵唄聲曲形式，諸如西藏地區的梵唄則係認為他宗唱誦，多以自身信仰不同而漠不關心，更不用說其他國的梵唄，因之《魚山聲明集》這樣珍貴的梵唄就更少人知道了。

4. 《魚山聲明集》內文模糊不清是重要關鍵，對研究而言是一大困擾。筆者直到前往京都大原三千院訪問之後，獲得天納傳中大僧正指教，提示內容相同的《魚山六卷帖》，才能解決版本不清的問題。

　　經過這次研究，筆者感到：想要使我國佛教重振梵唄文化，梵唄之學與梵唄史的成立是有必要的。而過去梵唄之學沒有被開展出來原因，是因為視野侷限，再加上宗教執著。當前臺灣的環境，不僅研究者少，甚且還有人鄙視梵唄。而部份人士以為佛教梵唄不若基督教音樂優美，興起了「佛化歌曲」創作之念，想追隨基督教的風格。筆者以為造成這些情況的因素，正是因為不了解梵唄的創作原理與歷史性質的緣故。本次研究《魚山聲明集》過程裡，發現研究梵唄的製作原則，認為今天若不真正了解梵唄的存在意義與歷史流變，則佛教界或因對固有聲曲認識不足，則將可能促使固有梵唄文化早日淪亡之虞，故此提出研究梵唄史的構想。

　　臺灣新興宗教的問題，自從民國86、87年之間喧騰一時。其間這些新興宗教裡面，假託佛教的教義，以宣揚自立門戶的「附佛外道」亦不在少數，因而被傳播媒體稱為「宗教亂象」。為什麼他們都要假借佛教之名，或是借用佛教教義來作為自己的教義核心思想，卻有人會去追隨他們信仰呢？固然問題有所複雜，但與我國現行佛教梵唄文化不無關係的。本文開始就指出，部份人士以為「梵唄非佛本制論」，甚至於有人以為「梵唄無用論」，他們對當

前的梵唄文化的失望，事實上就是針對著淨土宗「俗化的梵唄文化」而對我國佛教傳統文化提出異議。這些人以爲：「那麼假如梵唄不是佛門應有的文化，那麼佛教該弘揚什麼法門呢？」答案往往就是：「回歸佛陀『原始佛教』——禪法。」〔註1〕所以近幾年來，社會各界人士，因受國外（特別是日本）影響開始流行靜坐，佛教界也十分注意禪法的推動，而舉辦多場「禪七」。而青海、妙天等這些受到宗教界爭議的人士，儘管教學內容不同，也推行他們的「禪法」。禪法並非是不好，但應能回歸傳統的佛典經教比較理想。

關於臺灣近十年來的佛教，原非本研究範圍，然而針對當前淨土宗梵唄文化所發生的，針對佛教傳統文化所發出的反彈現象，是一個事實，故法藏法師才會撰寫這篇《梵唄略考》來表示對佛教梵唄文化的關懷。本文開始也指出，我國梵唄文化發生「俚俗化」，最主要的原因是來自明清以來淨土宗「趕經懺」文化所致。雖然這種情形到民國75年以後佛教以多次大型演講會與大型法會，透過著名的講經法師，如星雲法師、聖嚴法師及慧律法師等人在大型演講會上大聲疾呼，向人們解說淨土宗基本教理，受到社會的矚目。人們才逐漸了解這些唸經、念佛文化原來是一種修行法門。然而，近年來伴隨臺灣佛教發展而來的，卻是追求「速成感應」、「強大的神通」、「神奇的靈異」的行徑。而「唸經」、「念佛」，特別是「念咒」的「不可思議」性質經常是演講會上被提到的話題。咒語的唸誦次數經常是被強調的內容〔註2〕。其實，誦經，持咒的觀念，應該不是口中唸唸就算了，是應該有一定的「行儀」才對。儘管是方便已極的淨土法門，《觀無量壽經》也要求信眾要讀誦大乘經典，了解教理。假如佛教界這種無視教理存在的行徑，任憑追求這些「速成的感應」、「強大的神通」、「神奇的

〔註1〕針對從臺灣淨土宗文化出發形成對中國佛教的反彈，筆者以爲這是民國78年以後臺灣佛教的特別現象。這些人士較著名者如宋澤萊、釋從信這樣的人士。宋澤萊撰寫《被背版的佛陀》（78年8月，由自立報系出版）以主張回歸佛陀時代「原始佛教」著名，強烈詆毀中國佛教。釋從信曾經撰寫《我從迷信出走》一書，裡面內容大肆貲議當前臺灣佛教文化，強烈批評中國佛教，尤其以批判淨土宗爲著。包括宣稱「咒語是外道異學」、「菩薩戒非佛說」等等大膽的說法（請參照釋從信《我從迷信走出》，臺北縣：圓明出版社，民國82年2月出版，頁178、244）。這些人有一個共同的主張，就是主張回歸原始佛教，推行禪法。

〔註2〕如慧律法師在民國76～78年間大型演講會中經常宣揚念佛、唸經與念咒的功德與利益，這些都是符合佛教經典的教義。他並時常強調往生淨土要「唸《大悲咒》十萬遍，《往生咒》三十萬遍」。這些言論常在大型演講會上被提到。而且也有被錄製成錄音帶。如國民76年臺北市中山堂的講題《心靈的超越》等。

靈異」的行徑發展下去，人們將因此走向自身貪、瞋、癡、慢、疑的錯誤因果的路上，佛教因為這個因素將走上自毀前程的道路。

誦經，誠如本研究在第二篇第五章指出，原先就是一種進入三昧的修行法門。經過這次研究以後，筆者發現，如果要矯正這種只重視「感應」、神通、「靈異」的異化現象，成立「中國佛教梵唄史的研究」有其必要之處。成立此一研究內容，最重要的就是把從前佛教使用梵唄的思想，與中國佛教使用的各種儀軌歷史淵源都要能夠整理，研究出來。在這方面，光靠本土舊有的《佛門必備課誦本》資料是不夠了。

要言之，本文捻出「梵唄的四個基源問題」，為的是指出：梵唄不是隨便的唱唸而已，也不是那麼簡單的音樂而已，而是要配合儀軌，附著於儀軌之上進行的，它不僅是唄辭而已，更有音律的取用，而且配合儀軌相關的戒、定、慧思想等等，都是要研究的內容。現行的《佛門必備課誦本》的資料十分可貴，但應能參照我國的西藏地方及鄰國友邦的韓國、日本，甚且是泰國、緬甸與印度南方的斯理蘭卡的唸誦方式及相關儀軌，藉以吸收修行觀念，來充實我國佛教文化。

梵唄研究不能故步自封，而是一個佛教「國際化」、「現代化」的研究，當然也是一個「學術化」的研究。這一切的研究，無非就是求得一個問題點：什麼才是「如法的」唱誦法門。中國過去，就是一個禮儀之邦，四方向來仰慕而來，中華文化也隨之披諸四海。如今禮失，當然要求於野。梵唄的研究，當然不能忽略了亞洲各國的佛教。

第二節　當前臺灣梵唄研究方式的省思

釋從信在其著作《我從迷信出走》一書提到了一些關於現行中國梵唄的看法：

> 世尊時代學者早晚課誦經的方式內容，和我們中國佛法不同。世尊時代，學者早晚誦經和現代人一樣，只為求得學問用為解除煩惱。而我們中國佛法，早晚誦經只為求功德，所以，中國人誦經自古以來便不如法，其不如法有四：一者共誦不如法，二者歌詠聲不如法，三者無義語不如法，四者求功德不如法。……〔註3〕

〔註3〕 請參照釋從信《我從迷信走出》（臺北縣：圓明出版社，民國82年2月出版），

釋從信雖然是如法出家法師，這番話聽在有心護教的信徒耳中，卻有如芒刺在背。然而筆者想要說的是，不足以去理會，因爲從信的觀點是錯誤的〔註4〕，他沒有深入研究佛教梵唄演進的歷史，只是爲了批評而批評。但是重要的是：他以法師的身分，對佛教梵唄歷史似是而非的見解，結論竟是對中國佛教如此的懷有敵意，那麼，其他對佛教未能深入的臺灣佛教信徒應當如何呢？

　　從釋從信的說法，我們可以獲得一個啓示：梵唄的研究，不能只研究音聲而已。最重要的是，它有律儀成份，也有教法的成份。這絕非光只是從事佛教音樂美學的研究所能面對。

　　1998年2月26日，南華管理學院及財團法人佛光山文教基金會所舉辦的「中國佛教音樂學術研究會」，深感佛教音樂受到兩岸學者的重視，這對中國佛教來說，是一大福音。但與會的學者都把梵唄置於音樂美學的範疇來探討，忽略了佛教梵唄原來在教制裡的意義，這是美中不足之處。

　　佛教之所以有音樂，並非爲了舞臺表演，也不是一開始就要做大眾傳播。好聽與悅耳，並非音聲法門的重點，也不是梵唄一開始作曲的要求。《高僧傳·經師篇》並不稱讚梵唄的曲調優美，而是稱讚僧人的音聲優美，這告訴我們，佛曲的重點不在音樂，而是在於僧人的德行。修行向來是佛教所要求的內涵，音聲優美並非梵唄創制的目標，佛門的清淨莊嚴才是，成佛做祖才是。然而，觀會中論文，率多將梵唄置於佛教音樂範疇之下所做的探討，音樂美學成了主角，這就值得關切。佛教梵唄也好，音樂也好，是不能只要音樂，而不要佛教，二者缺一不可。

　　就佛教音樂研究而言，如果我們將「佛教音樂」定義在於「富有佛教風格的音樂」，那麼就必須探討何謂「佛教風格」的問題。就此而論，法會使用的梵

頁102。

〔註4〕釋從信的觀念錯誤是在於以爲錯將聲聞乘當作佛法的全部。世尊時代是否只能講授《阿含經》佛法，迄今還是爭論不休的問題。若以聲聞乘佛法來說，本研究第四章、第五章即解析梵唄演進的問題。聲聞乘以禪觀爲主要修行法門，自然不重視唸誦的功能。但是本研究第五章揭示：迄今南傳佛教上座部還有唸誦吉祥經典。豈非求功德歟？且共誦不如法部份，豈非阿難尊者、迦葉尊者窟內結集佛經的共誦也不如法？更有趣的是，關於歌詠聲不如法部份，乃是佛陀時代即有的事情（給孤獨長者的故事，佛陀允許吟詠經聲）。而無義語不如法的問題，周利盤陀伽持一句世尊教給他一懂的「掃塵除垢」證得阿羅漢果。如此看來，從信所說的中國人誦經不如法，並不完全正確，有斷章取義的問題。上述批判敘述，請見本文第五章。

唄應足以代言「佛教風格」，應就法會儀軌本作入手的探究，也就是佛教的修行法門來入手是比較正確的。因此要探究佛教行門，就勢必要探索指導這些法門背後的佛教哲學──教理與教義，於是如何能夠在修持的過程裡能夠「如法」、「如儀」，是一定要從佛教思想，「戒、定、慧」三無漏學之處入手。觀所有的法會都是為了這三學而設計的，就像是《法華三昧懺儀》，就是為了獲得「法華三昧」而設計。那麼如果要研究為何要拜《法華三昧懺儀》，就必須了解到何謂「法華三昧」，要了解何謂「法華三昧」，就必須要明白大乘菩薩道理，各種三昧所扮演的角色，銜接與次第。要了解大乘菩薩道理的三昧，就必須要明白菩薩道的位階是如何次遞增上（如《般若經》、《華嚴經》等都有「十地」之說），而此漸次了解修行原理，才能明白各種儀節的設計，這樣才能清晰地呈現梵唄作曲的緣由與祖師創制的智慧之處，還有真正的作用與具體的功德之所在，這樣梵唄才能擺脫一般人所認為的「迷信」刻板印象。

過去的佛教音樂學者研究梵唄都幾乎都重視單曲，漸次地由梵唄部份逐漸發現了背後的附著法會，是不可分割的一部份。筆者希望以後佛教音樂研究學者要重視這些法會和儀式了。佛教原本就是以哲學來架構的宗教，使那麼多人能夠接受這麼深邃的哲學，最常見的方法，就是要靠儀式與法會。整個佛教，在過去那麼長久的日子以來，僧團也好，弘揚佛法的居士也好，幾乎都是以法會、儀式為中心來作「戒定慧」的教學與主要的修持法門而生活。如果不研究這些背景知識，就音樂本身來研究梵唄，通常得到的都是零碎的知識。想要藉著音符旋律來了解梵唄，或可得窺其藝術原則一二，但恐怕無法回答為什麼梵唄可以用來作為儀式的串場，甚至於是主角等諸般問題，甚至是梵唄為什麼會流變等問題。凡此問題就不是專門研究音樂的方法所能解決的。因此，筆者認為，想要正確的了解梵唄的完整面貌，是要從佛教的「律儀」為中心，也就是以佛門「戒、定、慧」的立場去了解梵唄的功能、角色，就此了解梵唄流變問題，才能獲得更正確的結論來。

從昭慧法師就佛教的「非樂思想」的探討，到法藏法師為了當前部份人士持有的「梵唄無用論」及「非佛本制論」，為了對教界提出諍言而撰寫的〈梵唄考略〉，就這兩位法師的論文看來，國內對梵唄研究的需求，已經到了做「歷史考察」的階段。但是教界人士經常就唱法的正統問題討論著，或許也無法彰顯問題的解決之道。好在臺灣已經成立了多所佛教大學，佛教界可以從音樂學者手中接下這一棒，將原來的「佛教音樂」研究，擴充為「佛教文化」的研究。

　　質言之，臺灣佛教所面對的梵唄問題，不是在曲調上計較著「如何唱」，而是「爲何而唱」。有些道場、機構爲了讓梵唄普及、動聽，將梵唱進行中以樂團伴奏，心意固然出於流通梵唄、保存梵唄，然而就長遠的眼光來看，亦有恐將佛教帶入墮落境地之慮，違反教理的緣故。若要回應本文開始提出的法藏法師《梵唄考略》文中所提到的「梵唄無用論」或「非佛本制論」，則必須在梵唄的歷史與教理上的定位去研究。這樣才有辦法回應當前臺灣佛教梵唄問題與佛教歌曲的創作。要知道佛教音樂創作的原則，是梵唄的「史觀」問題，根本之道，是要建立正確的梵唄史觀。佛教梵唄若無教理觀念，就不可能會被創制出來，如同《魚山聲明集》內的梵唄以其節奏長度而言，就不完全符合「美妙聽聞」的條件。而南傳巴利文梵唄也不講究音樂成分，純就語言韻律詠唱而已。這兩種梵唄就流傳了上千年之久。是以佛教音樂，甚且是梵唄的創作，應能獲得應有的理據，這才能爲佛教徒們所接受，維持了法運的長久。

　　到底，佛教文化的研究，只有從佛教教理中去著手，才能找到眞正的答案。所以本文爲《魚山聲明集》一書的研究，本可僅以目錄學研究即可，但若要將該書內容作歷史的定位，則須連同我國梵唄史一同探討。這就是爲什麼本文對中國佛教梵唄做較爲全面性的詮解，以如此面貌呈現的原因。梵唄的研究，不僅是在於聲曲本身，更在於聲曲背後所指導的思想與教義，與其說是讚嘆佛菩薩的功德，不如說是一套簡便成佛法門。如果不從這個意義上來探討，梵唄的面貌就要失眞了。

　　回顧華梵、佛光與玄奘三所佛教大學的成立。這些學校均有設立佛教學專門系所，提倡佛教學研究。想信未來的臺灣佛教音樂研究應該會受到此一風氣影響，民族音樂學兼重佛教史與相關學科來研究佛教音樂，相信不僅能做出更進一步的結論來，使佛教音樂與梵唄呈現出眞實面貌，也使佛教界與社會大眾一併受益。要言之，我們應該明白，研究佛教梵唄是一個「科際整合」的研究工作，否則就會發生顧此失彼的弊病。要領就在於「戒、定、慧」的三學之上。

第三節　成立「佛教梵唄史」研究的條件

　　在上一節筆者說明，當前臺灣梵唄研究的反省，重點就是在於臺灣佛教梵唄的研究需要一個梵唄史的史觀。在這次研究《魚山聲明集》，筆者發現一些研究梵唄的形成原則與心得：若不眞正了解梵唄的存在意義與歷史流變，

則佛教界或因對固有梵唄的認識不足，則我國傳統梵唄文化有淪亡之虞，故此提出成立梵唄史的構想。

然而成立佛教梵唄來說，需要哪些條件呢？筆者有下列主張：

1. 首先，最要緊的地方就是確定梵唄的性質的性質是一種爲修行爲目的的音樂。這次研究，筆者發現，梵唄自古以來即以音聲法門的形態流行在佛教徒之間，而大乘佛教更以音聲作爲「方便道」來開顯佛法的奧妙。換句話說，梵唄的音樂風格，曲式，都是以佛教教義爲依歸。所以佛教教理，特別是唸誦法門教理的研究，這其中包含了顯密法門的基礎原理。

2. 其次，佛教梵唄的形成與制定，與儀式是密不可分的。是以研究梵唄最好不要以單曲來研究，而是以儀式——梵唄曲組合來研究。在本論文第二篇揭示，這是因爲，梵唄是群組性的成立，以儀式功能爲主要用途，而非用來做音樂欣賞的演奏或舞臺音樂。

3. 梵唄的歷史，以佛教的傳播過程做主要考量。不能夠固步自封，緊縮眼界。不可以自身宗派所使用梵唄即佛教梵唄全部。反而應該確認自身宗派所用梵唄在歷史上的定位，這才是梵唄研究者應有的態度。

4. 其次，若要研究梵唄史，應當就亞洲佛教國家現存梵唄做個別的歷史、社會、宗教、語言、文學、音樂與藝術的研究，特別是他們的宗教活動記錄與僧人生活的記錄。這些國家或有歷史上傳承性的關係。吾人以爲當先以各國的各種梵唄歷史、法門來研究。北傳佛教尤須以中國、韓國與日本三國爲重點。南傳佛教則以錫蘭、緬甸與泰國三國爲主。當然印度也是很重要的。

關於亞洲各國梵唄研究的重點，吾人看法如次：

一、印度梵唄部份

梵唄發生之地乃在於印度。我國歷代《高僧傳》大多記載，西域與梵僧（印度僧眾）東來傳法，由於他們梵唄聲曲優美，被中國文人所重視，遂有南北朝之著名的「永明體」文體產生，更影響了唐朝的律詩、絕句的發展，因此梵文的音律乃是首要研究重點。換言之，印度語文（或梵文）是第一重要基礎知識。

印度部份的研究，除了佛教本身以外。筆者以爲應能研究吠陀（Veda）音律，及各地方的印度民族音樂，西北印度、南印度的傳統音樂，如 Rāga、Tāla 等，研究的原因乃是探索其調式形成。特別是 Rāga 的問題，有一個問題可以討

論的，因爲 Rāga 有不同的時間、氣氛用途的旋律，那麼在本研究當中提到的一些「六時禮誦」之類的梵唄，是不是有這種音樂成份？關於 Rāga 的內容，主要是印度一種特有的音樂文化，並不是非常簡單，只有等待日後的努力。

關於現存的梵語梵唄，據加拿大卡加利大學（University of Calgary）的佛教學教授 A. W. Barber 指出〔註 5〕：在尼泊爾還有一個尼瓦民族 Neward people，據說是釋迦族後代）住在加德滿都附近的山谷，如帕丹（Patan）等地，該教團迄今仍使用梵語唸誦，爲那爛陀寺之傳承，保存傳統印度大乘佛教的儀式，該部份聲曲若能採集，可爲作爲印度佛教梵唄音聲的重要參考資料。

順便提到，關於梵文的教學，觀察目前國內大多偏重於閱讀。若照印度佛教歷史來看，應以聲明爲開始，也就是讀誦爲主，文字的記錄反而是後面的歷史了。這種顛倒過來的印度語文教學，則會使學者將焦點放在已經翻譯好的漢文佛教經典，亦可能發生執持梵本，對漢文佛典產生誤會的情事。吾人以爲研究印度佛教，基於佛經的語文並原非梵文情況下，印度語言與文學史非常重要，在佛典發展過程裡，梵唄唸誦是重要的一環，最好能夠照聲明學，也就是唸誦來教學比較好。這對梵唄唸誦方法大有幫助。

二、中國梵唄部份

中國佛教梵唄的研究，固然要從源頭開始。然而筆者以爲，最好的研究途徑要應能從唐代梵唄來研究。如同中國聲韻學一樣，《廣韻》作爲中國中古時代的音系代表，使得中國古代典籍訓詁學獲得了很大的進步，中國梵唄最好的研究年代，應以爲唐代最好，而唐代資料，則必須引用日本現存的「聲明學」。原因如下：

1. 日本梵唄自開始至圓仁大師傳回日本爲止，梵唄基礎已經大致底定。圓仁所傳承的中國佛教法儀，其時代恰好是在唐代武宗的「會昌法難」之前。所見的唐代法儀仍是唐代佛教完備之時。會昌法難之後，中國佛教遭受重大打擊，所剩者僅存禪宗、淨土等宗派盛行，而華嚴、天臺、眞言等宗派則衰弱下去。中國與臺灣地區今天所使用梵唄大多爲禪淨兩宗者，與此不無關係。

〔註 5〕 這部份筆者尚未見到其他文獻資料有記載，是 Professor Barber 對筆者做的研究指導。Prof. Barber 認爲 Neward 族人的祭祀禮儀可以作爲傳統印度佛傳的代表。

2. 如上所說，禪、淨兩宗使用的梵唄是今日佛教梵唄主流。因此禪、淨兩宗使用梵唄成立何時，是可以研究的課題，亦可作爲中國梵唄史重要的分歧依據點。據中國大陸北京中央民族音樂學院袁靜芳教授的研究，明代初年曾有頒佈佛教梵唄的標準本，永樂十五年四月十七日（1417）頒佈的《諸佛、世尊、如來、菩薩、尊者名稱歌曲》，該書收錄於臺灣臺北市的佛教書局所出版的《佛教大藏經》當中。應對中國佛教梵唄史的研究大有幫助。

3. 中國梵唄有地區化現象，在唐朝律宗大師道宣在《續高僧傳》有說明〔註6〕。另外，重要的是「小曲化」現象〔註7〕。由北京智化寺「哀音樂」發現，至少流傳於明代的梵唄已經普遍使用詞曲牌作爲梵唄的曲調。這告訴我們，其實中國佛教至少在明代已經深入民間的一個證明，因爲他們使用民間音樂來作佛事。這種情形，我們也可以在臺灣的佛教法會上《水陸道場》看到使用大量花板的就是一個例子。從這點來看，日本佛教的聲明與韓國部份梵唄是沒有木魚和引磬的伴奏，就此來看，板位的使用似乎是唐宋以後中國佛教一大特色，究係中國何時開始使用板眼？這是一個中國梵唄發展上的大問題。

4. 文學形式是可行的考察方法。如以中國現存梵唄文體形式來看，大多以宋、元以後作品爲主。更重要的是，大部分都是中國人自己創作。日本聲明則大多來自經典上詩偈，此亦爲重要的考察依據。依照文體，約可看出梵唄年代，能與文學史結合研究。

〔註6〕道宣律師就南北梵唄提出了他的見解。《續高僧傳》卷四十《雜科聲德篇》說到：「地分鄭衛，聲亦參差。然其大途，不爽常習。江表（按：長江以南）關中（北方長安等地），巨細天隔，豈非吳越志揚、俗好浮綺，致使音誦所尚，維以纖婉爲工？秦壤雍冀音詞雄遠，至於詠歌所被，皆用深高爲勝。」如此看來，我國梵唄亦有南北之別，並非今日所用即佛教之讚唄全部。請見《大正新修大藏經》第五十冊(臺北市：新文豐出版有限公司，民國72年修訂版)，頁760。

〔註7〕所謂的梵唄「小曲化」是指梵唄因爲受到地方戲曲或地方民謠影響，其唱唸方式融作了地方音樂色彩。最明顯的算是「瑜伽焰口施食儀」與水陸道場。有些儀規因爲西域高僧創制的，因此沿用的情形是存在的，如密宗的儀軌便是如此。但有些儀規是中國祖師創立，未有任何規制可循，所以使用自創曲，或是使用當時流行樂種作爲創制，以便流行，此亦多見，如「三昧水懺」便是。另外武宗滅佛，其後中國政府宗教政策如取締或限制佛教的情況是否造成佛教梵唄速中國化，也是一個可以考察的對象。

5. 中國佛教音樂亦有「雅樂化」情形，並非完全由梵唄而來。如北京智化寺「京音樂」成立於明代英宗時期。然大多聲曲並非與佛教直接相關，乃是為了皇家寺廟的禮儀音樂而設。故此種情形仍須研究。

要言之，中國佛教梵唄流傳情形可以說非常複雜。其原因不僅是地方化問題，更重要的是政府的宗教政策──彼等對於佛教的政策是否採取保護或限制。同時當時人們對佛教認知為何，也是一個問題。當然佛教本身的意見是最重要的，禪宗不重視文字，不重視音聲佛事，淨土宗則重視推廣與共修，是否因此使得佛教音聲發生流變，此亦重要的研究題材。

三、南傳佛教國家的梵唄

千萬不能忽略了南傳佛教國家的存在。我國在六朝時期，甚至於到了隋唐以後，不少佛經是經由南海傳到中國，其中就包含了現在的南傳佛教國家。因此研究中國佛教梵唄史，歷史上是不能忽略了南傳佛教國家。雖然現在大乘佛教似乎未必存在這些國家，然而這些國家對於巴利文的保存不遺餘力。巴利文的唸誦方法，我們依然可以取法，象徵著佛教典籍梵文化以前的梵唄。

四、西藏地區梵唄

還有一個地區，西藏，也是我們必須重視。不能忽略的地方。西藏佛教保持了印度佛教後期的梵唱發展，也保存了許多儀軌。儘管他們的思想與漢地佛教明顯不同，但是對於唸誦法的堅持，是漢藏佛教一致的共識。

以上是筆者認為能夠建構梵唄史重要的歷史問題，亦即筆者認為成立佛教梵唄重要的綱要。由於印度與中國是世界佛教傳播最重要的兩個地區，因此筆者先以此地為主，提出研究的構想與主張。要言之，梵唄研究，並不是純音樂的研究，它是一個科際整合的研究，這包含了對於亞洲佛教國家的歷史、社會、宗教、語言、文學、音樂與藝術的整合研究。當然，不管梵唄是怎麼變化，最後是一定回歸佛教的教理之下，這樣的研究才有意義。

第四節　「魚山聲明」研究未來的展望

本研究的成果，是將《魚山聲明集》做出歷史定位，並考證出版本、作者、成書年代、及流傳概略情形，還有該書內容概略性介紹。這是本文就《魚

山聲明集》以目錄學爲範疇所做出的研究。

　　不過，若是要在《魚山聲明集》的後續研究，筆者以爲，應該要朝下列方向前進：

1. 密宗思想體系研究部份尚未完成，這影響到《魚山聲明集》密宗部份聲明的研究無法進行。是以日後密宗修行思想體系，特別是日本東密的修行與儀軌觀念，必須要進行，以完成完整的《魚山聲明集》研究。

2. 音樂部份尚未研究完成，特別是關於音律的律呂部份未能再深入研究，還有音樂的分析（諸如爲何節拍如此的長）。這牽涉到魚山聲明的相關文化的音樂了解，如法會儀式進行等等。這方面還要向相關專家學者請教。

3. 敦煌禮懺文與日本佛教天臺聲明的比較，甚至於與韓國佛教儀軌比較，是可以繼續研究的工作。這可以研究出唐朝的禮懺文，究竟到哪一個時代中國佛教儀軌發生了變化。唐朝流行的禮懺文，何時消失在中國呢？這是中國佛教梵唄史上的一件大事，是非常值得追尋下去的問題。

4. 日本佛教現存的悉曇學非常值得研究，這不僅是因爲梵文關係，特別是爲了中國聲韻學所失落的部份。《廣韻》、《等韻》已經提供了一些線索，但是眞正的線索，則是在於佛教的悉曇學當中。悉曇學所蘊含的聲韻學理論十分龐大，是值得未來去開發的學問，特別是唐後悉曇學的發展，對梵唄有一定的影響。這可以從安然以橫笛做悉曇音律可以看出。是以悉曇學也是研究《魚山聲明集》內容一部份。

　　要言之，《魚山聲明集》可說在中國梵唄史上的地位相當於《廣韻》在中國聲韻學上的地位。冀望《魚山聲明集》研究能夠對中國佛教梵唄起一個作用，就像是中國聲韻學因爲有了《廣韻》，向前可以研究上古音，向後則可以研究近代音。研究《魚山聲明集》亦可收其效，向前能夠往前研究六朝的梵唄，往後能夠研究近代梵唄的發展。

　　筆者主張，我國佛教需要一部以佛教爲立場撰寫的「佛教梵唄史」，如此便可以正本清源，使得佛教徒們都能了解唸誦法門的殊勝所在，與眞正的修行原理，不再捨本逐末去追求音聲之美，也不要再像釋從信等人那樣，因爲不了解唸誦法門的獨到與方便之處，而毀謗中國傳統佛教的後果。今天臺灣

佛教界對梵唄的了解，雖然大多停留在明清以來叢林的「鼓山調」與「海潮音」，再加上明清以來佛教發生一些異化現象，如趕經懺之類，旁生了「釋壇」的在家人承包佛事，混淆大眾對佛教正確的認識，造成了社會因爲不良誦經文化造成對佛教不正確的刻板印象，使得臺灣佛教因此背負了包袱。《魚山聲明集》這樣的梵唄，我以爲帶給臺灣佛教徒的意義是：還有比「鼓山調」與「海潮音」更古老的梵唄，讓我們知道了，唸誦的調子不是重點，重點在於中國佛教的梵唄原本是爲了儀軌而設，以修行爲本位所發展出來的佛教文化。此外像是《魚山聲明集》裡的這些曾經在中國活躍過的梵唄，爲什麼會在中國消失？這也是值得深思的所在。

引用文獻

一、本論文所根據原典

1. 《魚山聲明集》，收錄於《大正新修大藏經》第八十四冊。

2. 《魚山六卷帖》，平成元年（1989）3 月 29 日復刻的勝林院版，日本京都大原實光院發行，頁 157。

3. 《天臺課誦》，比叡山延曆寺學問所在昭和 60 年（1986）紀念傳教大師比叡山開山一千二百年紀念發行改訂之課誦本（日本：芝金聲堂出版，昭和 60 年 8 月改訂初版）。

4. 《續天臺宗全書・法儀 I》（日本：春秋社出版，平成 8 年 3 月 17 日一刷發行）。

5. 《續天臺宗全書・史傳》（日本：春秋社出版，1990 年 7 月二刷發行）。

6. 《佛門必備課誦本》（臺北市：大乘精舍印經會，民國 80 年 4 月四版）。

7. 《大正新修大藏經》（臺北市：新文豐出版有限公司，民國 72 年 1 月修訂版）

   第一冊：

   《長阿含經》（二十二卷，後秦・佛陀耶舍、竺佛念譯）

   《中阿含經》（六十卷，東晉・瞿曇僧伽提婆譯）

   第二冊：

   《雜阿含經》（五十卷，劉宋・求那跋陀羅譯）

   《增壹阿含經》（五十一卷，東晉・瞿曇僧伽提婆譯）

   第三冊：

   《大方便佛報恩經》（七卷，失譯）

   《菩薩睒子經》（一卷，失譯）

《太子瑞應本起經》（二卷，吳‧支謙譯）

第四冊：

《佛所行讚》（五卷，馬鳴菩薩造，北涼‧曇無讖譯）

第七冊：

《大般若經》之三（共六百卷，此本卷四十一～六百，唐‧玄奘譯）

第八冊：

《摩訶般若波羅密多經》（二十七卷，後秦‧鳩摩羅什譯）

《小品般若波羅密多經》（十卷，後秦‧鳩摩羅什譯）

第九冊：

《妙法蓮華經》（七卷或八卷，姚秦‧鳩摩羅什譯）

《佛說法華三昧經》（一卷，宋‧智儼譯）

《無量義經》（不，蕭齊‧曇摩伽陀耶舍譯）

《佛說觀普賢菩薩行法經》（一卷，劉宋‧曇無蜜多譯）

《大方廣佛華嚴經》（六十卷，東晉‧佛馱跋陀羅譯）

第十二冊：

《佛說無量壽經》（二卷，曹魏‧康僧鎧譯）

《佛說阿彌陀經》（一卷，姚秦‧鳩摩羅什譯）

《大般涅槃經》（四十卷，北涼‧曇無讖譯）

第十三冊：

《般舟三昧經》（三卷，後漢‧支婁迦讖譯）

第十四冊：

《賢劫經》（八卷，西晉‧竺法護譯）

《佛說佛名經》（十二卷，元魏‧菩提流支譯）

《維摩詰所說經》（三卷，姚秦‧鳩摩羅什譯）

第十五冊：

《佛說大安般守意經》（二卷，後漢‧安世高譯）

《陰持入經》（二卷，後漢‧安世高譯）

《坐禪三昧經》（二卷，姚秦‧鳩摩羅什譯）

《禪法要解》（二卷，姚秦‧鳩摩羅什譯）

《大樹緊那羅王所問經》（四卷，姚秦‧鳩摩羅什譯）

《佛說超日明三昧經》（二卷，西晉‧轟承遠譯）

《佛說首楞嚴三昧經》（二卷，姚秦‧鳩摩羅什譯）

第十七冊：

《大乘修行菩薩行門諸經要集》（三卷，唐・智嚴譯）

第十九冊：

《大佛頂如來密因修證了義諸菩薩萬行首楞嚴經》（十卷，唐・般剌蜜
帝譯）

第二十冊：

《千手千眼觀世音菩薩廣大圓滿無礙大悲心陀羅尼經》（一卷，唐・伽
梵達摩譯）

第二十二冊：

《彌沙塞和醯五分律》（三十卷，劉宋・佛陀什共竺道生等譯）

《摩訶僧祇律》（四十卷，東晉・佛陀跋陀羅共法顯譯）

《四分律》（六十卷，姚秦・佛陀耶舍共竺佛念譯）

第二十三冊：

《十誦律》（六十一卷，後秦・弗若多羅共羅什譯）

《根本說一切有部毘奈耶》（五十卷，唐・義淨譯）

第二十四冊：

《根本薩婆多律攝》（十四卷，尊者勝友集，唐・義淨譯）

《解脫戒經》（一卷，元魏・般若流支譯）

《善見律毘婆沙》（十八卷，蕭齊・僧伽跋陀羅譯）

《毘尼母經》（八卷，失譯）

第二十五冊：

《大智度論》（一百卷，龍樹菩薩造，後秦・鳩摩羅什譯）

第二十六冊：

《十住毘婆沙論》（十七卷，聖者龍樹造，後秦・鳩摩羅什譯）

第二十七冊：

《阿毘達磨大毘婆沙論》（二百卷，五百大阿羅漢造，唐・玄奘譯）

第三十冊：

《中論》（四卷，龍樹菩薩造，梵志青目釋，姚秦・鳩摩羅什譯）

《菩薩地持經》（十卷，北涼・曇無讖譯）

第三十一冊：

《成唯識論》（十卷，護法等菩薩造，唐・玄奘譯）

《辯中邊論》（三卷，世親菩薩造，唐・玄奘譯）

第三十四冊：

《妙法蓮華經文句》（二十卷，隋·智顗說）

《法華玄論》（十卷，隋·吉藏撰）

《妙法蓮華經玄贊》（二十卷，唐·窺基撰）

第四十冊：

《四分律刪繁補闕行事鈔》（十二卷，唐·道宣撰）

第四十四冊：

《大乘義章》（二十六卷，隋·慧遠撰）

第四十六冊：

《摩訶止觀》（二十卷，隋·智顗說）

《釋禪波羅蜜次第法門》（十二卷，隋·智顗說）

《法界次第初門》（六卷，隋·智顗說）

《法華經安樂行義》（一卷，陳·慧思說）

《國清百錄》（四卷，隋·灌頂纂）

《方等三昧行法》（一卷，宋·智顗說）

《法華三昧懺儀》（一卷，隋·智顗說）

《禮法華經儀式》（一卷，不著錄作者）

《金光明最勝懺儀》（一卷，宋知禮集）

《請觀世音菩薩消伏毒陀羅尼三昧儀》（一卷，宋·遵式集）

第四十七冊：

《讚阿彌陀佛偈》（一卷，後魏·曇鸞撰）

《轉經行道願往生淨土法事讚》（二卷，唐·善導集記）

《往生禮讚偈》（一卷，唐·善導集記）

《依觀經等明般舟三昧行道往生讚》（一卷，唐·善導撰）

《集諸經禮懺儀》（二卷，唐·智昇撰）

《淨土五會念佛略法事儀讚》（三卷，唐·法照述）

第四十八冊：

《敕修百丈清規》（十卷，元·德輝重編）

第四十九冊：

《異部宗輪論》（一卷，世友菩薩造，唐·玄奘譯）

《歷代三寶紀》（十五卷，隋·費長房撰）

《佛祖統紀》（五十四卷，宋·志磐撰）

《佛祖歷代通載》（二十二卷，元·念常集）

《三國遺事》（五卷，高麗・依然撰）

第五十冊：

　《馬鳴菩薩傳》（一卷，姚秦・鳩摩羅什譯）

　《隋天臺智者大師別傳》（一卷，隋・灌頂撰）

　《大唐大慈恩寺三藏法師傳》（十卷，唐・慧立本，彥悰箋）

　《付法藏因緣傳》（六卷，元魏・吉迦夜共曇曜譯）

　《高僧傳》（十四卷，梁・慧皎撰）

　《續高僧傳》（三十卷，唐・道宣撰）

　《海東高僧傳》（二卷，高麗・覺訓撰）

第五十一冊：

　《弘贊法華傳》（十卷，唐・惠詳）

　《華嚴經傳記》（五卷，唐・法藏集）

　《歷代法寶記》（一卷，不著錄作者）

　《高僧法顯傳》（一卷，東晉・法顯記）

　《大唐西域記》（十二卷，唐・玄奘譯，辯機撰）

　《洛陽伽藍記》（五卷，元魏・楊衒之撰）

　《天臺山記》（一卷，唐・徐靈府撰）

第五十三冊：

　《法苑珠林》（百卷，唐・道世撰）

第五十四冊：

　《諸經要集》（二十卷，唐・道世撰）

　《法門名義集》（一卷，唐・李師政撰）

　《南海寄歸內法傳》（四卷，唐・義淨撰）

　《釋氏要覽》（三卷，宋・道誠集）

　《一切經音義》（百卷，唐・慧琳撰）

　《翻譯名集》（七卷，宋・法雲集）

第八十四冊：

　《悉曇藏》（八卷，日本・安然撰）

　《悉曇略記》（一卷，日本・玄昭撰）

　《悉曇輪略圖抄》（十卷，日本・了尊撰）

　《大原聲明博士圖》（一卷，不著錄作者）

　《聲明源流記》（一卷，日本・凝然述）

8. 佛光大藏經編修委員會編，《阿含藏——雜阿含經・一》（臺北市：佛光出版社，1995 年初版七刷）。

9. 佛光大藏經編修委員會編，《阿含藏——雜阿含經・三》（臺北市：佛光出版社，1995 年初版七刷）。

10. 佛光大藏經編修委員會編，《阿含藏——長阿含經・二》（臺北市：佛光出版社，1995 年初版七刷）。

11. 佛光大藏經編修委員會編，《阿含藏——中阿含經・一》（臺北市：佛光出版社，1995 年 8 月初版七刷）。

12. 佛光大藏經編修委員會編，《阿含藏——中阿含經・四》（臺北市：佛光出版社，1995 年 8 月初版七刷）。

13. 《卍字續藏經》（臺北市：新文豐出版有限公司，民國 83 年 10 月臺一版三刷）。

　　第一一一冊：

　　《百丈清規證義記》（十卷，清・儀潤說義）

　　第一二八冊：

　　《華嚴經海印道場九會請佛儀》（一卷，不著錄作者）

　　《華嚴經海印道場懺儀》（四十二卷，唐・一行慧覺依經錄，宋・普瑞補注，明・讀徹參閱，明・木增訂正，明・正止治定）

　　《華嚴道場起止大略》（一卷，不著錄作者）

14. 《妙法蓮華經》（臺北市：大乘精舍印經會印行，民國 87 年元月出版）。

15. 王書慶編撰，《敦煌佛學・佛事篇》（甘肅省蘭州市：甘肅民族出版社，1995 年 3 月一刷）。

二、中文參考書

（一）工具書類

1. 《中國音樂詞典》，丹青圖書有限公司出版。

2. 《中華佛教百科全書》（臺南縣：中華佛教百科文獻基金會，1994 年 1 月出版）。

3. 佛光大辭典編修委員會編，《佛光大辭典》（臺北市：佛光文化事業有限公司出版，民國 86 年 5 月九刷）。

（二）中國歷史類

1. 《後漢書》，收錄於北京中華書局重編《二十四史》第三冊，1998 年出版。

2. 《三國志》，收錄於北京中華書局重編《二十四史》第三冊，1998 年版。

3. 南宋・鄭樵著，《通志・七音略》，收錄於臺北市藝文印書館編印之《等韻

五種》，民國 78 年 9 月三版。

4. 鄭樵撰，王樹民點校之《通志二十略・上》（北京中華書局 1995 年 11 月一版）。

5. 《唐會要》，收錄於「歷代會要」叢書，楊家駱主編（臺北市：世界書局，民國 78 年 4 月五版）。

6. 安作璋主編，《山東通史・隋唐五代卷》（濟南市：山東人民出版社，1994 年 12 月一刷）。

（三）印度佛教史類

1. 《佛教史略與宗派》（臺北市：木鐸出版社，民國 77 年 9 月初版），頁 276。

2. 印順法師著，《原始佛教聖典之集成》（臺北市：正聞出版社，民國 83 年 1 月修訂本三版）。

3. 印順法師著，《說一切有部為主的論書與論師之研究》（臺北市：正聞出版社，民國 81 年 10 月七版）。

4. 印順法師著，《初期大乘佛教之起源與開展》（臺北市：正聞出版社，民國 78 年 10 月六版）。

（四）中國佛教史類

1. 湯用彤著，《漢魏兩晉南北朝佛教史》（臺北縣：駱駝出版社，民國 85 年元月一版二刷）。

2. 劉九洲注譯，侯迺慧校閱，《新譯洛陽伽藍記》（臺北市：三民書局印書，民國 83 年 3 月初版）。

3. 釋慧岳著，《天臺教學史》（臺北市：中華佛教文獻編撰社，1995 年 11 月 24 日增訂六版）。

4. 唐・玄奘三藏法師著，季羨林校著之，《大唐西域記校著》（臺北市：新文豐出版有限公司出版，民國 83 年 5 月一版二刷）。

（五）日本佛教史類

1. 白化文等校註，周一良審閱，《入唐求法巡禮行記校註》（河北：花山文藝出版社）。

2. 潘平釋譯，《入唐求法巡禮記》，收錄於「中國佛教經典寶藏精選白話版」叢書（臺北縣：佛光文化事業有限公司，1998 年 2 月初版）。

（六）西藏佛教史類

1. 松巴堪布、益西班覺著，蒲文成、才讓譯，《如意寶樹史》（蘭州市：甘肅民族出版社，1994 年 7 月一版）。

（七）韓國佛教史類

1. 藍吉富編，《現代佛學大系》第十六冊《朝鮮寺剎史料・上》（臺北縣：彌

勒出版社，民國 72 年 10 月出版）。

2. 藍吉富編，《現代佛學大系》第十七冊《朝鮮寺刹史料・下》（臺北縣：彌勒出版社，民國 72 年 10 月出版）。

（八）中國語言史類

1. 王力著，《中國語言學史》（臺北縣：駱駝出版社，民 76 年 7 月出版）。

（九）梵文與梵學相關書籍

1. 山田龍城著，許洋主翻譯，《梵語佛典導論》，收錄於「世界佛學名著譯叢」第七十九（臺北縣：華宇出版社，民國 77 年 4 月初版）。

2. 呂澂著，《聲明略》（臺北市：廣文書局，民國 82 年 1 月再版）。

3. 饒宗頤著，《梵學集》（上海市：上海古籍出版社，1993 年 7 月一刷）。

4. 金克木著，《梵佛探》（河北：河北教育出版社，1996 年 5 月），一版。

5. 羅世芳著，《梵語課本》（北京市：商務印書館，1996 年出版），一版二刷。

6. 釋惠敏、釋齎因所著，《梵語初階》（臺北市：法鼓文化事業股份有限公司，1996 年 9 月初版）。

（十）中國音樂史專著

1. 陸雲逵著，《中國鐘磬律學》（臺北市：中國文化大學出版部，民國 76 年 2 月出版）。

2. 陳萬鼐著，《清史樂志之研究》（臺北市：國立故宮博物院，民國 67 年 6 月初版）。

3. 田邊尚雄著，陳清泉譯，《中國音樂史》（臺北市：商務印書館，民國 77 年 9 月第七版）。

4. 薛宗明，《中國音樂史・樂譜篇》（臺北市：商務印書館，民國 79 年 9 月修訂一版）。

5. 王昆吾著，《隋唐音樂文化論集》（臺北市：學藝出版社，民國 80 年 10 月初版）。

6. 饒宗頤著，《敦煌曲續論》（臺北市：新文豐圖書公司出版，民國 85 年 12 月一版）。

7. 呂炳川著，《呂炳川音樂論述集》（臺北市：時報文化事業出版公司出版）。

（十一）佛教音樂相關專著

1. 法國・烈維著，馮承鈞譯，《佛經原始讀誦法》（Sur la recitation primitive des Textes Boudhique, Journal Asiatique, 1915.），收錄於上海商務印書館，民國 24 年出版之「尚志學會叢書」之《佛學研究》中。

2. 林子青等著，《中國佛教儀規》（臺北縣：常春樹書坊，民國 77 年 7 月出

版）。

3. 胡耀著，《佛教與音樂藝術》（天津市：天津人民出版社，1992 年 12 月一刷）。

4. 謝俊逢著，《印度傳統音樂之研究》（臺北市：全音譜出版社，民國 83 年 6 月一版）。

5. 田青主編，《中國宗教音樂》（北京市：宗教文化出版社，1997 年 5 月一刷）。

6. 袁靜芳著，《中國佛教京音樂研究》（臺北市：慈濟文化出版公司，民國 86 年 6 月）。

（十二）佛教相關專著

1. 南朝梁・僧祐撰，蘇晉仁、蕭鍊子點校，《出三藏記集》（北京市：中國書局出版，1995 年 11 月北京一刷）。

2. 日本空海大師著，《文鏡密府論》（臺北市：蘭臺書局，民國 62 年 12 月再版）。

3. 明代・周永年編，《吳都法乘》（臺北市：新文豐出版公司印行，民國 76 年 6 月一版）。

4. 釋從信著，《我從迷信走出》（臺北縣：圓明出版社，民國 82 年 2 月出版）。

5. 汪娟著，《敦煌禮懺文研究》，收錄於「中華佛學研究論叢刊第十八」（臺北市：法鼓文化事業股份有限公司，1998 年 9 月初版）。

6. 郝春文著，《唐後期五代宋初敦煌僧尼的社會生活》，收錄於「唐研究基金會叢書」（北京市：中國社會科學出版社，1998 年 12 月一刷）。

（十三）其他相關專著

1. 南朝宋・劉義慶著，楊勇教授校訂，《世說新語》（臺北市：祥生出版社，民國 62 年 10 月出版）。

2. 劉勰著，周振甫注，王文進等人譯，《文心雕龍》（臺北市：里仁書局，民國 73 年 5 月出版）。

（十四）相關學位論文

1. 李純仁撰寫，《中國佛教音樂之研究》，中國文化學院藝術研究所碩士論文，民國 59 年。

2. 林久慧撰寫，《臺灣佛教音樂——早晚課主要經典的音樂研究》，國立臺灣師範大學音樂研究所碩士論文，民國 72 年，。

3. 高雅俐撰寫，《從佛教音樂文化的轉變論佛教音樂在臺灣的發展》，國立臺灣師範大學音樂研究所碩士論文，民國 79 年。

4. 林仁昱撰寫,《唐代淨土讚歌之形式研究》,國立中山大學中國文學研究所碩士論文,民國 83 年。

5. 張杏月撰寫,《臺灣佛教法會——大悲懺的音樂研究》,中國文化大學藝術研究所碩士論大,民國 84 年。

6. 邱宜玲撰寫,《臺灣北部釋教的儀式與音樂》,國立臺灣師範大學音樂研究所碩士論文,民國 85 年。

7. 范李彬撰寫,《普庵咒音樂之研究》,國立藝術學院音樂研究所碩士論文,民國 87 年。

三、中文專門論論文（論文集與期刊上）

1. 陳寅恪,《四聲三問》,收錄於《清華學報》第九卷第二期,1934 年 4 月。

2. 林培安撰,《梵唄窺源與佛曲辨宗》,該文收錄於《音樂藝術》第三期（總第三十八期）,上海市：上海音樂學院,1989 年 9 月 8 日出版,頁 18～19。

3. 釋昭慧撰,〈從非樂思想到音聲佛事〉,收錄於華宇出版社出版之「世界佛學名著譯叢」第九十一部,高楠順次郎等著《佛教藝術·音樂、戲劇、美術》。

4. 片岡義道著,〈佛教音樂的源流及其發展一兼論日本佛教音樂現況〉,該文收錄於《世界佛教名著譯叢》之高楠順次郎等著《佛教藝術——音樂、戲劇、美術》（臺北縣：華宇出版社,佛曆 2532 年 6 月初版）。

5. 釋法藏撰,〈梵唄略考〉,該文存於《僧伽雜誌》（臺中市：僧伽雜誌社發行,民國 84 年 10 月 20 日）。

6. 明青撰,〈中國佛教音樂的形成與發展〉,收錄於《佛教·音樂·藝術》一書中（臺北縣：世界佛教出版社,民國 84 年 6 月一版一刷）。

7. 高雅俐撰,〈佛教音樂傳統與佛教音樂〉,該文收錄於《一九九八年中國佛教音樂學術研討會會議手冊論文集》中,民國 87 年 2 月 26 日至 27 日,由佛光山文教基金會與南華管理學院舉行。

8. 陳慧珊撰,〈佛光山梵唄源流與中國佛教音樂的關係〉,該文發表於民國 87 年 2 月 26 日至 27 日,南華管理學院主辦之「一九九八年中國佛教音樂學術研討會」,收錄於《一九九八年中國佛教音樂學術研討會會議手冊與論文集》中。

9. 林谷芳撰,《從形式到實質的轉化——臺灣佛教音樂的發展與檢討》,收錄於《一九九八年中國佛教音樂學術研討會會議手冊·論文集》,頁 128。

四、韓國書籍

1. 安震湖編,《釋門儀範》（韓國：法輪社出版,1984 年 4 月 20 日七版發

行）。

2. 洪潤植著，《韓國佛教禮儀的研究》（日本：隆文館出版，昭和 51 年 6 月 24 日第一刷發行）（該書以日文寫成，作者是韓國人，介紹韓國佛教禮儀）。

五、日本書籍

1. 日本濟北沙門‧師錬撰寫，《元亨釋書》，收錄於黑板勝美所編「國史大系」（日本：吉川弘文館，昭和 40 年 6 月 30 日發行）。

2. 《古事類苑》之《宗教部四‧佛教四‧經》，日本神宮司聽藏版（日本：吉川弘文館出版）。

3. 多紀忍道與吉田恆三合著，《天臺聲明大成》（日本：芝金聲堂出版，昭和 43 年 1 月 26 日出版），頁 5。

4. 大山公淳著，《佛教音樂與聲明》（日本：東方出版株式會社，1992 年 9 月 21 日一版二刷出版）。

5. 《天臺淨土教史》（日本：法藏館出版，昭和 53 年 9 月 15 日三刷）。

6. 日人‧長谷川勝行著，《日本人的祕密》（中、日、英）對譯（臺北市：漢思有限公司，民國 85 年 2 月 20 日初版一刷）。

7. 大山公淳著，《佛教音樂與聲明》（日本：東方出版社，1992 年 2 月 1 日二刷）。

8. 天納傳中著，《天臺聲明概説》（日本滋賀縣大津市叡山學院，昭和 63 年 8 月 1 日發行）。

9. 《日本音樂叢書——三‧聲明（一）》，由日本東京國立劇場協力，本戶敏郎編集，日本東京都音樂之友社，1990 年 8 月 10 日一刷發行。

10. 岩田宗一著，《清徹のひびき——宗教音樂に寄せて》（平成 9 年 3 月發行）。

11. 天納傳中、天納傳中、岩田宗一、播磨照浩與飛鳥寬栗四人合編，《佛教音樂辭典》（日本：法藏館出版，1995 年 5 月 20 日初版一刷）。

12. 中國大陸劉玉新、張方文著，日本山口康子譯，《魚山曹植墓》（日本：魚山大原寺實光院，1997 年 6 月 18 日發行）。

13. 澀谷亮泰編，《昭和現存天臺書籍綜合目錄‧下卷》（日本京都法藏館出版，平成 5 年 5 月 10 日二刷）。

六、日本期刊收錄，或日文論文集內論文：

1. 武石彰夫著，《佛教歌謠資料としての「彈偽褒眞抄」》，收錄於《東洋研究》第三十期（日本：大東文化大學東洋研究所出版，1973 年 2 月 20 日），

頁 55～80。

2. 天納傳中著，《兼好法師の音律論考》，收錄於《印度學佛教學研究‧東洋大學における第二十五回學術大會紀要（一）》第二十三卷，第一號（日本：日本印度學佛教學會出版，1974 年 12 月 25 日），頁 215～218。

3. 天納傳中著，《平安中期における聲明實唱の一考察》，收錄於《印度學佛教學研究‧愛知學院大學における第二十七回學術大會紀要（一）》第二十五卷，第一號（日本：日本印度學佛教學會出版，1976 年 12 月 25 日），頁 280～284。

4. 播磨照浩著，《淨土眞宗に於ける天臺聲明の受容「魚山余響」を中心に》，收錄於《印度學佛教學研究‧日本大學における第二十八回學術大會紀要（一）》，第二十六卷，第一號（日本：日本印度學佛教學會，1977 年 12 月 31 日），頁 174～175。

5. 天納傳中著，《魚山聲明史の一考察梶井宮定文を中心として》，收錄於《印度學佛教學研究‧佛教大學における第二十九回學術大會紀要（一）》第二十七卷，第一號（日本：日本印度學佛教學會出版，1978 年 12 月 31 日），頁 364～367。

6. 齊藤圓眞著，《慈覺大師將來の聲明に關すゐ一考察》，收錄於《天臺學報》第二十五期（日本：天臺學會出版，1983 年 11 月），頁 169～172。

7. 岩田宗一著，《聲明の旋律法》，收錄於《大谷大學研究年報》第三十六期（日本：大谷大學大谷學會出版，1984 年 2 月 20 日），頁 99～145。

8. 天納傳中著，《魚山聲明と眞宗聲明の關連についての一考察》，收錄於《天臺學報》第二十七期（日本：天臺學會出版，1985 年 11 月），頁 30～38。

9. 出雲路英淳著，《念佛の旋律について》，收錄於《印度學佛教學研究‧花園大學におけゐ第三十六回學術大會紀要（一）第三十四卷，第一號（日本：日本印度學佛教學會出版，1985 年 12 月 25 日），頁 31 開始。

10. 天納傳中著，《圓融藏所藏聲明關係資料について》，收錄於《天臺學報》，第二十八期（日本：天臺學會出版，1986 年），頁 30～35。

11. 出雲路英淳著，《眞宗聲明考》，收錄於《印度哲學佛教學》第四期（日本：北海道印度哲學佛教學會出版，1989 年 10 月 30 日），頁 223～227。

12. 天納傳中著，《甲念佛の一考察——天臺聲明におけゐ甲乙について》，收錄於《天臺學報》第三十三期（日本：天臺學會出版，1991 年 10 月），頁 7～12。

13. 天納久和著，《天臺聲明におけゐ呂曲と律曲の比較研究》，收錄於《天臺學報》第三十四期（日本：日本天臺學會，1992 年 10 月），頁 104～108。

七、外文書籍（其他國家）

1. Harold G. Coward & K. Kunjunni Raja, *Encyclopedia of Indian Philosophies*, Princeton, New Jersey in U. S. and Oxford, U. K.: Princeton University Press., 1990.

2. Edit by Sibajiban Bhattacharyya, *The Mahābhāsya of Patañjali*, New Delhi: Munshiram Manoharlal Publishers PVT. Ltd., First Published, 1991.

3. A. K. Warder, Professor in the Department of East Asian Studies, University of Toronto: *Introduction to Pali*, Published by The Pali Text Society in Oxford, UK, in 1991.

4. Lewis Rowell, *Music and Musical Thought in Early India*, 1933~ (Chicago and London:The University of Chicago Press, 1992).

5. Compiled by the yeshe De Research Project and Edited by Elizabeth Cook, *Light of* Liberation: *a history of Buddhism in India*, Crystal mirror series: V8, Berkeley, CA: Dharma Publishing, 1992.

6. Schopen: *Bones, Stones, and Buddhist Monks*, Hanalulu: University of Hawaii Press, 1997.

7. By L. Subramaniam, *An Anthology of South Indian Classical Music*, (France, Paris: Radio france, Collection dirigee par Pierre Toureille, 1990.12), C590001, No. 4.

8. Macdonell, Arthur Anthony, 1854~1930, *A Sanskrit Grammar for Students*, reprinted in 1997. Published by D. K. Printworld (P) Ltd., New Delhi, India.

附　錄
天臺聲明原譜及其五線譜三曲

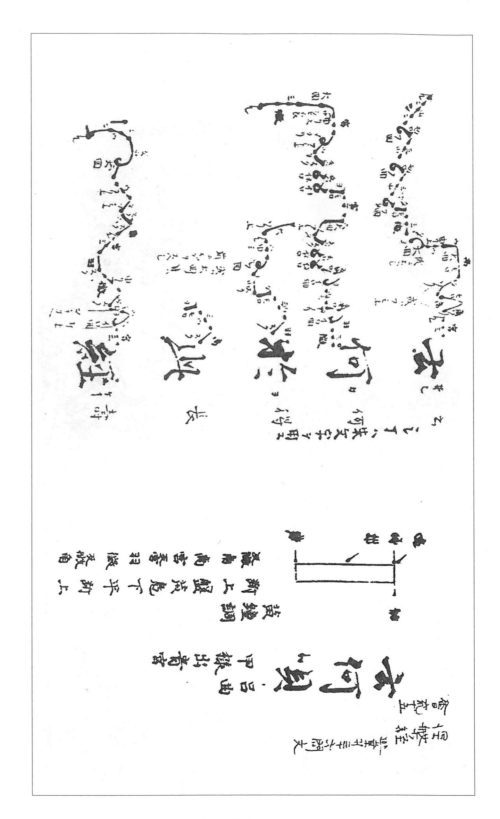

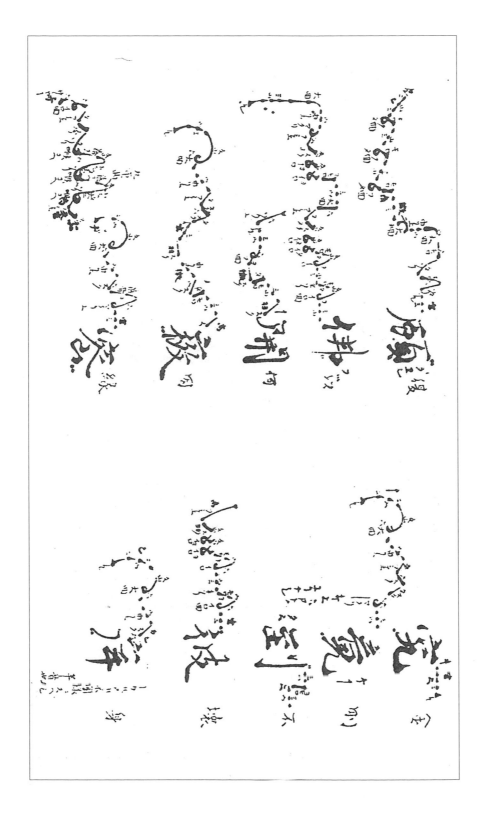

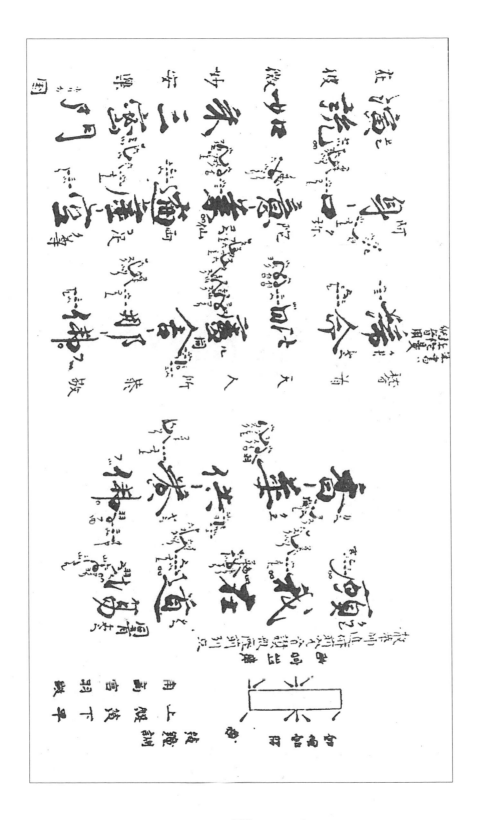

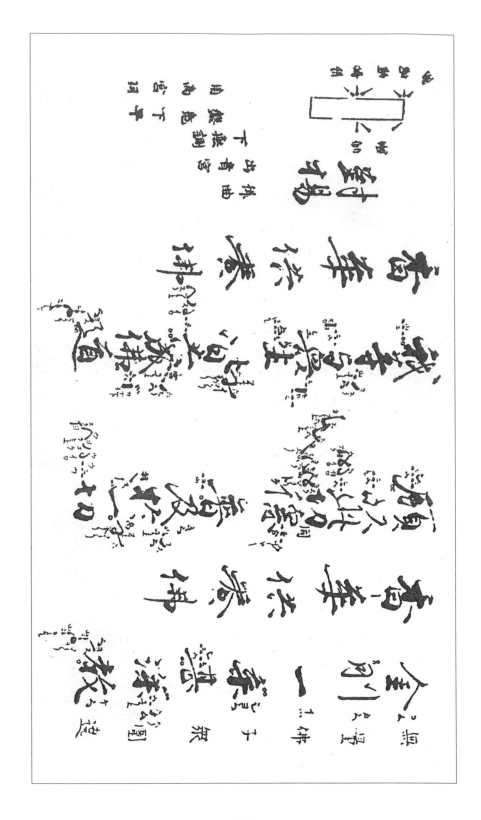

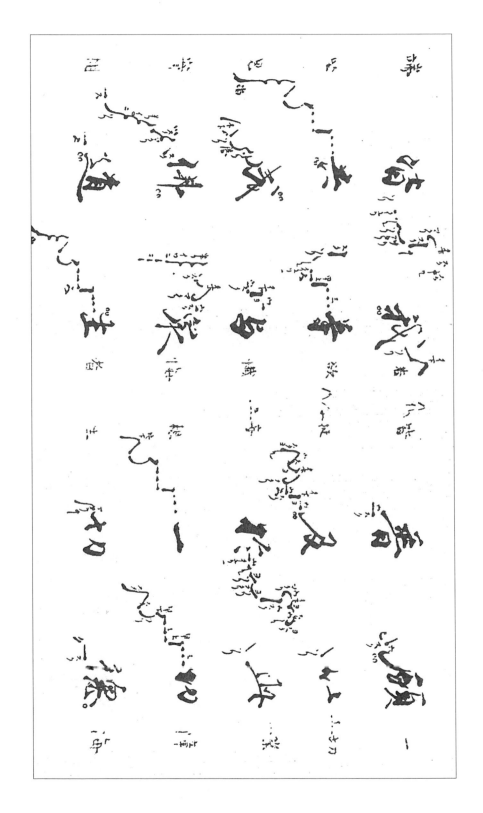

云 何 唄

散　　華甲樣

對　揚

回　向